ein Ullstein Buch

Georg Lentz

Weiße mit Schuß

Roman

ein Ullstein Buch

ein Ullstein Buch
Nr. 22156
im Verlag Ullstein GmbH,
Frankfurt/M – Berlin

Ungekürzte Ausgabe

Umschlagentwurf:
Hansbernd Lindemann
Foto: story-press, Jochen Clauss
Alle Rechte vorbehalten
Taschenbuchausgabe mit Genehmigung
der F. A. Herbig Verlagsbuchhandlung,
München · Berlin
© 1981 by F. A. Herbig
Verlagsbuchhandlung,
München · Berlin
Printed in Germany 1989
Druck und Verarbeitung:
Ebner Ulm
ISBN 3 548 22156 4

September 1989

Vom selben Autor
in der Reihe
der Ullstein Bücher:

Muckefuck (22077)
Molle mit Korn (22116)

CIP-Titelaufnahme
der Deutschen Bibliothek

Lentz, Georg:
Weiße mit Schuß: Roman / Georg Lentz. –
Ungekürzte Ausg. – Frankfurt/M; Berlin:
Ullstein, 1989
  (Ullstein-Buch; Nr. 22156)
  ISBN 3-548-22156-4
NE: GT

Inhalt

»Ich war nie in Berlin, aber die vielen deutschen Soldaten, die zu uns kommen, haben mir von Berlin vorgeschwärmt. Wie ich höre, gibt es dort eine Mauer, ähnlich wie die in China. Wir hier in El Paso haben auch eine Attraktion, den Mount Franklin (1147 Meter). Um unsere Verbundenheit mit Deutschland und Berlin unter Beweis zu stellen, habe ich einen Auto-Aufkleber drucken lassen: BERLIN HAS ITS WALL – EL PASO HAS ITS MOUNTAIN (Berlin hat seine Mauer – El Paso hat seinen Berg). Dieser Sticker zu 1,50 Dollar ist hier sehr beliebt und wird viel gekauft.«

Edgar S. Frazer.
Andenkenverkäufer.
El Paso, Texas

I

Ach, Paula, mach die Bluse zu

Am liebsten spiele ick uff unsern Hof
mit Helga, Hannelore und mit Frieda.
Und an die Hauswand schreib ich »du bist doof«.
Krieg ich ooch Keile, ich tu's immer wieda.

Erika Brüning

»Versuch es noch einmal«, ermahnte mich Großmutter. »Junge, du mußt das doch begreifen! Frühling will nun ein-maar-schiern – kommt mit Sang und Schalle ...« Ich stand da in meinen zu langen Kniehosen, ein Säbelbein nach hinten gestellt, der Wadenstrumpf heruntergerutscht, begriff nichts. Wer waren Sang und Schalle? Zwei Kintopp-Komiker wie Dick und Doof, über die ich bei der Kindervorstellung lachte im Zeli-Kino? Zu hoch für einen Siebenjährigen aus der Laubenkolonie. Amsel, Drossel, Fink und Star –, das ging, da stellte ich mir was vor, die Vögel lebten in den Gärten, Amsel und Drossel blieben manchmal im Winter, traten den Zug nach Süden nicht an, ich streute ihnen Futter ins Häuschen, das ich mit Hilfe meines Vaters gebastelt hatte, nach der Anleitung in *Hilf mit*, der Jugendzeitschrift, auf Befehl der Schule abonniert, zwölf Hefte im Jahr, Pimpfe auf dem Titelbild, die Erbsensuppe abkochten im Hordentopf, lachende BDM-Mädchen mit blonden Zöpfen, gesunden Zähnen. »Oma«, bat ich, »erkläre mir: Wieso Amsel, Drossel? Die bleiben doch bei uns im Winter. Stare, weiß ich, kommen im Frühling zurück aus dem Süden.«
Großmutter strich mir über das kurzgeschorene Haar.

Von ihr, nur von ihr duldete ich es. »Auch Amseln und Drosseln fliegen fort, wenn es kalt wird. Nur einige bleiben hier, überwintern bei uns. Holen sich Futter aus deinem Vogelhaus. Wenn es warm wird, kommen die anderen zurück. Aus Afrika, Griechenland, Italien. Aus fernen Ländern, in denen immer die Sonne scheint. Die Drossel singt wunderbar, wenn der Frühling naht.«

Meine Großmutter sagte »naht«. Was fand sie an einem Lied, das behauptete, der Frühling *marschiere* ein?

Nie wieder habe ich den Frühling so erlebt wie in jenen Kindertagen in der Geborgenheit der Laubenkolonie, die Sinne geschärft für alles, was um mich herum geschah. Schön war die Kolonie, mit ihren leuchtenden Gärten, ihren Menschen und Tieren. Daß es drei-drei-drei bei Issus Keilerei gab, stopfte ich mir später in den Schädel. Und die Konstantinische Schenkung. Und den Gang nach Canossa. Und Lützows wilde, verwegene Jagd.

Für jede neue Schul-Erkenntnis opferte ich ein bißchen von dem, was ich damals, als kleiner Junge, von der Großmutter wußte: Wann die Schafgarbe blüht, wie man Tee aus ihr bereitet und wogegen er gut ist; wann die Drossel zu singen, der Fink zu schlagen beginnt; wohin die Störche flogen, die bei Hinrichsen auf dem Scheunendach ihr Nest hatten.

Ich wußte es solange, bis auch ich aus dem Nest fiel. Mein Nest war die Laubenkolonie Tausendschön, draußen am Rand der großen Stadt gelegen, wo Kiefern- und Eichenwälder begannen. Wo die Füchse im

Krummen Fenn zweimal im Jahr Junge bekamen. Wo meine Großmutter mir Geschichten erzählte, während der Kaffee in der braunen Bunzlauer Kanne auf dem Herd summte, und sie versuchte, mir das Lied beizubringen vom Einmarsch des Frühlings.

Die Schule versuchte dann, mich zu bilden, ich sah die Laubenkolonie von außen. Stimmte meinem Freund Othmar bei, der mit Blick auf unsere Behausungen meinte:

»Doll wirkt das nicht.«

Seitdem sind Jahre, Jahrzehnte vergangen, Krieg, Blokkade, Nachkriegszeit. Ich sehe sie gleichzeitig von innen und von außen, die Kolonie, sehe sie in jener Zeit, als ich wieder in Laube vierzehn lebte, unter dem Pappdach, das Winterkälte und Sommerhitze durchließ.

Sah sie so:

Wenn man von der Bertholdzeile, einem lindengesäumten Sandweg, auf die Lauben blickte, fiel eine Baracke im Vordergrund auf, in der Ernie Puvogel seinen Kramladen betrieb, als Nachbar der Kneipe *Zur beknackten Maus*, die uns Laubenpiepern als Sauf-, Motz- und Klöhnstube diente – jenen, die der Krieg übriggelassen hatte, und den neuen, von Osten überschwappenden Menschenwogen, die immer noch heranstrudelten: Flüchtlinge, Heimatvertriebene, Displaced Persons (echte und unechte), Kriegerwitwen, Ukrainer, Amiliebchen, KZ-ler, die bei antifaschistischen Kundgebungen ihre gestreifte Lagerkleidung trugen. Von Schönow her, über den Teltow-Kanal, der seit fünfzig Jahren das Urstromtal der Bäke füllte, waren sie gekommen, aus den Wäldern überm Havelstrand tröpfelten Überlebende des letzten Gefechts um Berlin, sie wogten heran aus Gumbinnen und Landsberg (Warthe), aus Deutsch-Krone und Schneidemühl, aus Kattowitz, Danzig, Posen, Liegnitz, Schwiebus und Marienburg und Stolp und Cammin.

Aminutten, Lippenstift auf die Zahnhälse verschmiert wie Draculas Bräute, schleppten ihre Boy-friends in die *Beknackte Maus,* Texasreiter vom nahen *Horse Platoon* mit prall sitzenden Breeches, Nachzügler der Boys von *Hell on wheels,* einer Elite-Einheit General Eisenhowers, die im Sommer fünfundvierzig als erste in den Amerikanischen Sektor einmarschiert war, Wrigley's chewing gum kauend, auf leisen Kautschuk-Sohlen, orthopädisch durchdacht die Stiefel, falls ihre Jeeps mal stehen blieben: Ein Knubbelchen stützte den Mittelfußknochen jedes G.I.'s.

Schlingel aus der nahen Einfamilien-Siedlung fanden den Mut, sich durch die Glastür in unsere Budicke zu schlängeln, blasse Halbstarke mit angeklebten Tollen, weiße Kaschnees um Pickelhälse, Hose auf Schlag, erzielt, indem sie die Beinkleider nächtelang angefeuchtet auf Sperrholzkeile rammten.

Die Halbstarken kamen wegen der Wurlitzer-Orgel, die in einer Ecke der Kneipe pfiff und donnerte. Außerdem wollten sie Agathe Fanselow in den Ausschnitt plieren.

Agathe führte die Bar, ihre schwarz drapierte obere Hälfte – die untere schien durch die Waagerechte des Tresens abgeschnitten – agierte wie eine Schattenspiel-Figur vor dem warmen Gelb der fichtenbretterverkleideten Wände mit ihren dunklen Ast-Einsprengseln.

Eine Prise Phantasie vorausgesetzt (oder sechs, sieben Bommerlunder), erkannte der Besucher in den Konstellationen der Äste Gesichter. Lächelnde, weinende, schiefe, verzerrte, alle mit braunen Augen und rundem braunen Mund. Fliegen krabbelten im Sommer auf diesen Fratzen umher, überquerten die Flächen von Reklameschildern wie Hundeschlitten Schneewüsten der Arktis. Auf den Wangen des Mannes im Schultheiß-Habit luden sie einen Schiß ab. Das Plakat kündigte an: Hier gibt es Berliner Weiße – mit Schuß oder ohne, also mit oder ohne Himbeersaft.

Auf dem vergilbten Farbdruck der Reklametafel war nicht mehr zu erkennen, wie der Schultheiß seine Weiße bevorzugte; das Glas, eine Art Pokal, den er in der Hand hielt, war mit einer Flüssigkeit gefüllt, die alles sein konnte; sie schillerte zwischen Orange und Olivgrün wie die Tarnhose eines Panzergrenadiers, mit einem *Schuß* rot – womit vielleicht einst der Himbeersaft gemeint war.

Die Amtskette um den Nacken, des Reklamebonzen Würde als Dorfschulze unterstreichend, hatte ihren goldenen Glanz eingebüßt. Oder schien das nur so, weil daneben die Wurlitzer-Orgel ihre Neon-Orgien abfackelte? Blaue, rosa, gelbe Lichtschlangen zischten durch

Glasröhren, flackerten, erloschen, sprühten wie Weihnachtskerzen, bissen sich in den Schwanz, zerhackstückten einander, bis es aussah, als tropfe das Licht herab, kalt, eine Handvoll Milchstraße, während der Roboter-Arm eine neue *single,* eine fünfundvierziger Schallplatte aus dem Arsenal griff, elektronischen Befehlen folgend, die einer der Pickeljünglinge (sie waren die treuesten Musikkunden) der Musikmaschine durch Drücken zweier Tasten erteilt hatte.

Heulte der Kasten, schmetterte er *Das machen nur – die Beine von Dolores* in die Saufanstalt, in die Tausendschön-Destille, fuhr gewöhnlich der Drücker seinen Hals mit dem vortretenden Adamsapfel auf Sehrohrtiefe aus, um die Augen in Richtung jener Rundungen zu rollen, die Agathe entblößte, wenn sie Gläser spülte oder einen Mampe Halb und Halb eingoß.

Viel war's nicht, was sie unter der Bluse führte, Hügelchen. Aber nach etlichen Jahren Hängolin und Unterernährung machten Agathes Anhöhen die Siedlungshausjugend ganz schön an.

Sie merkte nichts?

Manchmal sah sie hinüber zu ihnen. Ein Blick unter dunklen Wimperlaschen.

Die Jungs schämten sich und warfen weitere Fünfziger in den Schlitz der Musikmaschine.

Eine Tür in der Wand rechts vom Tresen führte in die andere Hälfte der Baracke, die Ernie Puvogel, auf bessere Zeiten bauend, nachdem die Blockade überstanden war, zu einem Tempel deftiger Versuchungen hochmotzte, mit schwarzen Resopalplatten hinter den Regalen, einem verchromten Schinkenfestklemmer auf Marmorplatte, einer Aufschnitt-Theke, mit Sauerkrautpyramiden und Wurstkaskaden, Gebirgen aus Löcherkäse, *Stolper Jungchen* in Spanschachteln, portugiesischen Ölsardinen, Bücklingskisten, Bastionen von Spargelkonserven und feinstem Leipziger Allerlei. Draußen prunkte Puvogel mit einem Schild, das durch die Aufschrift *Kolonialwarenhandlung* überraschte. Lieber Herr Puvogel, wo leben Sie denn? Die Epoche, als Deutschland zu den koloniengesegneten Staaten gehörte, war doch schon *neunzehn* vorbei! Togo. Deutsch-Südwest. Deutsch-Ost. Fünf Jahre nach dem Ende von Weltkrieg zwei wirkte Puvogels Schild so unangebracht wie ein Hindenburgbild im Sektionsbüro der Kommunistischen Partei.

Puvogel machte sein Ladenschild Freude. »Klasse, wat?« fragte er jeden, der seine Blicke nach oben wendete. Puvogel baute sich, wie ein Gewerbetreibender, der auf den Fotografen wartet, unter der Inschrift auf. Von diesem Standpunkt aus konnte er beobachten, wer alles die *Beknackte Maus* betrat.

Seine Tochter Wanda werkte im Laden, schnitt Schinken auf mit Hilfe des verchromten Apparates oder wog ein Achtel von Freiherr von Palleskes feinster Leberwurst ab, nach Gutsherren-Art.

Wanda glich, seit sie meinen Schulkameraden Siegfried zwecks Eheschließung übertölpelt hatte, immer mehr einer gigantischen Topfpflanze fleischfressender Art, Venusfalle, die mittels lebhaft auf- und zuklappender, bewimperter und borstiger Blätter Lebendiges fängt und aussaugt. Eine üppige, rot klaffende Muschel, in deren Blätterarmen Siegfried sich wand, einem dicken Harold Lloyd ähnlich, ohne Hornbrille, aber auch mit Poposcheitel, der Siegfrieds düstere Haartour in zwei gleichgroße Felder teilte.

Wanda lag es fern, sich über Vater Ernies Ladenschild Gedanken zu machen, den Verdacht erregte sie nicht, daß sie über den Verlust Kameruns nachsann, in Epochen nachdachte wie:

Vor Weltkrieg I.

Nach Weltkrieg II.

Die deutschen Kolonien waren Wanda schnurz, samt Hottentotten und Hereros und Dr. Peters und Lettow-Vorbeck, selbst wenn sie einst, wie ich, die bunten Bildchen aus Zigarettenpackungen geklaubt hatte, die zur Serie *Unsere Kolonien* gehörten (»der deutsche Schraubendampfer ›Emil Schulte‹ auf der Reede von Daressalam«). Puvogels Lendenfrucht schleuderte ihre Fangarme, preßte, säbelte, riß und wickelte. Die Kunden sahen ihr zu mit einer Andacht und einem Gruseln, wie es Riesenwüchsiges hervorruft.

Betrat ein Kunde das Geschäft, düste Puvogel herbei, schlug seine Augen von unten her auf, demütig aber doch wach wie ein Frettchen vorm Zubiß, sonderte Wortkaskaden ab, um- und unterspülte den Willen der Kundschaft, benebelte sie mit zutraulicher Werbung:

»Habedieehre, frisch hereingekommen ist dieser zarte gekochte Schinken, so was haben wir lange nicht ... Und der Emmentaler, wie Butter, wenn Sie probieren wollen?« Schon hatte er Wanda das Messer entwunden, sich auf Schinken oder Käse (oder, hintereinander, auf beides) gestürzt, die Klinge angesetzt, Pröbchen herabgesäbelt vom verheißend sich darbietenden Stück, es auf der Messerspitze gereicht, »bloß nicht mit den Händen berühren!« bleute er Wanda ein, und wieder traf sein demütiger Blick den Kunden: Ja? Nein? »Die Cervelatwurst vielleicht? Oder hier: Die Blutwurst, wie ein Bild!«

Der Kunde vergaß, daß er ein windiges Bauwerk betreten hatte, aus einer Epoche stammend, die den Menschen durch Unterbringung in schnell auf- und abmontierbaren Gehäusen belehrte, daß er höchstwahrscheinlich fortan zu den Unbehausten gehören würde, einer neuen Klasse Erdbewohner.

Laubenpieper wie die Tausendschönchen verbrachten ihr Leben in aller Statik hohnsprechenden Improvisationen.

Meinen Onkel Siegfried, der beim Bauamt einen Plan für den Massivbau einer Laube einreichen wollte, beschied die Behörde: Dies Vorhaben leiste festem Wohnen Vorschub, und das sei nicht der Sinn einer Laubenkolonie. Daß dieser Onkel, daß wir alle seit zwanzig oder dreißig Jahren in Hütten aus Fichtenbrettern, Gipsplatten und Dachpappe hausten, nahm die Behörde nicht zur Kenntnis.

Folglich baute Siegfrieds Onkel schwarz.

Wir halfen ihm, zuerst die Hinterwand einzureißen und mit Hohlsteinen neu aufzuführen, dann eine Seitenwand, und so fort, bis die neue Laube stand. Sogar Richtfest feierten wir, ohne daß die Behörde eingeschritten wäre.

Ich besitze das Foto noch heute: Siegfrieds Onkel und seine Helfer, vor der Baracke mit neuem Dachstuhl, die Richtkrone auf dem Firstbalken. Die Älteren tragen Holzpantinen und Fußlappen, wie vor dem Krieg Maurer und Bauarbeiter. Buseberg, ganz rechts, hat seinen Patent-Arbeitshaken angeschnallt. Puvogel, scheint mir, ist noch in seine Organisation-Todt-Hose gekleidet, in der er Kriegs- und Blockadejahre abritt, was auf gute Stoffqualität schließen läßt.

Der Spaßvogel liebte es, seine Kundschaft darauf hinzuweisen, daß die Kramladen-Baracke nicht Barock-nicht Renaissance-Zeit verkörpere, sondern »Barack-und reene Angst-Zeit«. Er deutete dabei auf die schmucken Hartfaserplatten hinter seinen Regalen, und sein Meckigesicht verzog sich zu einem Grinsen, das zugleich demütig und verschlagen war: Jeder Quadratzentimeter von Puvogels Gesicht lachte, grinste, schmierte sich an.

In einer Baracke einzukaufen machte den Bewohnern der Kolonie Tausendschön nichts aus. Schon gar nicht, seit sie sich im neuen Stil präsentierte: »Unser kleiner Wertheim«, sagte Frau Buseberg, auf den weltberühmten Konsumpalast am Leipziger Platz anspielend (der allerdings in Trümmern lag).

Genausowenig störte es die Laubenpieper, daß ihre Kneipe in Wänden Unterschlupf gefunden hatte, die samt Bretterverkleidung und Glasfaser-Isolierung höchstens zehn Zentimeter dick waren. Innen in der *Beknackten Maus,* in ihrer Beknackten Maus, schlugen sie einander auf die Schultern und beteuerten immer wieder:

»Jemütlich!«

Es war wirklich gemütlich. Wenn ich abends von meiner Arbeit in Benno Blütes Buchhandlung zurückkam, machte ich für ein Bier in der *Beknackten Maus* fest. Da saßen sie alle, die Helden aus den Gründertagen, zwischen neuem Strandgut. Traf ich sie nicht heute, dann morgen oder übermorgen.

Nach wie vor hielt Agathe Fanselow die Stellung hinter der Theke, über ihrem Blumendraht-Haargewirr schwebten, Hals nach unten, Flaschen mit Korn und Kognak, aber auch mit dem beliebten Cherry Brandy, mit Eierlikör und Gilka-Rum-Verschnitt.

Agathe, aufgestiegen zur Lebensgefährtin Sternchen Siegels, unseres Freundes und Nothelfers, ließ unter langen Augenlaschen Blicke schweifen, zu den Flaschen hinter ihr, wenn entsprechende Bestellung es erheischte, oder zur Tür, durch die dann auch regelmäßig der kleine Mann eintrat, von dem wir während der Blokkade gesagt hatten:

»Wunderkraft bewies er,
Mücken fliegen ließ er«:
Sternchen Siegel.

Gerettet hatte Sternchen uns aus mancher Not, jüdelnd auf Deutsch oder Englisch, letzteres wenn es galt, Besatzern Zugeständnisse abzuringen.

Das »Merkantil-Zentrum«, wie Siegel lächelnd (und hochtrabend) die Doppelbaracke bezeichnete, war sein Werk – oder jedenfalls von ihm in Gang gesetzt nach dem Brand von Puvogels altem Kramladen. Kein Wunder, daß Sternchen Siegel Teilhaber dieser Betriebe war. Durch solche Verflechtung schien Agathe Fanselows Auskommen gesichert. Aber auch Friedrich, der kriegsversehrte Bruder meiner Freundin Gigi, erhielt ein Zubrot: Auf seinen Namen liefen Lizenz und Schankerlaubnis für die *Beknackte Maus,* Arrangement aus einer Zeit, als Behörden es peinlich genau nahmen und es nützlich war, ein Kriegsopfer vorzuschicken.

Friedrich kam selten, um nach »seinem« Betrieb zu sehen. Die Kunden waren froh, wenn er nicht auftauchte, feldgrau durchtränkt, wie der Inhaber des Deutschen Kreuzes in Gold und der Nahkampfspange wirkte. Er trug zwar diese Orden nicht mehr, und seine auf Zivil umgeschneiderte Uniform, Einheitskleidung der Nachkriegstage, hatte er mit einem praktischen, sogar flott zu nennenden Kunstfaser-Anzug vertauscht. Dennoch blieb etwas *feldgraues* um Friedrich, wenn er an seinen Stock gelehnt dastand, mit blassem Gesicht, dieser allzu hohen Stirn. Einzelkämpfer.

Die anderen Stammgäste machten einen zivilen Eindruck, obwohl manche deutliche Spuren durchgestandener heroischer Zeiten trugen, wie Marine-Veteran Buseberg, der im Ersten Weltkrieg einen Arm verloren hatte, oder Willy Reh, der seine Hustenanfälle auf einen Lungensteckschuß und feuchte Westwall-Kasematten zurückführte.

Einige tranken in der *Beknackten Maus* ihr Bier, denen ich bei aller Phantasie, die Buchhändler Blüte durch bewußte Hinlenkung auf hochwertige Lektüre in mir gefördert hatte, keine heroische Vergangenheit unterstellen konnte: Ernie Puvogels Bruder Xylander (so jedenfalls nannte er sich, in Wirklichkeit war sein Vorname, wie jeder wußte, Gustav), von Beruf Zauberer, der meistens in Begleitung seiner zersägten Jungfrau Amaryllis erschien, oder der Sickergruben-Entleerer Eichelkraut, dessen berufsbedingter Duft jeden anderen Gedanken als ausschließlich den an seine Profession verbot.

Agathes Bruder Gustavchen, der sich der Küche annahm, trotz des humorigen Hinweisschildes an der Wand: »Hier kocht der Wirt; essen tut er woanders«, schien uns die Verkörperung einer Original-Nachkriegs-Karriere zu sein. Gustavchen handelte zuerst mit allem, was Schwarzmarkt und US-Army hergaben. Jetzt war er in diverse Unternehmungen eingestiegen, die Sternchen Siegel betreute, zusammen mit dem gemeinsamen Freund Omme Heringsbändiger, einem Windhund. Besitzer der Fischhandlung *Dogger Bank*, Libero der von Siegel geförderten Fußballmannschaft, Lebensgefährte meiner Kusine Ingeborg.

Ich verweilte länger in der Kneipe, als nötig gewesen wäre, um ein Bier zu trinken oder zwei. »Traust dich wohl wieder nicht in deine Klapsmühle?« fragte Agathe, wenn sie sah, daß ich auf dem Stuhl am Tisch neben der Wurlitzer-Orgel kleben blieb. Agathe spielte auf die Tatsache an, daß meine Mutter Minnamartha einige Monate in einem Sanatorium verbracht hatte.

Es stimmte. Zwar zog es mich zu meiner Freundin Gigi, doch ich wußte, wenn ich lange ausblieb, kam sie mich holen. Oder schickte den feldgrauen Friedrich. Was mich zögern ließ heimzugehen war die Tatsache, daß meine Mutter, Minnamartha, jetzt die Laube nebenan bewohnte, die als Folge der Dezimierung der Laubenbevölkerung durch Kesselschlachten und Luftminen freigeworden war. Hier nistete sie nun, die Witwe Kaiser, dramatisierte den Heldentod ihres Mannes, meines Vaters, Ede Kaiser, Kämpfer der letzten Stunde, als Volkssturmveteranen und Hitlerjungen sich jener sagenhaften Armee Wenck entgegenwarfen, die Berlin entsetzen sollte, Deutschlands von den Russen fast umzingelte Reichshauptstadt. Ein paar Reihen Kohlstrünke, Geißblatt, das seine Blätter im Sommerwind bewegte, sie beim ersten Herbststurm auf die kahle Zementumrandung der Laube warf, trennten mich von Minnamartha, von ihren scharfen Augen, den Ohren, die sie saugnapfgleich an die Wände meiner Behausung zu heften schien.

»Menschlein« nannte sie mich, so lange ich denken konnte. Immer noch begann sie ihre Kritik an meiner Art zu leben mit diesem Wort: »Menschlein, du hättest doch ...« Hinterher ein Gemeinplatz: »Unrecht Gut gedeihet nicht...« – »Hoffen und Harren hält manchen zum Narren ...«

Die anderen Laubenpieper, Zeugen über den Zaun, grinsten. Der alte Buseberg blieb sogar stehen, kaute seinen Priem, spuckte braunen Saft auf die Radieschen. »Ja, Sie können es ruhig sehen, Herr Buseberg«, rief Minnamartha. »Wo kommt er jetzt her? Menschlein, sage es mir, wo kommst du so spät her?« (Es war immer zu spät.) »Ich warte und warte. Das geht auf keine Kuhhaut.« Einmal sagte sie: »Es ist höchste Eisenbahn.« Ich schlug in einem Sprichwörterbuch nach, bei Benno Blüte in der Buchhandlung, und fand: Der Berliner Dichter Adolf Glasbrenner, Erfinder des Eckenstehers Nante, ließ in einer seiner Komödien einen durchgedrehten Briefträger sagen: »Es ist höchste Eisenbahn; die Zeit ist schon vor drei Stunden angekommen.«

Minnamartha überwachte Zeit-Intervalle mittels jener amerikanischen Eieruhr, die meine Tante Friedl ihr einst aus der Neuen Welt, »direkt aus Neuyork« mitgebracht hatte, ein Geschenk, das seitdem unsere Tage und Nächte in durch Klingeln abgegrenzte Segmente zerlegte. Die Uhr klingelte plötzlich, in Minnamarthas Schürzentasche, erschreckte mich. Minnamartha stellte anhand dieses Klingelns fest, daß sie wiederum dreißig, vierzig, sechzig Minuten auf mich gewartet hatte. *Das ging auf keine Kuhhaut.*

Erst nach Einbruch der Dunkelheit wagte Gigi es, auf Zehenspitzen hinter Stangenbohnen und Himbeerhecke entlangzuschleichen, Schatten ausnutzend, die der Mondschein schwarz malte, aber ihr elfengleiches Vorrücken half wenig, Uhus ließ Minnamartha ausfliegen, Raben und Mückenschwärme berichteten ihr, die Katze auf dem kalten Pappdach petzte. Am nächsten Tag, wenn sie Gigi sah, eilte Minnamartha vor die Laube in ihren Holzpantinen, klapperte zum Gartentor, um zu fragen:

»Ach, du warst gestern bei Menschlein?«

Meinen Vornamen gebrauchte sie auch Gigi gegenüber nie.

»Es ist der ewige Mist«, sagte Gigi. »Deine Mutter steht zwischen uns; und immer noch traue ich mich nicht, Friedrich alleine zu lassen. Er ist so unbeholfen seit seiner Verwundung.«

An solche Vorstellungen schlossen sich nächtliche Diskussionen an, wir saßen nebeneinander auf der Chaiselongue, die mir als Lager diente, tranken Apfelsaft mit Korn, rauchten. Man sollte, man müßte – darin waren wir einander längst einig – für Friedrich eine Frau besorgen, »aber wer will ihn schon haben mit der feldgrauen Flappe?«

Wir besprachen, daß es nötig war, Minnamartha in ihre Schranken zu weisen, verdammtnochmal. Aber wie?

Wir redeten wie die Mäuse, die der Katze die Schelle umhängen wollen.

Niemals machten wir Licht in diesen Laubennächten, doch wenn es auch ganz dunkel war, sah ich Gigis Gesicht leuchten, weiß, oder von rötlichem Schein überhaucht, wenn sie an der Chesterfield zog. Sie rauchte Kette. Füllte in einer Nacht den Aschenbecher, der sich marmorn gegeben hatte, bis er mit einem glühenden Feuerhaken in Berührung kam, wodurch sich herausstellte, daß er aus Zinn war, mit einer Schicht überzogen, die das marmorne Muster vortäuschte. Ein schwerer Aschenbecher, zu Lebzeiten meines Vaters, Ede Kaiser, hatte er auf dessen Schreibtisch gestanden, mit kurzen Stummeln seiner Boenicke-Zigarren gefüllt. Minnamartha sammelte damals diese Reste von Edes Zigarren, um Aufgüsse zu bereiten, die sie für Düngung und Schädlingsbekämpfung ihrer Zimmerpflanzen verwendete, Plantagen von Hakenlilien, Amaryllis, Zyklamen, Myrthen und Stechpalmen, in Töpfen, die gelegentlich von unseren Hauskatzen heruntergeworfen wurden, was Minnamartha veranlaßte, durch geschickt konstruierte Kausalketten nachzuweisen: Ich, Menschlein, hatte den Sturz der Blattpflanze verursacht.

Was von diesen Pflanzen überlebt hatte, war mit Minnamartha in die neue Laube gezogen. Mir war Ede Kaisers Aschenbecher geblieben, in den nun Gigi ihre Chesterfield-Stummel schichtete. »Das Mädchen raucht ja wie ein Schlot. Sowas würde mich in Harnisch bringen«, sagte Minnamartha.

Manchmal, wenn die Luft den Schall gut leitete, etwa kurz bevor Regen kam, hörten wir Minnamarthas Eieruhr klingeln. In der Nacht! Was mochte sie veranlassen, zu solcher Stunde eine Kerbe in die Zeit zu hacken? Wollte sie erwachen, um ihr Lausch-Ohr auszufahren? Es reichte, um unsere zärtlichen Spiele zu unterbrechen. Gigi stand auf, und während eine frisch entzündete Zigarette im Winkel ihrer roten, vollen Lippen glomm, hakte sie den Büstenhalter vorne zu, um ihn dann mit einem Ruck herumzudrehen und die Schalen über ihre kleinen Brüste zu stülpen. Sie rauchte weiter, während sie in den Pullover schlüpfte, in den Rock. Dann ging sie. Der Stummel ihrer letzten Zigarette verglomm auf dem Kippenhügel im Aschenbecher.

Ich wußte, daß ich Gigi mindestens drei Tage, drei Nächte nicht wiedersah.

Einmal fragte ich Gigi, was denn Friedrich über uns sage.

Gigi zog die dünnen Augenbrauen hoch. »Er meint, wir seien zwei Brummer, die auf den Fliegenfänger geraten sind. Wir summen und bewegen die Flügel, aber nichts kommt heraus dabei. Am Ende nimmt jemand den Fliegenfänger und wirft ihn ins Herdfeuer.«

Ich erinnere mich genau an den Tag, an dem Gigi mich, mittels Zitat dieser Friedrichschen Sentenz, in betroffenes Schweigen versetzte. Wir gingen spazieren, den Königsweg hinunter, der sich als schnurgerades helles Sandband unter alten Bäumen durch den Düppeler Forst zog. Ein reiner Spaziergang war es nicht, die Gewohnheiten von Notzeiten steckten in uns, Gigi trug einen Korb, wir wollten sehen, ob Pilze in den Schonungen wuchsen. Die ersten Pfifferlinge müßten da sein, meinte Gigi, es hatte geregnet, jetzt dampfte die Erde in der warmen Septembersonne, das ideale Pilzwetter.

Am Karnickelberg wollten wir abbiegen zur Potsdamer Chaussee, vielleicht bei *Mutter Mochow* ein Bier trinken, der Fernfahrerkneipe kurz vor dem Sanatorium, das im letzten Jahr für ein paar Monate meine Mutter beherbergt hatte, als sie es, wie sie sagte, mit den Nerven hatte.

Gigi zitierte Friedrichs Satz von den Fliegen, sie blieb stehen auf dem Sandweg, das Körbchen hielt sie am Arm wie einen Schild, als sei sie genötigt, sich zu verteidigen. Friedrich hatte wieder einmal, wie Minnamartha gesagt hätte, mit der Faust aufs Auge getroffen.

Übrig blieb, darüber nachzudenken, wer wohl das Fliegenpapier ins Feuer schleudern würde.

»Ich hätte es nicht sagen sollen«, meinte Gigi. »Aber es ist so.«

»Gewonnen«, sagte ich. »Friedrich hat recht. Ich frage mich nur, weshalb ihm solche Weisheiten sein eigenes Leben betreffend nicht einfallen.«

Wir kamen nicht dazu, dies zu erörtern, auch die Verfolgung der Pilzspur verzögerte sich. In der Nähe des Autobahnzubringers, der schluchtartig in den Wald schneidet und den Anschluß an die Avus herstellt, verläuft die Grenze zwischen Westberlin und der DDR, früher der Sowjetischen Besatzungszone, in einem

Winkel. Noch riegelte Stacheldraht diesen Teil nicht ab. Eine russische Radfahr-Patrouille kam uns entgegen. Uns blieb keine Zeit mehr auszuweichen.

Während die Russen näher kamen, fiel mir ein, was Buseberg uns jüngst aus der Zeitung vorgelesen hatte:

»Um das gesamtdeutsche Bewußtsein zu stärken und dem gemeinsamen Willen Ausdruck zu geben, sich niemals mit der Dreiteilung Deutschlands und dem Verlust seiner Ostgebiete abzufinden, wird dringend empfohlen, den mitteldeutschen Raum im allgemeinen Sprachgebrauch nicht als ›Ostzone‹ zu bezeichnen. Als ›Ostdeutschland‹ haben allein die Gebiete jenseits der Oder-Neiße-Linie zu gelten, die deshalb als ›deutsche Ostgebiete unter polnischer bzw. sowjetischer Verwaltung‹ nicht aus dem politischen Bewußtsein ausgeklammert werden dürfen. Wer ›Mitteldeutschland‹ als ›Ostdeutschland‹ anspricht, gibt damit zu erkennen, daß er die völkerrechtswidrige Abtrennung der deutschen Ostgebiete als endgültige Tatsache hinzunehmen bereit ist. Ebenso kommt auch die Benennung der Sowjetzone als ›Deutsche Demokratische Republik‹ einer formellen Anerkennung des Pankower Systems und der Zerreißung Deutschlands gleich, der schon im allgemeinen Sprachgebrauch entgegengewirkt werden soll.«

An diesem Septembermorgen hielt das Pankower System sich zurück und ließ seine hoheitlichen Aufgaben von der befreundeten Sowjetmacht erfüllen. Der Patrouillenführer rief: »Stoj!«. Er fuchtelte mit der Kalashnikow-Maschinenpistole, während er Mühe hatte, mit einer Hand am Lenker das Fahrrad durch den tiefen märkischen Sand zu steuern. Er fuhr ein Damenrad. Sie bremsten vor uns, drei olivgrüne Gestalten mit Schiffchen auf den geschorenen Köpfen. »Wohin«, fragte der Anführer. Ich wies auf Gigis Korb und erklärte ihnen, daß wir Pilze suchten. Sie verlangten »Propusk«. Wir hatten aber keinen Propusk. Keinen Passierschein, keinen Ausweis. Sie bedeuteten uns, daß wir zurückgehen sollten, bis zu jener Linie, die hier, mitten im Wald, Ost und West trennte. Das Hinweisschild »You are leaving the American Sector« hatten wir gesehen, aber nicht beachtet. Es gab unseres Wissens auch keine Vorschrift, die uns untersagte, das DDR-Gebiet zu betreten.

Wir gingen zurück. Die Pilze gehörten zum östlichen Teil dieser Welt.

»Schade«, sagte Gigi.

Ich hütete mich zu fragen, ob sie den Reinfall mit der Russenpatrouille meinte oder unsere Situation, geschildert von ihrem Bruder Friedrich, dem »feldgrauen« Friedrich, anhand des Gleichnisses mit dem Fliegenpapier.

Die Berliner Tageszeitung »Telegraf« veröffentlichte eine Serie: »Buchhändler in Berlin.« Darin hieß es: »Die Buchhandlung Blüte hat einen ungeahnten Aufschwung genommen.« Benno Blüte zeigte mir den Artikel. »Ganz

Berlin hat einen ungeahnten Aufschwung genommen«, sagte er. »Oder vielleicht auch nicht ungeahnt. Westdeutschland hat es uns ja vorgemacht, während wir die Blockade hatten. Trotzdem. Ein bißchen bin ich überrascht, daß wir von den dicken Schinken so viel verkaufen.« Er meinte jene aus dem Amerikanischen übersetzten Bestseller-Romane, die seine Kundinnen bestellten. Auf Lager hielt Benno Blüte so was möglichst nicht.

»Sie kaufen es auch so«, sagte er. »Leider. Doch die Arbeit wird nicht weniger. Was machen wir mit Ihnen?«

»Mit mir? Oh, ich bin glücklich hier. Und ich hoffe, ich bin Ihnen eine Hilfe.«

»In der Tat. Zwar wäre eine Berufsausbildung gut ...« Er sah mich an. »Allerdings glaube ich, der Augenblick ist verpaßt. Schreiben wir es einmal den Nachkriegswirren zu, daß ich Sie ohne Ausbildung als Buchhandelsgehilfe führe. Mit entsprechender Bezahlung.«

»Ich danke Ihnen.«

»Nichts zu danken. Weil wir es aber alleine nicht schaffen, habe ich mich entschlossen, einen Lehrling einzustellen. Er fängt morgen an. Beziehungsweise: *Sie* fängt morgen an.«

»Sie?«

Blüte winkte ab. »Herr Kaiser, Sie werden sehen.«

Er nannte mich immer *Herr Kaiser.* Auch daran mußte ich mich gewöhnen.

Ich erzählte Gigi am Abend, daß ein Lehrling in der Buchhandlung anfangen würde, vermied aber zu berichten, daß es sich um ein Mädchen handelte. Gigi war auf fünfzig Prozent der Bevölkerung eifersüchtig, genau genommen im Augenblick 52,4 Prozent, das war der Anteil der weiblichen Bewohner Westdeutschlands (das sich nun Bundesrepublik nannte und statt von einer Militärregierung von einem alliierten Kontrollrat überwacht wurde) und Westberlins.

Es stellte sich heraus, daß es sich bei dem neuen Lehrling um eine junge Frau handelte. Fünf Minuten nach acht betrat sie den Laden, zottliger Bärenpelzmantel, ziemlich elegant, hübsches Gesicht.
»Womit kann ich dienen?« fragte ich, im Stil des Hauses, auf den Benno Blüte Wert legte. Die Frau lachte.
»Geht es hier immer so zu? Ich bin Sylvia Flötotto. Der neue Lehrling. Sind Sie der Buchhändler?«
»Augenblick«, stammelte ich. »Sofort rufe ich Herrn Blüte. Ich bin nur der Gehilfe.«
Sie streckte mir die Hand hin. »Angenehm. Wie heißen Sie?«
»Karl. Eh ... Karl Kaiser.«
Sylvia Flötotto bezeichnete sich als Leutnantswitwe. Sie war nur zwei Wochen lang verheiratet gewesen. Solange der Heiratsurlaub dauerte. Dann war Leutnant Flötotto wieder an die Front gefahren. Und gefallen: »Jetzt muß ich mich alleine durchschlagen.«
Sie wohnte bei ihren Schwiegereltern, den alten Flötottos, in einem schmalbrüstigen Reihenhaus nahe beim U-Bahnhof Onkel-Toms-Hütte.
Am zweiten Tag duzte Sylvia Flötotto mich, am dritten

lud sie mich zu sich nach Hause ein: »Besuch mich doch mal.« Sie zog einen eleganten goldenen Drehbleistift aus ihrer Handtasche und schrieb mir ihre Adresse auf.

Ein paar Tage wartete ich ab.

»Kommste denn nicht?« fragte die Witwe.

Ich versprach es ihr.

Die Gegend war mir geläufig, Fischtalgrund, Riemeisterfenn, die Straße, in der die beiden WACs gewohnt hatten, weibliche Mitglieder der US-Streitkräfte, die sich einst in den Kopf gesetzt hatten, dem Jüngling Karl Kaiser ihre Gunst zu schenken. Nur hatte Jüngling Karl Kaiser es nicht bemerkt.

Lange war das her. Eine Geschichte aus der Epoche vor der Blockade.

An diesem Tag war Frau Flötotto nicht im Laden erschienen. Berufsschule. In ihre Klasse gingen ein paar Macker, die Witwe Sylvia flott fanden. Sie verloren nicht viel Zeit. Ein halbes Dutzend Jungbuchhändler flezten bei ihr auf dem Teppich, als ich eintrat, vom alten Flötotto in den ersten Stock gewiesen.

Sylvia Flötotto ruhte auf einem breiten Bett, dessen hinteres Drittel in einem Alkoven verdämmerte oder verbläute, eine himmelblaue Steppdecke war über das Ruhelager gebreitet, von dessen Höhe die Witwe auf ihre Teppichhocker herabsah.

»Karl Kaiser ist nämlich etwas Besonderes«, sagte sie. »Er lebt in einer Wohnlaube.«

34

Ein junger Macker, mit angeklebten Haaren und langen gelblichen Zähnen, lachte.

»Klausimausi, laß das«, sagte die Witwe.

Klausimausi zog die Lefzen über seine Zahnstengel. »Ick finde det komisch«, sagte er. »Heutzutage wohnt doch niemand mehr in 'ner Laube.«

»Anscheinend doch«, sagte ich. »Manche leben auch in Behelfsheimen und manche in Ruinenkellern ... immer noch.«

»War ja nich so jemeint«, sagte Klausimausi. »Wo waren wir stehen geblieben?«

Sie unterhielten sich über Bücher, sprachen von Literatur wie Verhungernde über Beefsteaks und Kapaune. Sylvias Beine ragten aus Wolken von Schlagsahne, so sah es jedenfalls aus, sie trug einen dieser modernen Nylon-Petticoats.

»Walt Whitman ist eine Offenbarung«, sagte Klausimausi.

Die Witwe steckte mir ihre Hand in den Hemdkragen.

Herr Flötotto sah zur Tür herein wie ein Truthahn, der mit faltigem Hals um die Stallecke linst. »Hier ist noch jemand«, sagte er und ließ ein Mädchen mit Tituslokken ein.

»Ach, Gerda ...«, sagte Sylvia, während ihr Schwiegervater seinen faltigen Schädel zurückzog und die Tür leise schloß.

»Habt ihr gewartet?« fragte Gerda. Sie ließ sich neben Klausimausi auf dem Teppich nieder. »Kinder, ich habe eine Entdeckung gemacht. Ich lese euch mal vor. Auburtin. *Einer bläst die Hirtenflöte.*« Klausimausi raffte die Oberlippe und zeigte seine Hasenzähne, als wolle er in eine Mohrrübe beißen.

Sylvia wechselte die Beinstellung, ihr Petticoat raschelte. Gerda begann zu lesen.

Ich lag krank im Bett. Fieber. Das offene Fenster war fast ganz von einem milchig-blauen Himmel ausgefüllt, nur unten ragte dunkel die Krone des Apfelbaums ins Bild. Ein Flieger zeichnete einen Kondensstreifen in das Viereck. Er begann oben links. Der Streifen entwickelte sich zur Mitte hin, brach ab. Von oben her begann er sich aufzulösen, aber die schäfchenwolkengleichen Bestandteile hielten sich lange. Das Fieber hatte ein Gefühl der Verantwortungslosigkeit in mir ausgelöst, die Umwelt – und auch ihre Probleme – schienen durch eine Glaswand von mir getrennt. Wirklich war nur der Apfelbaum in dem blauen Fenstergeviert und der Wolkenstreifen, den der Flieger gemalt hatte. Ein Flugzeug der westlichen Alliierten? Über dem Gebiet der DDR nahmen die Sowjets die Lufthoheit wahr. Durch die Luftkorridore flogen Maschinen der westlichen Alliierten in so geringer Höhe, daß sie keine Kondensstreifen produzierten.

Das Problem konnte ich genausowenig lösen, wie es mir gelingen würde, in die tieferen Geheimnisse der Literatur einzudringen. Wer war Auburtin? (Falls ich den

Namen richtig verstanden hatte.) Weshalb blies einer die Hirtenflöte? Wenn ich wieder gesund war, mußte ich Herrn Blüte fragen. Und ihm auch sagen, daß es so nicht weiterging. In Gedanken übernahm ich eine Lieblingswendung Minnamarthas: Menschlein, so geht es nicht weiter! Es ging so schon nicht weiter, als ich vier oder fünf Jahre alt war, egal, was ich tat, Minnamartha war es nie recht. Wir umkreisten den Wohnzimmertisch, Minnamartha schwang einen Teppichklopfer, aus Rohr geflochten, ich bezweifle, daß sie mich wirklich züchtigen wollte, das Instrument diente zur Bedrohung.

Einiges ging immer noch so nicht weiter. Ein Buchhändler war ich, der noch nichts von Auburtin gehört hatte! In dieser Laube lebte ich immer noch, oder schon wieder, nachdem unser Haus in Schutt und Asche gefallen war. (Schon wieder eine Minnamarthasche Redewendung: In Schutt und Asche. »Alles ist in Schutt und Asche«, hatte sie damals gesagt. Asche fand sich nicht; ein Brand war nicht ausgebrochen.)

Gigi trat an mein Bett, ihre Silhouette durchstreifte einen Augenblick lang das Fensterviereck, ein Scherenschnitt, dessen Kanten golden leuchteten. Ich sah Gigi und dachte im gleichen Augenblick an Sylvia, die Witwe, wie sie hofhielt auf ihrer Steppdecke, ihr zu Füßen Klausimausi, der einen Prüfungsaufsatz über Walt Whitman schrieb, diesen »wunderbarsten Dichter Amerikas«, wie er sagte. Immerhin: Den Namen hatte ich schon gehört, kannte aber nichts von diesem Genie (denn daß Whitman eins war, nahm ich gewiß an), nur eine Parodie auf seine Verse: »Ich besinge den Bleistift Koh-i-noor ...«

Damit war nichts anzufangen.

Wohin lief es, mein Herz? Mein dummes Herz, das sich doch mit dem Fieber beschäftigen sollte, ein Muskel, eine Pumpe, ziemlich unansehnlich auf anatomischen Tafeln, oder wenn ich ein frisch geschlachtetes Kaninchen ausnahm; dieses graue Ding, einem Zwergenkopf mit Zipfelmütze ähnlich, in das kräftige Röhren führten: Aorta, Arterie?

Was würde werden aus mir und Gigi, aus unserer Liebe, die eher einer Verwicklung glich, langfristig verschleppt, aus Kindertagen stammend? Was würde werden, wenn nun Sylvia, die Witwe, hier eindrang? Schon hatte sie per Fahrrad einen Besuch bei Kaisers gemacht. Minnamartha behauptete: »Ich bin begeistert von ihr. Sie stammt vom Land. Hat eine Ahnung. Ja, ich habe mit ihr übers Einwecken gesprochen. Sie weiß Bescheid. Daß ihr Mann gleich fallen mußte. Der Krieg. Nimmt uns die liebsten Menschen. Mein Ede ... Mein Gott, wenn er noch hier wäre. Würde nicht alles verkommen.«

Sie sah mich an. Kein Zweifel, ich war es, der alles verkommen ließ.

»Ede war immer auf dem Posten. Hat sich um alles gekümmert. Hühnerfutter herangeschafft, als es nichts gab. Nun sieh mal, daß du wieder gesund wirst. Was sagt denn Herr Blüte dazu?«

»Wozu?«

»Daß du fehlst. Im Geschäft. Du hast keinen Ehrgeiz, Menschlein. Da liegt der Hase im Pfeffer.«

Ich war entschlossen, ihn da liegen zu lassen. Sollte sie doch gehen, endlich, in ihre Laube. Ich sah Gigi an, aber das Signal funktionierte nicht. Gigi saß da und zerrte mit der rechten Hand an den Fingern ihrer linken Hand. Bleiche, lange Finger. Ihre Augen waren fast geschlossen, so daß unter den sehr hoch geschwungenen Augenbrauen die Lider wirkten, als seien sie aus dünner Haut gemacht, wie Fledermausflügel. Wieder schob sich Sylvias Bild davor, während nun meine hin und her gehende Mutter abwechselnd das Fenstergeviert verdunkelte und wieder freigab. Solange, bis auch die letzte Schäfchenwolke des Kondensstreifens verwischt, verweht war.

Sylvia. Mit ihren dunklen Haaren, ihrer braunen Gesichtsfarbe war sie so ganz anders als Gigi. Minnamartha hatte es einmal ausgesprochen: »Die Witwe ist das Gegenteil.« Und hatte hinzugefügt: »Aber ich weiß nicht. So etepetete. Obwohl sie vom Land stammt. Doch ich will mich nicht in die Nesseln setzen. Bist ja noch jung. Wer weiß, wie das Leben spielt.«

Gigi fragte: »Soll ich?« Sie deutete auf das Grammophon in der Ecke.

»Mach nur Musik. Das wird dem Schlawiner gut tun. Kinder ich muß rüber.«

Gigi spielte eine Platte, die sie von ihrem Bruder geerbt hatte:

Ach Paula, mach die Bluse zu,
du bist doch sonst so nett.
Man sieht ja deinen zarten Teint,
sogar was vom Korsett.

Ach Paula, mach die Bluse zu.
Ich schwör's bei meiner Treu:
Es dauert gar nicht lange mehr,
dann sind die Pferde scheu!

Ich, Menschlein, flog von den Wolken des Fiebers getragen hinaus, oder ein Teil, ein flüchtiger Bestandteil von mir flog, während Ohren mit Umgebung im Bett liegen blieben und zuhörten, wie es Paula erging, dieser Mulle mit der offenen Bluse (an der wahrscheinlich alle Knöpfe fehlten), ich flog und flog, von unten sah man wohl, wie ich einen Kondensstreifen entfachte, ins Fensterviereck hinein. Wohin flog ich? Zu Sylvia? Oder nur zu einem, der die Hirtenflöte blies?
Welch ein Quatsch!
Ich hörte nicht mehr hin, wie Paula krächzend verschied.
Es war Zeit, Fieber zu messen.
Ich sagte zu Gigi: »Gibst du mir mal das Thermometer?«
Neununddreißig fünf.

»Schlimm?« fragte Herr Blüte, als ich wieder zur Arbeit erschien. Ich schilderte ihm meine Fieberanfälle, in der

Hoffnung, sein Mitgefühl zu erwecken. »Schlimm«, sagte er wieder, diesmal auf die Frage-Betonung verzichtend. »Hoffentlich bleibt nichts nach.«

Sylvia Flötotto stand oben auf der Leiter, räumte soeben angelieferte Neuerscheinungen ins Regal. Benno Blüte schichtete die Rowohlt-Rotationsromane neben die Kasse, im Zeitungsformat waren die ersten gerade herausgekommen, fünfzig Pfennige das Exemplar. Sein Blick traf, über den Rand der Eulenbrille, die Witwe. Er legte die Romane, die er in der Hand hielt, auf den Stapel. »Gütiger Himmel, Frau Flötotto«, sagte er, »so geht es nicht.« Sylvia fuhr herum, hielt das Gleichgewicht, indem sie den Bücherstapel in ihren Händen erst hin und herschwenkte, dann an ihre Brust und unters Kinn preßte. Sie fragte:

»Wie?«

»Ihr Rock. Um genau zu sein . . . Ihr ehm . . . Unterrock. Das geht nicht für den Laden. Was sollen die Kunden denken? Außerdem – ja! es ist unpraktisch.«

Die Witwe trug auch im Geschäft Petticoats. Ihre wegen später Trauer oder modischen Gründen in schwarze Nylons gehüllten Beine ragten aus der rasierschaumartigen Masse hervor wie die Porzellanbeine einer Puppe. Vollends in ihrer Erstarrung da oben glich sie mehr einem Spielgerät als einem lebenden Menschen.

Sie faßte sich und sagte: »Man trägt das jetzt, Herr Blüte.«

Der Buchhändler warf ihr wieder einen Blick zu und sagte:

41

»Hier nicht!«

Das war endgültig. Sylvia Flötotto zuckte mit den Schultern, setzte die unterbrochene Bewegung fort, indem sie die Bücher ins Regal hob. Dann stieg sie von der Leiter.

Blüte sah nicht mehr hin. »Im Keller ist das Antiquariat zu ordnen«, schlug er mehr vor, als er befahl.

Wir stiegen hinab ins Gewölbe, das Neonröhren erleuchteten. Hier zogen sich Regale mit all jenem, das, jahrelang verboten, nun aus verschiedenen Quellen den Laden überflutete, um neue Kundschaft zu finden: Thomas Mann. Frank Thieß. Hoffmannsthal. Jakob Wassermann. Kästner. Tucholsky. Die Verleger kamen längst nicht hinterher, mit Neuausgaben den Lesehunger zu befriedigen.

»Was er nur hat?« sagte Sylvia. »Kuck mal. Ist doch schön.« Sie hob ihren Rock, um die Rüschen des Unterkleides freizulegen. Sie breiteten sich aus um die schwarzen Beinstelzen. »Hübsch. Oder?«

»Eben.«

Sie ließ die Hände sinken, ich sah, daß ihre Fingerspitzen dunkel waren von der frischen Druckerschwärze der Bücher, die sie ausgepackt hatte. »Fangen wir an«, sagte sie. »Bei A wie Auburtin. Einer bläst die Hirtenflöte.«

»Du warst bei meiner Mutter?«

»Ich wollte dich besuchen. Aber du warst nicht da. Patente Frau.«

»Meine Mutter?«

»Schrecklich, den Mann am letzten Tag des Krieges zu verlieren. Ich bin zwar auch Kriegerwitwe, aber er war ... mein Mann war ... ich kannte ihn ja nicht lange. Aber dein Vater und deine Mutter waren doch lange verheiratet.

Stimmt es, daß sie nur einen Fuß von ihm gefunden hat?«

»– – –«

»Einen Fuß. Sie sagte, nur einen Fuß. Den rechten, glaube ich.«

»In den Bäumen hingen nur noch Fetzen. Kleidungsstücke. Splitterbomben. Russische Ratas.«

»Fliegende Nähmaschinen.«

»Sie hat einen Fuß gefunden. Aber sie war sich, glaube ich, nie sicher, daß es der Fuß meines Vaters war. *Ein* Fuß.«

»Sie hat ihn mitgenommen?«

»Nach Hause. Sie hat ihn in Packpapier gewickelt. In braunes Packpapier. Und unter dem Apfelbaum vergraben.

Aber weil sie nicht sicher war, ob der Fuß wirklich ...

Sie hat ihn wieder ausgegraben. Ein paarmal. Ich habe sie nicht gefragt. Aber ich denke, am Schluß müssen es nur noch Knochen gewesen sein.

Sie war sich eben nicht sicher.«

»Wo ist der Fuß jetzt?«

»Ich denke, immer noch unter dem Apfelbaum. Ich habe mich nicht drum gekümmert. Niemand hat sich drum gekümmert. Es war ja auch nicht gewiß, daß es sich bei dem Fuß um den Fuß meines Vaters handelte. Sie ist dann ein bißchen wunderlich geworden. Nicht direkt verrückt.«

»Wer?«

»Meine Mutter. Sie kam in ein Sanatorium. Hat immer alles verwechselt.«

»Aber jetzt ist es wieder gut?
Alles?«

»Alles.«

»Eine patente Frau, deine Mutter.«

Ich überließ es Sylvia, in der einst verbotenen Literatur zu wühlen.

In einer Ecke hatte ich Merkwürdiges entdeckt. Ein Buch von 1840 mit der Anleitung zum Selberherstellen von Schuhwichse. Einen Sammelband *Berliner Illustrierte* von 1912. Einen dicken Schinken *Von der Bedeutung des Regenwurms.*

Für Laubenmenschen sind Regenwürmer fast so etwas wie Haustiere. Sie lockern den Boden, erzeugen Kompost. Angler benutzen sie als Köder. Das Buch, eine Broschüre, war mit einem unansehnlichen grauen Umschlag versehen. Ich blätterte das Impressum auf. 1949 erschienen! Verfasser: Erik von Soldau auf Soddelau. Hatte sich also ein Landklitschen-Edelmann gleich nach dem großen Völkerringen mit Regenwürmern befaßt!

Etwas zündete in meinem Hirn, wurde aber nicht greifbar. Ich stopfte die Schwarte ganz oben links ins Sachbuchregal, in die zweite Reihe, hinter Bücher über Ameisen, Aprikosen, Afrika, Antillen, Antwerpen, Anden.

Eines Tages, das wußte ich, würde ich es heraustragen, gestohlen oder bezahlt, und es würde Bedeutung für mich erlangen.

Ich hütete mich, Sylvia meine Vermutungen mitzuteilen. Die Bedeutung des Regenwurms? Sie hätte gelacht. Oder, wie in den hübschen Romanen aus der Deutschen Buchgemeinschaft stand: Sie hätte *hellauf* gelacht. Sie sah zu mir herüber. »Kommst du heute abend mit zu mir?«

»Liest wieder jemand vor?«

»Nein, nein.«

»Vielleicht kommt der mit den langen gelben Zähnen?«

»Der auch nicht. Klausimausi nicht.«

»Flötottos?«

»Sind im Kino. Es gibt *Tanzende Sterne*. Weißt du: Mäckie Boogie. Mäckie war ein Seemann – und kein Hafen war ihm fremd ...«

Sie sang das. Statt Hafen sang sie »Hoofen«. »Wäre eher etwas für uns«, sagte ich. »Was sollen die alten Flötottos mit Mäckie Boogie anfangen?«

»Ich habe sie hingeschickt.«

Ach so.

Flötottos waren altdeutsch eingerichtet. An der Wand über dem Sofa hing Kaiser Wilhelm mit einem Blechadler auf dem Helm. Die Rückenkissen waren mit Kordeln am Holzrahmen des Sofas befestigt. Der Bezugsstoff, heraldisches Muster, roch nach altem Staub. Aus einer weißen Blumenkrippe mit schwarzen Füßen wucherten Blattpflanzen. Sylvia brachte wieder ihre Sahnequirle zur Geltung. Kaiser Wilhelm schaute streng, aber über uns hinweg.

Die Witwe häutete sich. Verlor erst den Rock. Dann einen Petticoat. Dann noch einen. Wiggelte sich aus einem dritten. Die übrigen Kleidungsstücke folgten. Immer in Wiggel-Manier. Übrig blieb ein mageres, dunkles Mädchen. Eine kleine, hungrige Zigeunerin.

Wir sammelten ihre Kleidungsstücke ein und gingen nach oben. In ihr Zimmer. Sie kroch auf die blaue Steppdecke. Legte sich hin. Mit dem Bauch nach unten.

»Dreh dich um«, sagte ich.

Wieviel Zeit war vergangen? Irgendwann hatte Mäckie ausgeboogiet. Schon schuffelten wohl die alten Flötottos vom Kino heimwärts, unsicheren Schrittes der Alte, gestützt von Sylvias Schwiegermutter, vorbei an ebensolchen Reihenhäusern, wie sie eins bewohnten. Sylvia schwang ihr kleines Hinterteil in das Waschbecken in der Wandnische neben dem Fenster. Das Becken brach herunter. Sie winselte. Ich hob sie auf. Legte sie auf das Bett. Wieder auf den Bauch. Ich suchte eine Pinzette. Zog ihr ein paar Porzellansplitter aus der Haut. Es war nicht schlimm. Blutete kaum. Ich verklebte die Wunden mit Hansaplast.

Ihr Hintern sah kariert aus.

Ich lachte.

Sylvia heulte.

Wir hörten die Flötottos die Haustür aufschließen. Sylvia sprang auf und warf einen Morgenmantel über. Ich räumte Pflaster, Schere, Pinzette weg. Zog den Vorhang vor die Waschnische mit dem zertrümmerten Becken.

»Du mußt mir vorlesen«, flüsterte Sylvia.

Ein Band Heine lag auf dem Teppich. Ich las, ein bißchen zu laut:

> Und Wunder thu ich alle Tag',
> Die sollen dich entzücken,
> Und dir zum Spaße will ich heut'
> Die Stadt Berlin beglücken.

> Die Pflastersteine auf der Straß
> Die sollen sich jetzt spalten,
> Und eine Auster, frisch und klar,
> Soll jeder Stein enthalten.

> Ein Regen von Zitronensaft
> Soll tauig sie begießen,
> Und in den Straßengössen soll
> Der beste Rheinwein fließen.

> Wie freuen die Berliner sich ...

Sylvia saß aufrecht auf ihrem blauen Reichssportfeld.
Während ihr die Tränen noch herunterliefen, lachte sie,
lachte ...
Es klopfte.
Flötotto hängte seinen Truthahnschädel zur Tür her-
ein.
»Alles in Ordnung?«
»Alles in Ordnung.«
»Der Film«, meinte er, »war nicht so gut.«

Siegfried, mein Siegfried. Seit neuestem besaß er ein
Faltboot Marke Klepper. Xylander Puvogel, der Magier, hatte ihm erlaubt, das Schifflein auf dessen Wassergrundstück an der Havel zu parken. »Es liegt dort«,
sagte Siegfried, der Allesfresser, Muskelprotz, der Ehe-
mann. An Wandas Seite wirkte Siegfried schrumpfig,
allein gesehen glich er einem Riesen, aber eben nur einem kleinen, während Wanda zu den riesigen Riesen
gezählt werden mußte.
Welchen Tiefgang hatte ein Klepper-Faltboot?
»Kannst du mal borgen«, schlug Siegfried großmütig
vor.
Verrat beging ich an Gigi.
Sternchen Siegel fuhr einen Opel P 4, der noch den
Tarnanstrich der Deutschen Wehrmacht trug. Wir holten Sylvia ab. Ein Strandanzug mit weitem Höschen ließ
zwar viel von ihrem Rücken frei, verbarg aber die verpflasterten Regionen.
Sternchen flüsterte: »Das ist die Witwe?«

Ich nickte.

Der Opel hüpfte zur Havel.

Auf dem Wassergrundstück lag bereits Amaryllis in der Sonne, als zersägte Jungfrau Partnerin des Zauberers, der in blütenweißen Hosen mit Bügelfalte am Ufer stand und zusah, wie Wanda und Siegfried das Klepperboot montierten. »Du Kamel«, sagte Siegfried ruhig und liebevoll zu seiner Frau, »die Spanten gehören anders herum.«

Amaryllis und die Witwe schnäbelten miteinander wie Täubchen auf dem Einband eines Poesie-Albums. Sternchen Siegel trug eine Kiste Kieler Sprotten aus dem Auto herbei, seine karierte Bommelmütze auf dem Kopf, von der er sich wohl auch im Bett nicht trennte. In einem Bakelit-Eimer neben Xylanders Laube kühlten ein paar Flaschen Berliner Weiße.

»Bedient euch«, sagte Xylander über die Schulter, er ließ die Schiffsbauer keinen Moment aus dem Auge.

Siegfried, bleich, steckte in einer Badehose, auf die vorne ein Delphin aufgestickt war. Wanda trug einen hellblauen einteiligen Badeanzug aus Wolle, ihre Haut war leicht gerötet, hinten schauten wie weiße Viertelmonde die Pobacken hervor.

Das Boot nahm Gestalt an. »Ran an die Ramme«, ermutigte Xylander Puvogel die Konstrukteure. Branchenfremd. Er besaß ein Ruderboot, das am Steg vertäut lag. Platz für fünf Personen (und das Kaninchen, genannt der *Kleine Klaus*, das beim Zaubern aus dem Zylinder huschte).

»Ist ihm anzusehen«, flüsterte Sternchen Siegel, »er glaubt nicht, daß so ein Ding schwimmen kann. Gummihaut, bitteschön, und e paar Gräten.«

Sylvia und die zersägte Jungfrau kicherten. Sternchen Siegel reckte sich und drehte sich um. Aber er war nicht gemeint. Anscheinend hatte Sylvia die Geschichte vom heruntergebrochenen Waschbecken erzählt. Jedenfalls betrachtete die zersägte Jungfrau der Witwe verpflasterte Kehrseite. Die Rückfront des Spielhöschens ließ sich herunterklappen wie die Rampe eines Landungsbootes. *Unternehmen Sealord.* Landung der Alliierten in der Normandie. Angriff auf Cherbourg. Eisenhower und Montgomery als Oberbefehlshaber. Rommel war gerade Golfspielen, sonst hätte er den verpflasterten Witwenhintern ... aber da brachte ich was durcheinander. Der Zauberer zeigte sich vorübergehend vom Bootsbau abgelenkt, er drehte seinen Kopf nach hinten, fast um hundertachtzig Grad, die Schultern bewegte er nicht, Schlangenmensch hätte er werden sollen. »Amaryllis«, sagte er (und sprach es mit Berliner Ü aus, Amarüllüs), »was macht ihr da?«

»Wir üben.«

Die Landungsboot-Rampe fiel zu.

Siegfried und Wanda hielten inne, die letzte Spante saß nach Vorschrift. Sie ließen ihr Schifflein zu Wasser, es dümpelte neben Xylanders Steg, zog keinen Tropfen Wasser, Falten schlug es nicht, es schwamm, wie Klepper es vorausgesagt hatte mit seinem Katalogoptimismus, schaukelte, glänzte im Sonnenschein mit der grünlich-blauen Gummihaut. Sie nahmen Platz im Faltboot, erst Siegfried, schnell, mit sportlicher Gebärde ließ er sich vom Steg gleiten. Dann Wanda. Ein Bein. Das zweite. Sie ging in die Knie, ihr Hinterteil, prall im Badeanzug mit den weißen Halbmonden, wo er zu Ende war, rundete sich uns entgegen. Die letzten Zentimeter, jetzt berührte sie das Sitzbrett.

Das Boot gab einen Seufzer von sich, ein Elefant, der sich zum Sterben legt, mag so stöhnen, mit den Zähnen knirschen. Das Boot klappte, in Zeitlupe, die vordere und hintere Spitze nach oben.

Das Wasser war nicht tief. Das Klepperboot berührte Grund. Aus dem Gummi-Schlund schauten die Köpfe der Seefahrer, das Kinn unter Wasser schnappten sie nach Luft, bevor sie sich befreiten.

Sternchen Siegel setzte sich ins Gras.

Wanda und Siegfried krochen an Land.

Sie krochen an Land wie Amphibien. Sintflutmenschen. Triefend, schwerfällig, die Arme herunterhängend.

Sichtbar verkniff sich der Zauberer ein Lachen. Die zersägte Jungfrau und Sylvia (sie hielt ein Weißbierglas in der steif ausgestreckten Hand, in dem zwei Strohhalme steckten) hatten ihre Hälse lang ausgefahren (»teleskopartig«).

Ich stand neben ihnen, einmal nicht der Blamierte, doch meiner Säbelbeine bewußt, der auswärts gekehrten Füße, meines etwas schief auf dem Hals sitzenden, zu großen Kopfes, meiner Unfähigkeit, in diesem Augenblick zu reden, das Wort zu sagen, das die Situation auflöste in Gelächter, nicht in schadenfrohes, in befreiendes. Mein Schädel schien, wie so oft, wenn es galt zu begreifen oder gesellschaftliche Gewandtheit zu zeigen, angefüllt zu sein mit einem Stoff, der Marschmallows glich, pampigem, süß-mehligem Kinderfraß, eine der amerikanischen Segnungen, die uns zuteil wurde neben Marshallplan, Pan American Airways und Rock'n Roll. Dumpf. Düster. Gigis Zuneigung verdiente ich nicht und nicht Sylvias Zuwendung, ich, Karl Kaiser, Laubenschwengel, ungelernter Buchhändler von Benno Blütes Gnaden.

Die massigen Gestrandeten schüttelten sich. Es war Sternchen Siegel, dem das Wort einfiel: »Rettet den Gummikreuzer«, sagte er und ging zum Ufer.

Xylander meinte: »Kinder, nun trinkt mal erst was!«
Ich folgte Sternchen.

Die Mädchen senkten ihre Köpfe wieder übers Weißbierglas und zuzelten an den Strohhalmen.

Später, die Schiffbrüchigen, wie an Land geschwemmt, trockneten in der Sonne, ihren zertrümmerten Nachen vor Augen, den wir auf den Strand gezogen hatten, hörten wir Rudi Schurike die *Caprifischer* singen. Amaryllis besaß einen modernen Plattenspieler, elektrisch, mit in den Deckel eingebautem Lautsprecher.

»... zieh'n die Fischer mit ihren Booten aufs Meer hinaus – und sie legen in weitem Bogen die Netze aus ...«

»Himmlisch.«

»Nach Capri müßte man jetzt reisen.«

»Wo wir es so gut haben hier an der Havel?«

»Haben wir es wirklich gut? Kuck dir mal an, wie die in Westdeutschland auf die Pauke hauen.«

Siegfried meinte: »Und unsere Lauben. Bruchbuden. Ich sage euch: Bruchbuden. Wenn er« – Siegfried deutete auf Sternchen Siegel – »nicht so viel für uns getan hätte, wären wir ganz in den Arsch gekniffen.«

Sternchen wand sich ob des Lobes.

»Ihr hättet es auch so geschafft.«

Charles Aznavour war noch unbekannt, aber Sternchen, mit seiner Bommelmütze und den dunklen Augen, machte haargenau das Gesicht, mit dem der französische Sänger später berühmt wurde.

»Doch«, fuhr Sternchen fort, »es wäre nicht schlecht, Neues zu planen.«

Mein pampegefülltes Hirn wurde von einem kurzen Laserstrahl illuminiert, das Wort *Regenwurm* erschien auf dem Bildschirm, aber sogleich schoben sich neue Schatten davor. Welch ein Blödsinn auch. Wie sollten Regenwürmer ...

Siegel spann das Ganze fort: »Ich kenne einen Seemann, heißt Pompetzki.«

Pompetzki? Der Name kam mir bekannt vor. Leider blieb ein weiterer Erleuchtungs-Blitz aus.

»Pompetzki«, sagte Sternchen Siegel, »ist Navy-Fachmann. Marine-Narr. Er sammelt Mützenbänder. Die versteckt er zwischen seinen Hemden, oder vielmehr versteckte sie, weil seine Frau sie wegschmiß, wenn sie das Zeug fand. Nu lebt er jetrennt. Was soll ich sagen, hat er 'ne Jacht gekauft, billig, alles leer innen, rausgerissen, keine Segel. Aber der Rumpf tiptop. Pompetzki ist verschuldet. Hat sein Motorboot in Zahlung gegeben. Nu meint er, wenn er das Boot renoviert, vielleicht könnte er es laufen lassen auf der Havel auf Miete. Habe ich gedacht für Coca-Cola-Reklame. Könnte er auch verkäufen die Schlabberbrause an Wassersportler, Sonntagsgeschäft. Wär bißchen was drin. Gläuben Se nicht?«

»Ich weiß nicht«, meinte Xylander Puvogel. »Wird es wirklich ein Geschäft? So viele Bootsbesitzer gibt es noch nicht wieder auf der Havel.«

»Aber es wird sie geben, nebbich! Was solln se machen, die Berliner? Lustreisen zum Himalaja? Ich sage euch, se werden alle sich käufen Boote für auf die Havel, und es wird geben Überfüllung, und se werden froh sein, wenn se sehn den Limonadensegler und können käufen die Coca-Cola.«

»Ick weeß nich, ick weeß nich.«

»Wohl aber ich. Was meinen se denn. Eines Tages wird es geben die Coca-Cola zu käufen auf den Roten Platz. In Moskau. Die Leute werden stehen Schlange vor den Glaskasten was hat Lenin drin, und se werden schlürfen den sießen braunen Saft aus de kapitalistischen Paradiese.«

Alle lachten. Sylvia sagte: »Im Gegengeschäft werden die Amerikaner russischen Tee trinken.«

»Wenn er geliefert wird als Nestee.«

Xylander meinte: »An dem Plan ist vielleicht was dran. Sie haben mich fast überzeugt. Wieso soll man nicht ein Cola-Schiff auf der Havel schwimmen lassen? Wie spät ist es? Wir können mit meinem Boot hinüberfahren, den Mann besuchen. Diesen Pomadski.«

»Pompetzki.«

»Ich meine, wenn's nicht weit ist.«

»Gar nicht. Weinmeisterhöhe. Aber mit dem Ruderboot...«

Xylander winkte Siegel. »Kommen Sie mal. Ich zeige Ihnen was.«

Sie gingen in die Laube. Ich folgte ihnen. Der Zauberer holte unter der Sitzbank einen nagelneuen 2 PS-Evinrude Außenborder hervor. »Klein aber fein. Habe ich von einem Ami.«

Wanda und Siegfried meinten, sie würden lieber dableiben. Vielleicht könnten sie das Faltboot reparieren.

»Ein wundersam weiser Entschluß«, sagte Sternchen.

Er half dem Zauberer, den Außenbordmotor einzuhängen. Fünf Minuten später tuckerten wir in Xylanders Plätte über die Havel.

Stößensee.
Pichelswerder.
Scharfe Lanke.

Xylander steuerte die Jolle. Der Evinrude schnurrte. Amaryllis ließ eine Hand ins Wasser hängen.

Die letzte Strecke begleitete uns eine Eismöwe. Sie war riesig. Wahrscheinlich nährte sie sich von Müll.

»Eine Wirtschaftswunder-Möwe«, sagte jemand.

»Nennen wir sie Professor Erhard.«

Pompetzki stand an Bord des Hulks, seines Schiffsrumpfes, nur der hintere Mast der Yawl war aufgerichtet. Er trug einen blauen Overall und auf dem Kopf eine zerknüllte weiße Schirmmütze, frei nach Kapitänleutnant Prien, dem berühmtesten U-Boot-Kommandanten des Zweiten Weltkrieges. Wir gingen längsseits und kletterten an Bord.

Plötzlich wußte ich, wo ich Pompetzki gesehen hatte. Auf einem Ausflug mit dem Haveldampfer, im vergangenen Sommer, hatte er Gigi und mich eingeladen, ihn zu besuchen, unter Hinweis auf seine Mützenbänder-Sammlungen. Nur hatte uns das nicht interessiert. Irgendwo mußte ich noch seine Adresse haben (die gar nichts mehr nützte, denn augenscheinlich wohnte Pompetzki jetzt auf diesem Schiff).

»Wir kennen uns ja«, sagte er, als er mir die Hand schüttelte.

Sternchen Siegel wunderte sich. »Wieso?«

Wir erklärten es ihm, gleichzeitig, was den Sachverhalt kaum transparenter machte.

»Ich höre immer Wannseedampfer«, sagte Sternchen.

Pompetzki hielt uns gründliche Vorträge über sein Schiff. Ganzmetall-Jacht, bei Abeking & Rasmussen in

Bremerhaven gebaut, er versuche, die Pläne zu bekommen. Leider, die Eroberer (er sagte wirklich *Eroberer*) hätten alles herausgerissen, viel Arbeit mache es, die Innenausstattung wieder einzubauen. Auch einen Hilfsmotor habe er aufgetrieben. Er wohne inzwischen an Bord, habe alles aufgegeben. »Aber das Geld, das liebe Geld.« Wo er zu guter Letzt die Segel herbekommen solle, wisse er nicht, mindestens viertausend Mark würden die kosten.

Übrigens habe er auch seine Sammlung von Marine-Mützenbändern an Bord. Ob wir die sehen wollten?

Die Mädchen zogen sich eilig zum Vorderdeck zurück und legten sich auf den Planken in die Sonne, Augen zu. Siegel, der Zauberer und ich ließen uns hunderte von Mützenbändern der kaiserlichen, der Kriegsmarine zeigen und unzählige andere Sammlerstücke, Knöpfe, eine Reichskriegsflagge, ein Minensucher-Logbuch, Seekarten von Tsingtau und der Deutschen Bucht. Pompetzki machte es schnell, glücklicherweise. Siegel flocht seinen Plan dazwischen, aus dem Schiff einen Coca-Cola-Fahrer zu machen.

»Brause? Bei mir Sense«, knurrte Pompetzki. »Ick bin doch kein Zuckerbubi.«

Sternchen drang weiter in ihn. Auch Xylander versuchte, Pompetzki den Plan schmackhaft zu machen: »Hören Sie sich das doch mal in Ruhe an.«

Pompetzki wickelte das Mützenband des berühmten Kanonenbootes *Iltis* um seine Finger. »Für einen Fahrensmann wie mich ist das eine Zumutung«, sagte er.

»Und wenn Se haben keine Kohle? Was machen Se mit'n Schinackl?«

»Was ist Schinackl?«

»No, Schiff. Was machen Se?«

»Exakt. Aber Coca? Womöglich auf die Segel gedruckt: *Drink Coca-Cola?*«

»Möglich.«

Wieder an Deck nahm Pompetzki seine zerknüllte Mütze ab. Er sagte: »Gott ist mein Zeuge. Es geht nicht anders. So soll es denn sein. Coca-Cola.«

»Gott vielleicht wird sich nich persönlich kümmern«, sagte Sternchen, »aber ich. Und die Getränke-Industrie.«

Pompetzki verbeugte sich. Er nahm mich am Arm und deutete auf Sylvia und Amaryllis, die auf dem Vorschiff lagen. »Ist nicht die Dame vom Ausflug? Madamchen?«

Er hatte Gigi Madamchen genannt. Auch das fiel mir wieder ein. »Madamchen nicht«, sagte ich. »Eine zersägte Jungfrau und eine Leutnantswitwe.«

Pompetzki sah mich an, als habe er den Verdacht, daß ich ihn verkohle. Aber er stellte keine weiteren Fragen.

Sternchen fuhr Sylvia und mich nach Hause. Als wir Sylvia in der Riemeisterstraße abgesetzt hatten und über die Clay-Allee rollten, fragte Sternchen, was ich von Pompetzki halte; ich kenne ihn wohl länger?

»Flüchtig. Mit Gigi traf ich ihn auf diesem Wannseedampfer.«

»Hat er 'nen weichen Keks? Mit den Mützenbändern?«

»Ein Hobby. Ich glaube, harmlos. Er hat das Schiff. Um alles andere werden Sie sich wohl kümmern müssen. Wie üblich.«

»Gewissermaßen müßte man zentralisieren. Könnte Heringsbändiger übernehmen die Zulieferung für das Schiff. Auch Klopse und Eis am Stil ...« Siegel träumte wieder einen Lieblingstraum. Den Traum, Geschäfte zu machen. Aus dem Nichts heraus.

»Nehmen Sie immer fünf Prozent?«

»Wer sagt?«

»Man spricht.«

»Wenn ich organisiere. Ist berechtigt?«

»Vollkommen.«

Ich fragte Siegel, wie es sich lebe in Deutschland. In diesem neuen Deutschland. Ich meinte: Als Jude. Ich hatte Sternchen nie gefragt, was er erlebt hatte. Woher er kam. Ich ließ das Wort unausgesprochen. Er verstand mich auch so.

Sternchen sah geradeaus durch die Windschutzscheibe seines Opel. »Was soll ich sagen?« meinte er. »Vielleicht eine Geschichte. Stellen Sie sich vor, es ist Kristallnacht. Die Scheiben sind eingeworfen von de Geschäfte. De Synagoge brennt. Sitzt auf de Stufen ein kleiner Junge mit gelbem Stern an der Jacke. Fragt ihn ein SA-Mann: ›Nu, was sagste, Früchtchen?‹ Antwortet der Junge: ›Gibt's einen Gott, gibt's auch e Vergeltung. Gibt's keinen Gott: Was soll de Synagoge?‹«

Er hielt vor dem Tor zur Kolonie an. Im Scheinwerferlicht lag die Baracke mit der *Beknackten Maus* und Ernie Puvogels Kramladen.

»Was sagen Se?«

Ich sah ihn an. »Was halten Sie von Regenwürmern?«

»Hm. Wenn Se Näheres wissen ... Bis bald.«

Er wendete und verschwand die Bärlappstraße hinunter.

In meiner Laube saß Minnamartha. Auf dem Tisch vor ihr tickte die Eieruhr. Sie zeichnete mit dem Daumennagel das Karomuster der Wachstuch-Tischdecke nach.

»Findest du das richtig?« fragte sie.

»Was?«

»Daß du mit der Witwe gehst. Und so spät kommst du! Sie ist ja patent. Stammt auch vom Land. Aber was du mit Gigi machst ...«

»Das geht dich doch einen feuchten Dung an.«

»Sagst du. Sagst du! Auf deine Mutter hörst du ja nicht. Du denkst, du bist wunder wie klug. Weißt alles. Was denkst du denn, wo Gigi jetzt ist?«

»Im Bett, nehme ich an. Es ist spät.«

»Sie ist fort.«

»Fort?«

»Sie hat gesagt, sie hält es nicht mehr aus mit dir. Sie ist nach Hannover gemacht. Zu einer Freundin. Ich sage dir aber nicht, zu welcher. Für so dumm hältst du mich hoffentlich nicht. Menschlein, du bist ein ganz übler

Charakter. So kann man mit einer Frau nicht umgehen. Wer anderen eine Grube gräbt, fällt selbst hinein, das merke dir mal.«

»Deine Sprüche stinken mir.«

»So was Gemeines! Du wirst schon sehen. Mit dem aufgedonnerten Frauenzimmer ...«

»Ich denke, du magst sie? Die Witwe?«

»Einesteils. Aber es geht nicht, daß du Gigi ...«

»Hör mal. Das ist meine Angelegenheit. Laß mich jetzt allein, ja?«

Sie stand auf. Nahm ihre Eieruhr. »Ich habe dich gewarnt.« Sie ging durch die Veranda. Kam noch einmal zurück: »Ich jedenfalls wasche meine Hände in Unschuld.«

Ich gehe durch die Nacht, die Bärlappstraße entlang. Gaslaternen malen Kreise auf das Kleinpflaster, das unter meinem Schritt nachgibt, als wenn ich über Moor schreite. Die alten Linden sprengen mit ihren Wurzeln die Bordkanten. Ich denke an den Krieg, an die Zeit der Verdunklung. Nur am Ende, wo die Stadt anfing, waren die Bordsteine mit Leuchtfarben bemalt. Bis dorthin gingen wir, wenn der Mond nicht schien, wie in einem Tunnel. Entgegenkommende trugen Leuchtabzeichen. Einfach runde Plaketten oder Möwen oder Anker. In einem der Häuser an der linken Seite wohnte mein Schulfreund Klaus Mahlbusch. An seinem achten Geburtstag bekam er ein Maschinengewehr geschenkt, feldgrau. Eine Kurbel setzte einen Mechanismus in Bewegung, der ein knatterndes Geräusch erzeugte, was durchaus die Illusion herstellte, das Gewehr feuere Schußgarben. Wir lagen abwechselnd auf dem Teppich von Mahlbuschs Wohnzimmer und betätigten die Kurbel, solchermaßen Geduld und Lärmunempfindlichkeit der Erwachsenen prüfend.

Ich lief nun. Meine Schritte erklangen auf dem Pflaster der nachtschweigenden Straße, würde ich gerne hierherschreiben, aber ich trug Schuhe mit Kreppsohlen, der letzte Schrei, wieder eine amerikanische Segnung. Kreppschuhe und Ringelsöckchen. Haste kalte Beene? Koof dir Ringelsöckchen – haste keene.

Weiter lief ich. Ein Schild tauchte neben einer Laterne auf: MILCH. Ein kleiner Kramladen auf dem Hof, hier hatten wir als Kinder Gummibärchen gekauft. Auch besaß der Mann im Keller eine Rolle, eine Wäschemangel, auf der Minnamartha nach Waschtagen ihre größeren Stücke glättete: Sie wurden mittels Rolltücher um Holzwalzen gelegt. Beim Drehen einer eisernen Kurbel führte die Vorrichtung einen mit Feldsteinen gefüllten Schrein über diese Rollen, die sich auf einer Ebene hin- und herbewegten. Das Gewicht der Steine verursachte eine ausreichende Glättung von Bett- und Handtüchern, Bezügen, Tischdecken.

Die Rolle stand an einer Wand, deren Putz sich salpetrig abwölbte, unter einem Buntdruck, der den Seebäderdampfer *Mistroy* beim Durchpflügen stahlblauer Ostseewogen zeigte. Daneben behauptete eine andere Tafel: Urbin – der gute Schuhputz!

Des Kaufmanns Sohn war vermißt im Kriege, an einem der letzten Tage hatte ich ihn marschieren sehen, als eine Abteilung Mariner, ein Lied – »Heidemarie« – auf den Lippen, in die Marine-Kriegsschule Mürwik einrückte. Seitdem: Nichts mehr.

Bärlappstraße. Als Fünfjähriger hatte ich zugeschaut, wie ein Lastwagenfahrer den Motor seines Büssing reparierte. Er griff in den Kühlerventilator, riß sich ein Stück Finger ab. Ich erinnere mich, daß ich ohne jede innere Regung blieb, zusah mit einer Unbeteiligtheit, als finde das auf einem anderen Stern statt: Ich rührte mich nicht, als der Mann sein weggesprungenes Fingerglied suchte, das zwischen Pflastersteinen in einer Ritze lag, in der grünes Moos schimmerte – wie er das Fingerstück aufsammelte, mit dem er nichts anfangen konnte, denn die Kunst der Chirurgen war damals noch nicht so hochentwickelt, daß man Finger, Ohren, Nasen, Arme, die in abgetrenntem Zustand rechtzeitig beigebracht wurden, wieder annähte.
Jemand kam, den Mann holen. Ich erinnere mich nicht, daß Blut floß, beschwören würde ich, daß nicht einmal ein roter Tropfen schimmerte an der Schnittstelle. Aber das kann nicht sein. Das Blut, den Anblick des Blutes, hatte ich in der Erinnerung verdrängt.
Oder war das schon geschehen im Augenblick des Unfalls?
Der Lastwagen stand lange dort am Straßenrand. Eines Tages war er verschwunden.

Jetzt lief ich an der Mauer entlang, die den Parkplatz der Spedition Thiele Witwe von der Straße trennte. Alle fünf Meter öffnete sich eine Art vergitterter Fensterlükke, hinter der man tagsüber die gelben Möbelwagen der Spedition sah und hinten den Bahndamm, der sich bis zu einer Höhe von etwa vier Metern erhob, Anschluß der Wannseebahn, deren Gleise hier auf die Hauptstrecke trafen.

Jetzt lag Dunkelheit auch hinter den Mauerfensterchen.

Von der Baumschule, die sich an den Speditions-Platz anschloß, sah ich wiederum nichts.

Endlich mündete die Bärlappstraße auf den Damm, der den Beginn der Ortsmitte (der Vorort-Mitte) bildete, hier waren im Krieg die Autobusse mit ultramarinblauen Fenstern gefahren, beweglichen Aquarien gleich, in deren Innerem die Fahrgäste und der Schaffner mit seiner Dienstmütze wie unbewegliche Kraken saßen und standen. Kraken, die eine Art Menschengestalt angenommen hatten und trotzdem mehr der tiefen blauen See zugehörten.

Links nun die S-Bahn-Unterführung, das Bahnhofs-Notgebäude, errichtet über den Trümmern, die ein »Badeofen«, eine Luftmine, 1943 hinterlassen hatte.

Wohin lief ich? Das wurde mir erst bewußt, als ich mich, zwei oder drei Kilometer weiter, vor jenem Reihenhaus wiederfand, in deren oberem Zimmer ich Sylvia wußte. Kein Licht brannte. Ein Ami-Jeep kam die

Straße herauf. Ich verbarg mich im Gebüsch des Vorgartens, bis er vorbei war. In dem Wust ungeordneter Gedanken und Bilder zwei Festpunkte: Sylvias verpflasterter Hintern und Gigis Augenbrauen, hochgeschwungen.

Ich ging den langen Weg zurück.

Was hielt Gigi in Hannover? Die Freundin, bei der Gigi wohnte, galt für lebenslustig, um fünf Ecken herum erfuhr ich es, ich konnte annehmen, daß einige Versuchungen an Gigi herangetragen wurden. Wenn ich wollte, konnte ich das annehmen, ich konnte mich hineinsteigern, mein Herz zerfleischen, meine Seele zermartern – oder mich gleichgültig zeigen: Vorbei, vorbei, eine Buddelkasten-Bekanntschaft, Kindheitserinnerung, erste Liebe.

Hannover war weit weg, die ehemalige *Zone* lag dazwischen, DDR-Land, Land meiner Kindheit, Havelland, Elbestrand. Jetzt waren Grenzen zu überschreiten, Kontrollen zu passieren. Westdeutschland, Trizonien. Ein bißchen Republik.

Weit weg.

Einige Male besuchte ich Sylvia. Sie war nie allein. Ihre Intellektuellen lagerten auf dem deutschen Perser, starrten auf Sylvias Puppenbeine, die aus dem Rüschenschaum ragten, schwarz bestrumpft, die Witwen-Nylons feinste Qualität, ein Schleier, ein Hauch, der die helle Haut ihrer Beine einhüllte. Die alten Flötottos rumorten unten in ihrer Wohnstube, warteten, daß die

Besucher nach Hause gingen. Doch dachte niemand an Aufbruch: Wer zuerst ging, machte vielleicht anderen den Weg frei?

Friedrich, um den man sich, wie Gigi behauptete, kümmern müsse, schien aufzuleben ohne seine Schwester. In der Laube brannte abends lange das Licht, durchs Fenster sah ich, wie Friedrich las oder Radio hörte, er besaß einen altmodischen Apparat mit Kopfhörern, auf dem Tisch stand meistens eine Flasche Schnaps. Seine hohe Stirn schimmerte blaß im Schein der Lampe, die sich, mit einem Gewicht versehen, herunterziehen ließ, um als Leselampe Helligkeit zu spenden.

Die Zeit war einen Augenblick lang stehen geblieben, nicht nur in Friedrichs Stube. Die Laubenkolonie, schien es, erholte sich von einer Überdosis Weltgeschichte. Nichts ging sichtbar voran, nicht einmal die Bäume wollten ausschlagen und Fruchtknoten ansetzen in diesem Jahr.

Hier und dort lagerten in den Gärten Würfel von Schlackensteinen oder Gipsplatten-Stapel, vom Bauwillen der Laubenbesitzer zeugend. Aber es ging langsam voran. Es brauchte Zeit, bis die Wände sich von verwittertem Grau und Braun zu appetitlichem Weiß wandelten; Wände, verziert durch grüne Spaliere, an denen wilder Wein zu ranken begann, Obstbäumchen ihre Äste nach links und rechts spreizten und in einem Jahr oder zwei die Ernte von Spalierobst versprachen.

Bild erschien, die Zeitung zu zehn Pfennig, ihre erste Ausgabe zeigte Churchill, ohne Zigarre, dessen Rücktritt die englische Presse diskutierte. Paul Falk, Weltmeister im Schlittschuhlauf, ließ sich den nackten Oberkörper von seiner Partnerin Ria abrubbeln. Sie trug einen Minirock, ihr Eislauf-Kostüm. Adenauer lauschte Beethoven-Klängen von seiner Tonbandmaschine, eingebaut in ein kostbares Klangmöbel, eine Musiktruhe aus Nußbaum. Sie enthielt auch einen Plattenspieler, einstellbar für die Geschwindigkeiten 33 U/m, 45 und, für alte Schellack-Platten, 78.

Meine Kusine Ingeborg und ihr Heringsbändiger wohnten nierenförmig. Privat fuhr das Ehepaar einen Borgward.

Ludwig Erhards Bestseller *Wohlstand für alle* lag auf der Anrichte. Das Buch war auf holzfreiem Papier gedruckt, Bücher waren bald die einzigen Naturstoff-Produkte jener Epoche, alles sonst bestand aus Plastik.

Vorbei die Nöte der Stationsvorsteher, denen die Haare unter den roten Igelitmützen ausfielen. Vergessen die Bakelit-Gehäuse schwarzdrohender Volksempfänger. Ingeborg trug Tago-Damenstrümpfe aus Cupresa, benutzte Eimer aus Hostalen, Eierbecher aus Trolitul, eine Butterdose aus Rosal, Kaffeetassen aus Hochdruck-Polyäthylen, und ihre Küchen-Anrichte war belegt mit Hornitex. Die Schrippen zum Frühstück ruhten in ei-

nem Körbchen aus Lupolen. Wenigstens buken
Deutschlands Bäcker die Schrippen (oder Brötchen
oder Semmeln) immer noch aus Mehl.
Ich sah zu, wie Ingeborg eine Morgenschrippe für
Heringsbändiger butterte, während der, hinter einer
Zeitung verborgen, seinen Kaffee (Zuntz sel. Ww.)
schlürfte und die neuesten Meldungen aus Saigon
las:
Inzwischen war der Korea-Krieg ausgebrochen.

Wie alle Berliner genoß es Heringsbändiger, daß endlich einmal ein Konflikt nicht zwischen Grunewald und
Müggelsee stattfand.

Minnamartha und ich gingen uns aus dem Weg. Unsere
Begegnungen blieben auf das Unvermeidbare be-
schränkt. Einmal ging ich zu ihr hinüber, um ihr etwas
auszurichten. Sie war nicht da. Die Laube war unver-
schlossen. Niemand legte in der Kolonie Tausendschön
Wert darauf, seine Laube abzuschließen. »Bei uns finden se nischt zum Stehlen«, meinte Buseberg, womit er
recht hatte.
Wenn mal eine Laube verschlossen war, lag der Schlüssel unter dem Fußabtreter oder auf dem Türbalken.
Minnamarthas Laube zu betreten und sie nicht zu treffen, glich einem Geschenk. Keine Sprüche. Keine Vor-
würfe.
Ich suchte Bleistift und Zettel und begann aufzuschrei-
ben, was auszurichten war. Mein Blick fiel auf ein un-

verschlossenes Kuvert. Ich drehte es um. Ein Brief an Gigi! Sie stand also mit Gigi in Verbindung!

Schnell schrieb ich mir Gigis Adresse in Hannover auf. Ich drehte den Brief hin und her. Verletzte ich das Briefgeheimnis, wenn ich die Papierbogen aus dem Umschlag nahm und las?

Ich entschied: Keine Verletzung.

Minnamartha hatte geschrieben:

Meine Liebe Gigi,

Soeben bekam ich Deinen Brief, es tut mir so sehr leid das Du nun so krank bist, ja Du hast recht es ist die seelische Aufregung. Du must vor allen Dingen nur an Dich denken, versuche innerlich von Karl los zukommen. Du must immer denken ich muss, muss, ich will und darf nicht um Himmels willen mich unterkriegen lassen. Denke nur, er würde wenn Dir was passirt sich überhaupt nicht kümmern, er lebt hier, rennt blind in sein Verderben, ja so glaube ich, auch ich kan es nicht ändern. Ich sehe das er lügt und meine guten Gefühle für ihn verblaßen immer mehr, ich grüble nun auch, wie ich es mache das er sich nicht auf mich stützen kann, denn ich glaube Du wirst es auch schon gemerkt haben, worum es ihm bei mir geht. Ja ich komme zu Dir, das alles läst sich nur mündlich sagen. Aber unternimm nichts, tue es um anderer Frauen Willen nicht, mache ihnen den Weg nicht frei. Denn sie wissen ja, das du und er . . . Sie brechen ein in Eures. Die Weiber warten ja nur darauf, das Du Dich trennst von Karl. Allerdings liebe Gigi glaube ich es wird sich später nicht umgehen lassen, Du gehst sonst zu Grunde *an ihm zu Grunde,* und das geht nicht dazu bist du zu jung.

Nun liebe Gigi gestern sprach ich mit ihm, ich tat als ob ich nichts von der Buchhändlerin wüste, aber ich sei, sagte ich, sehr böse auf ihn. Ich würde ihm Geld geben, das er endlich zur Ruhe kommt und richtig leben und richtig ohne Sorgen arbeiten kann un nu wieder so was, ich verstehe es nicht, sagte so: »Du hast eine andere Frau, überlege Dir das reiflich du bist gleich Mitte 20 u. hast im Leben noch nichts geschafft, wie denkst Du dir dass? Karl lass alles stehen und liegen vertrage Dich mit Gigi lerne was Vernünftiges, ich habe Angst um Dich, Du endest ganz unten *ganz schlimm,* es ist doch so: alle Frauen sind gleich, wenn Du erst gebunden bist geht das Leben los, es kommen Kinder, Du kommst im Leben zu nichts. Gehe weg noch ist es Zeit. Komme zu mir ich habe die große Laube, wir brauchen doch nicht zwei jetzt wo Vati Tod ist und wo auch Oma nicht mehr ist, ich habe das große Zimmer da kannst Du arbeiten es stört Dich niemand, und nach einigen Wochen kommt vielleicht Gigi zurück, Du kennst sie seit ihr Kinder wart und da gehörst Du hin. Karl, überlege Dir das.«

So liebe Gigi, so sagte ich es ihm, es wurde eine lange Rede, aber ich muss bei ihm ja nur fühlen und sehr vorsichtig sein, bei Karl erreicht man nur im Guten etwas. Ich glaube nicht das er der anderen Frau, sie ist sehr patent aber trotzdem, die ganze Wahrheit gesagt hat. Sie war einmal hier, ich war verblendet, wollte auch nicht unhöflich sein. Ich wünsche mir das sie wieder hier aufkreuzen würde, ich würde ihr die letzte ganze Wahrheit sagen. Wenn sie nicht ganz durchtrieben ist müste sie ja dann von allem Abstand nehmen, ich würde ihr auch alles sehr klar machen was sich gehört und was nicht. Und Karl dürfte sich auf keine Hilfe mehr meinerseits verlassen. (Laube u. s. w.) Ja liebe Gigi mir geht es im Leben auch immer so, ich helfe und tue gutes und was habe ich davon. Was hatte ich von Karl, Sorgen, Kummer, er war viel krank, er kostete nur immer. Und wie er mir dann beistehen konnte zog er in die andere Laube. Beziehungsweise schickte mich nach nebenan! Denke nur was ich durchgemacht habe, die ganzen Kriegsjahre war ich schon ohne Mann da er eingezogen war, dann noch am letzten Tag fiel er, ich glaube sogar er wurde ermordet nur ich weis es nicht genau. Ja und dann die bittre Nachkriegszeit mit den Russen, ohne Geld, Hunger. Dann kam der Junge, ich hoffte, setzte alles auf ihn und muste dann sehen, das er aus der Familie hinaustrug, gegen mich war und ich wollte nur immer sein Bestes. Er machte alles auf lange Sicht Du hast recht es stimmt, er plant lange vorher, er weis was er macht.

Ja und ich habe immer wieder gedacht, er wird sich ändern, er wird wenn er aus den Flegeljahren heraus ist anders, bessser, werden, ich konnte es nicht fassen, daß aus einem so guten Kinde – während der Kindheit hatte ich nur Freude – etwas schlechtes werden könnte. Als ich euch zusammen sah, dachte ich: Na nun endlich kommt er zur Ruhe. Und nun Dieses. Plan und auch sicher Plan, das er Geld von mir will, er wird nicht anders, und immer denke ich, er wird doch anders, es ißt eben die Jugend von heute.

Ja, ich bin gespannt wie es wird. Kommst Du zurück? Aber wird er dann auch vernünftig sein, wird er auch böswillig Dir gegenüber werden, das sind Probleme.

Wie wird er auf alles reagieren?

Jedenfalls ich warte, das ich wieder mit ihm rede. Dann schreibe ich Dir gleich Bescheid. Und tue Du es auch, schreibe ihm aber nicht das Du alles weist und wir in Verbindung sind. Wenn es mir irgend möglich ist, ich gesund bleibe, komme ich, aber bitte mache keinerlei Aufwand oder grosse Vorbereitungen.

Vor allen Dingen schone Dich, gehe zum Arzt. Denke nicht an Karl, zwinge Dich von ihm los zu kommen, aber gieb in keiner Weise nach, er muss endlich einmal sehen das es nicht nach seinem Kopf geht.

Liebe Gigi, sollte es Dir aber sehr unpassend sein wen ich komme, dann bitte schreibe es mir, dann komme ich später ich möchte nicht das Du zu grosse Aufregungen hast

liebe Gigi im übrigen geht es mir wie Dir ich bin sehr

böse auf Karl, aber ich hoffe doch das er zur Vernunft kommt und sich alles noch gerade biegen läst.

Nicht Karl sagte das es ihm zuhause zu unruhig sei.

Nein das sage ich nur »vielleicht ist es ihm zu Hause zu unruhig«, ich meinte evtl. Besuche, ja schon das ganze herumwirtschaften Karl hat nichts davon erwähnt, nur meine Meinung.

Sei nun recht herzlich gegrüst werde bald gut gesund und schone Dich.

Hoffentlich kannst Du alles gut lesen ich habe versucht es Latein zu schreiben weil ihr doch die deutsche Schrift nur kurz in der Schule hattet, damit es nicht so schwer ist für Dich

bitte schreibe gleich wenn Karl kommen sollte, ich weis nicht wie er hat ja die Adresse nicht aber man weis nicht. Dein Brief war heute schnell gelesen und erfast

Deine Minnamartha Kaiser.

Ich steckte den Brief wieder in den Umschlag. Beinahe hätte ich ihn zugeklebt. Ich nahm den Zettel mit Gigis Adresse in Hannover und ging.

In meiner Laube saß Ingeborg, meine Kusine. »Es klappt«, sagte sie.

»Was klappt?«

»Wir beliefern das Schiff. Pompetzki hat die Segel. Mit Coca-Bonbon drauf. Sieht komisch aus. Ich glaube, er schämt sich.«

»Wäre kein Wunder.«

»Sternchen Siegel hat wieder alles zurechtgepopelt. Toll. Willst du nicht heute abend zum Essen kommen?«

»Was gibt es? Fisch?«

Ingeborg grinste. »Für dich stürze ich mich in Unkosten. Schweinebraten mit Kümmel?«

»Eigentlich habe ich andere Sorgen.«

Ich erzählte Ingeborg von Minnamarthas Brief.

Ingeborg machte eine »wegwerfende Handbewegung«, vorzüglich beherrschte sie das, seit sie mit dem Besitzer der Fischhandlung *Dogger Bank* liiert war, sie wischte, fetzte sich alles, was störte von der Haut, massierte es mit ihren schönen Fingern von sich, streifte es ab, schlenkerte es auf den Boden, richtete noch einmal einen Blick auf das, was vor ihren Füßen lag, liebkoste mit der rechten Hand die linke und umgekehrt, führte beide Hände wieder an den Körper zurück, wo sie in Ruhestellung verharrten, bis es Ingeborg nötig schien, sie erneut einzusetzen.

»Deine Matka«, sagte sie, »mischt sich in alles ein. Hat sie immer getan. Was denkst du, was für Briefe wir von ihr bekommen haben, zu Hause, auf dem Land? Wenn niemand antwortete, reiste sie an. Spielte Theater. Tränen und Tricks. Einmal sollte Ziethen (Ingeborgs Bruder; Spitzname nach Husaren-General) ihr einen Sessel zur Bahn fahren, ein rotes Samtding mit Bommeln, hatte sie billig gekauft, vom Briefträger. Nee, meinte Ziethen. Keine Zeit. Da hat sie mit den Füßen gestampft, geheult und gezetert. Ziethen hat schnell den Sessel auf den Einspänner geladen, damit wir sie vom Hof bekamen. Auf dem Bahnsteig hat er sie sitzen sehen, als er zurückfuhr, Schmollippe, ein Meter dreißig. Der Bahnhofsvorsteher machte einen Bogen um sie.«

»Wenn deine eigene Mutter dir in den Rücken fällt.«

»Du redest wie Minnamartha. In den Rücken fällt! Was ist das für'n Spruch, Karlchen? Du hast eine Perspektive! Wie ein Windelkacker. Warum soll deine Mutter keine Meise haben? Weil sie deine Mutter ist? Wenn es drauf ankommt, piept sie so schräg wie andere Leute. Was meinst du, wäre, wenn ich auf den Salm hören würde, den sie mir von zu Hause schreiben? Weshalb ich in den Westen gemacht bin, zu Hause sei mein Platz, wer kümmert sich um den Hof, wenn es wieder anders kommt. Erstens gibt's Brüder und Vettern, zweitens sind das Illusionen. Für meine Eltern allerdings wohl Wahrheiten, sie denken allen Ernstes, eines Tages bekommen sie den Hof wieder. Überdies überlegen sie sich, wen ich heiraten soll. Natürlich nicht Heringsbändiger. Den kennen sie nicht. Einen aus dem Dorf wollen sie mir verpassen. Ingeborg, die LPG-Braut, Soll erfüllt, fünf Kinder, alle in der F.D.J.

Das wäre mein Leben. Was, Karlchen, ist dein Leben? Das von Minnamartha erfundene? Ich habe bereits vernommen, daß du an einer Witwe rumnagst. Warum nicht? Gigi ist 'ne schöne kühle Gurke. Buddelkasten-Bekanntschaft. Vielleicht tust du ihr gerade einen ungeheuren Gefallen, Karl. Haste das mal aus dieser Perspektive betrachtet?«

Ich hatte nicht. Meiner Meinung nach mußte ich »zu Gigi stehen«. Ich sagte das Ingeborg.

Sie tippte sich an die Stirn. »Ganz schön tülütütü. Ich glaube, du brauchst noch ein paar Jahre. Bis dahin kannste ruhig ein paar Witwen untern Rock fassen.«

»So genau wollte ich es nicht wissen.«

»So deutlich ist aber das Leben, Träumsuse. Bring die Witwe mit, heute abend.«

»Meinst du? Ich weiß nicht ... vielleicht will sie nicht.«

»Wenn du sie fragst, kommt sie.«

Als Ingeborg weg war, schob ich das Fahrrad aus der Veranda. Von weitem sah ich Minnamartha kommen, mit Einkaufsnetzen. Wahrscheinlich hatte sie auch eine Briefmarke gekauft, für den Brief an Gigi. Ich fuhr in die entgegengesetzte Richtung, benutzte den kleinen Ausgang der Kolonie am Buschgrabenweg.

Sylvia zeigte sich begeistert, als ich ihr vorschlug, mit mir zu Ingeborg und Heringsbändiger zu gehen: »Wahnsinnig gerne«, sagte sie, »würklich wahnsinnig gerne!«

Zu allem Überfluß trat Heringsbändiger in Ingeborgs Kunststoff-Gefilden als roter Teufel verkleidet auf, er trug ein bügelfreies inlettfarbenes Oberhemd, das an beiden Schultern mit schwarzem Krakelmuster verziert war, dazu eine senffarbene Trevira-Hose, deren Bügel-

falten von einem Stukkateur entworfen zu sein schienen.
»Erst mal 'n Drink«, schlug er vor. Sylvia bekam einen
Sherry, sie drehte das Glas in ihren Kinderhänden, Heringsbändiger und ich tranken Whisky, Black Label,
dem Mann mußte es wirklich gut gehen mit seiner Dogger Bank. Ich bildete mir ein, es müsse hier nach Fisch
riechen, aber Heringsbändiger strömte scharfen *Victor*-
Rasierwasserduft aus, das Neueste aus Italien, Ingeborg
roch teuer. Sylvia sowieso, sie besaß, obwohl sie doch auf
ihr Lehrlingsgehalt angewiesen zu sein schien, eine Kol-
lektion von Parfümflaschen in vielen Größen und For-
men, alle wohlgefüllt. Vielleicht hatte ihr verblichener
Leutnant sie aus Paris mitgebracht, im Krieg.
»Sie stammen vom Land?« fragte Sylvia über den Rand
ihres Sherryglases ins Blaue hinein.
»Nee, ick nich. Ick bin in Berlin jeboren. Hier im Vor-
ort. Um die Ecke. Später haben meine Eltern jebaut.
Aber det Jeschäft war bis zum Krieg in der Stadt. Nu
konnte ... interessiert sie det?«
»Das interessiert doch Frau Flötotto nicht«, sagte Inge-
borg.
»Doch, doch.« Sylvia nickte. »Wahnsinnig interessant.
Und weiter?«
Heringsbändiger kratzte sich unter der Achsel. »Nu
sind viel mehr Leute hier, durch die Flüchtlinge. Also
lohnt sich det Jeschäft in diese Jejend.«
»In diese*r* Gegend«, verbesserte Ingeborg.
»Weeß ick doch alleene. In Berlin heißt det in diese Ge-
gend. Det kannst du nich wissen vom Land.«

»Ach, *Sie* stammen also vom Land?« fragte Sylvia. »Ich wußte doch … Karl hat mir erzählt … Ist alles im Osten, nicht?«

»Meine Eltern sind drüben geblieben. Sie haben gedacht, sie können den Hof retten. Ist aber enteignet.«

»Das tut mir leid.«

»Ich muß nach dem Braten sehen«, sagte Ingeborg. Heringsbändiger kündigte an: »Wir erwarten noch jemand. Rate wen?«

»Keine Ahnung.«

»Sternchen Siegel.«

»Sternchen? Das finde ich nett.«

Siegel kam zehn Minuten später, aus Verlegenheit hatten wir noch ein paar Sherrys und Whiskys getrunken. Sternchen versteckte sich hinter einer meterhohen Zellophanschlaube, in der er Blumen transportierte. Er wickelte den Prachtstrauß aus und drückte ihn Ingeborg in die Hand. »Das ist aber lieb«, sagte Ingeborg. »Wäre doch nicht nötig gewesen.«

»Blumen machen immer Freude«, sagte Sternchen. Hinter dem Rücken hielt er das zu einer Kugel zusammengeballte Zellophan. Ich nahm es ihm ab und versenkte es in einen Papierkorb aus Polystrol. Befreit, fiel Sternchen ein, daß er noch seine Bommelmütze aufhatte. Er nahm sie ab, aber weil Ingeborg inzwischen die Blumen versorgte (in eine Vase, die aus echtem Glas zu sein schien), wußte er auch damit nicht wohin. Schließlich entdeckte er in der Blumenkrippe vor dem Fenster einen Bartkaktus. Dem setzte er die Mütze auf.

Wir begaben uns zu Tisch. Ich könnte sagen: Wir setzten uns an den Tisch. Aber das reicht nicht aus, wir begaben uns! Duftend lag der Schweinsbraten auf einer Platte aus schneeweißem KPM-Porzellan, wir speisten von Damast, wischten uns die Münder mit Damast-Servietten. Wäre Heringsbändiger nicht zwanglos geblieben, so hätte uns, glaube ich, Ingeborgs Arrangement eingeschüchtert. Aber ihr Lebensgefährte weste bereits am oberen Tischende und zerstörte, indem seine Hände emsig mit Schüsseln und Bestecken hantierten, die vornehme Tafel. Soßenflecken erblühten auf dem Tischtuch, die Vorlegebestecke wanderten in falsche Schüsseln, Weißbrotkrumen übersäten die Umgebung von Heringsbändigers Eßplatz, der sich bald zum zweitenmal nahm. Sein Teufelshemd klaffte vorne auf und zeigte eine behaarte Brust. Stocksteif saß neben ihm Sylvia, kleine Hände, winzige Portionen, die Mundwinkel betupfte sie häufig mit der Serviette, die, gestärkt, als Stichwaffe zu gebrauchen gewesen wäre. Sternchen, Sylvia gegenüber, spitzte die Lippen und ließ seine braunen Aznavour-Augen über die Gesellschaft gleiten. Neben ihm saß Ingeborg, die in froher Gastgeberinnen-Rolle Schüsseln reichte, sich erkundigte, ob es denn schmecke, gelegentlich aufsprang und in die nebenan gelegene Küche eilte; Kasserolen klapperten, die Bratrohrklappe wurde geöffnet oder geschlossen. Erhitzt kam Ingeborg wieder, strich sich, während sie Platz nahm, ein Löckchen aus der Stirn, und ich blickte in die Schlucht zwischen ihren Brüsten, die ein bügelfreier grauer Pullover mit eingewirkten Goldfäden zusammenhielt. Die Schlucht rötete sich mehr und mehr, was teilweise dem *Cröver Nacktarsch* zuzuschreiben war, einem weißen Mosel, den Heringsbändiger des originellen Namens wegen bevorzugte. Am oberen Rand von Sylvias Weinglas klebten erkennungsdienstreife Lippenstift-Spuren. Weitere fanden sich auf ihrer Serviette. Ingeborg, die nur zurückhaltend Lippenstift benutzte (eine Folge strenger Erziehung durch ihren Vater, einst Ortsbauernführer mit fester Vorstellung vom Idealbild der deutschen Frau), hinterließ keine Spuren.

Sternchen und Heringsbändiger besprachen das Projekt des Cola-Schiffes, das noch in dieser Woche seine Jungfernfahrt auf dem Wannsee antreten sollte. »Ist es e gute Gelegenheit«, meinte Sternchen Siegel, »daß wer machen den Versuch. Habe ich meine Freunde von Coca-Cola überzeugt, daß se müssen einiges gratis zur Verfügung stellen. Den Rest würde ich bitten, daß de organisierst?«

Heringsbändiger nickte zustimmend, während er an einer Schnur zerrte, die, um den Schweinsrollbraten gewickelt, allen Durchtrennungsbestrebungen Widerstand leistete. Fleischfetzen, die an der Schnur hingen, drohten aufs Tischtuch zu fallen und neue Flecken zu verursachen. »Wer werden haben gewisse Schwierigkeiten«, fuhr Siegel fort, »es ist nebbich nicht gestattet die Ostufer anzulaufen, auch das Wannseebad hat abgewinkt« (ich stellte mir das sofort bildlich vor) »werden wer also verkaufen müssen an de einzelnen Schiffe.

Ist Gewohnheit, nach ein paar Wochen läuft es. Habe ich auch die Journalisten überzeugt, se werden schreiben.«

»Und Pompetzki?« fragte Heringsbändiger.

»Sage ich doch. Der Mann ist Matrose. Für alles andere mußt de dich kümmern. Nachher ist es e Geschäft, glaube Sternchen.«

»Pompetzki? Wie kann der Mann nur so heißen?« fragte Sylvia Flötotto. Die erstarrten Mienen um sie her führten nicht dazu, daß sie ihren Namen gleichfalls merkwürdig fand. Sie hatte sich an Flötotto gewöhnt. Siegel rettete wieder einmal die Situation, indem er sagte (und das hätte von Minnamartha stammen können): »Namen sind Schall und Rauch.« Ingeborg fragte: »Kompott?« Sie hatte Birnen eingemacht aus dem Garten, köstliche Williams Christ, im süßen eigenen Saft, serviert in einer Kristallschüssel, auf Kristallschalen –, ich nahm an, es handelte sich um echtes Kristall, es wurde ja inzwischen ebenfalls aus Polyester imitiert. Heringsbändiger holte eine Flasche Sekt, ließ den Korken knallen: »Auf die schönen Frauen«, sagte er und heftete seinen Blick auf Sylvia. Auch Sylvia errötete nun endlich, verschluckte sich, als sie Heringsbändiger zuprostete, der schlug ihr mit seiner Pratze auf den Rücken, Sylvia verschüttete Sekt auf ihr Kleid, Ingeborg eilte herbei, betupfte die Flecken mit einer der steifen Damast-Servietten, Siegel sagte: »Sekt macht keine Flecken«, und stürzte sein Glas in einem Zuge herunter, auch Sylvia, nach beendetem Husten, verlangte mehr

Sekt, der in Ingeborgs geschliffenen Pokalen (ich hatte sie bei Hertie gesehen) schäumte. »Kinder, legt doch mal 'ne Platte auf«, schlug ich vor.

Ingeborg öffnete den Rachen ihres Tonmöbels. Sie wählte: *Pack die Badehose ein ...* Heringsbändiger sang mit, ihm dämmerte, daß er noch eine Flasche Schnaps im Schrank hatte, er kniete davor, riß einen weiteren Stapel Superhart-Servietten heraus, Ingeborg hockte sich neben ihn, räumte den Stapel wieder ein, Heringsbändiger richtete sich auf und hielt eine Flasche Calvados hoch: »Aus Frankreich. Wie in dem neuen Roman von Remarque.«

(Er meinte *Arc de Triomphe.* Das Buch war soeben erschienen.)

Nach zwei Gläsern zeigte sich Ingeborg vollends gerötet. Ihr Busen waberte, Heringsbändiger hatte einen weiteren Knopf seines Teufelsgewandes geöffnet und sah mit seinen Brusthaaren aus wie eine Tüte voll gebrauchter Putzwolle. Sternchen sang zur nächsten Platte *Warum hat die Adelheid – keinen Abend für mich Zeit?* Dann fragte er: »Findet ihr, daß es empfehlenswert ist, mit Agathe Fanselow ein ganzes Leben zu verbringen?«

Wir rieten ihm zu, denn wir alle liebten Agathe, den schwarzgehülsten Star der *Beknackten Maus.* Daraufhin entschloß Siegel sich, sie anzurufen, noch schob sie Dienst in unserer Kneipe.

Zehn Minuten später trat sie ein, lang, dürr, bleich, mit ihren Blumendraht-Locken.

»Kinder, habta wat zu trinken?«

Sternchen fiel vor ihr auf die Knie und kredenzte ein Sektglas voll Calvados.

Agathe trank es in einem Zug leer.

Wir umstanden sie und staunten.

Ach, Paula, mach die Bluse zu. Was war das denn: Zukunft? Für jemand wie Karl Kaiser, für den feststand, daß er niemals zu jenen gehören würde, denen das Leben eine Chance gab? So jedenfalls hieß es in den Beilagen der Tageszeitungen mit der Überschrift *Berufe*. Oder *aus dem Berufsleben*. Oder *die Welt der Arbeit*. Lehrlinge mit Mützen auf ihren etwas zu langen Haaren waren abgebildet, die unter Aufsicht des Meisters feilten, an Drehbänken malochten. Jungbäcker, wie sie blasse Brotteig-Laibe in den Ofen schoben. Alle diese Berufe, wenn man den Anpreisungen glaubte, hatten Zukunft, Handwerk vollends hatte, wie Minnamartha insistierte, goldenen Boden. Warum Boden? Ein goldener Himmel – das wäre hübsch. Als Hilfs-Geselle oder heimlicher Geselle – jedenfalls ohne Ausbildung – in einer Vorstadt-Buchhandlung schien meine Karriere absehbar. Mit zunehmender Dioptrien-Zahl meiner Lesebrille würde ich tiefer und tiefer ins Bücher-Reservoir versinken, schließlich als grauhäutiger Antiquariat-Betreuer in muffelnden Schinken von anno dazumal wühlen. Ich würde alles wissen über die frühen Goethe- und Heine-Ausgaben beim Verleger Campe. Schließlich, wenn ich ganz alt und wackelig war, würde ich mich damit brüsten können, daß ich mich erinnerte, wie Konsaliks erster Stalingrad-Roman in der Illustrierten *Revue* erschien, lang, ach gar lang wär's dann her. Frauen begehren solche Männer nicht. Sylvia, die Kriegerwitwe, würde dann längst Tisch und Bett mit einem Angehörigen einer abgesicherten Berufsgruppe teilen. Beamter wäre anstrebenswert. Oder Steuerberater. Wirtschaftsprüfer. Steigendes Einkommen, Chemiewerke als Klienten, Flugschein-Abonnement für alle innerdeutschen Linien. Höchste Spesensätze. Sylvia führt ihren Silberpudel aus, mit Stammbaum, Bundeszweiter bei der Hundeausstellung in Hagen oder Flensburg oder Traben-Trarbach. Abstecher nach Baden-Baden. Jedes Jahr eine Kur in Bad Kohlgrub. Nur winzige Narben auf ihrem Hintern (der dann etwas tiefer hängt) erinnern an jene frühen Eskapaden »unter Intellektuellen«. – Gigi? Endlich hat sie Freiheit gekostet, hat gemerkt, daß ihr Bruder, Friedrich der Feldgraue, ohne sie auskommt. Bei einer Freundin lernt sie einen jungen Mann kennen, der einen abenteuerlichen, ebenfalls nicht schlecht bezahlten Beruf ausübt: Pilot der neu erstehenden Deutschen Lufthansa, oder Assistent von Professor Grzimek im Frankfurter Zoo, was Afrika-Reisen nicht ausschließt, auch für die Gattin, abends im New Stanley Hotel Nairobi Drinks mit Löwenjägern, Rangern, Erwachen im Zelt, wenn sich Nebelschleier über der Hochsavanne heben, die Löwenfamilie ein Zebra verkasematuckelt.

Oder, wenn es beim Lufthansa-Kapitän bleibt, ermäßigte Flüge nach Beirut, Athen, dann vielleicht nach Seattle, Toronto, Tokio?

Du wirst sie beide wiedersehen, später, Stammkundinnen im Kosmetiksalon, jede Woche Gesichtsmaske oder Peeling-Kur, die aber die Fältchen um die Augen nicht wegbringen und jenen Zug um den Mund, den sie alle bekommen nach zehn oder fünfzehn Ehejahren, eingegrabene Inschrift, die sagt: Ich habe mich arrangiert. Frauen mit überfüllten Handtaschen, weil sie Berge von Kinderfotos mit sich herumschleppen, die glückliche Familie in der Hollywoodschaukel, auch ein zerknittertes Schwarzweißfoto, das dich zeigt, Karl Kaiser, unausgeprägtes Gesicht eines jungen Mannes, zu kurzer Haarschnitt, die grellweißen Kragenecken eines bügelfreien Perlonhemdes über dem Trevira-Pullover (waschen bis vierzig Grad). Oder das Glück ist Karl Kaiser hold und er trifft sie nicht wieder, nicht die eine – nicht die andere; er behält sie in Erinnerung, wie sie damals aussahen, die flotte Witwe Sylvia mit ihrem reich ummalten Mund, den wohlgebürsteten weißen Zähnchen, Gigis rote Mähne über den hoch geschwungenen Augenbrauen.

Lichte Momente? Ich will das nicht glauben. Ich kaufe mir das erste Flugbillet meines Lebens. Abflug Berlin-Tempelhof. Auf dem Platz vor dem Rundbau des Flughafengebäudes streckt das Luftbrücken-Denkmal seine Aluminiumfühler in den milchigen Himmel. Flugsteig B 4. Zwischen zwei Dutzend anderen Passagieren gehe ich zum Flugzeug, das unter dem vorspringenden Dach der Abfertigungshalle parkt. Eine Stewardeß lächelt uns auf den richtigen Weg. *Fasten seat belts*. Ich komme mit dem Schloß nicht zurecht, die Stewardeß merkt es. Ich erröte. Sie beugt sich über mich, hakt mich zu. Ganz nahe sehe ich ihre Sommersprossen, auf beiden Wangen, ein paar kleinere auf der Nase. Der Kapitän meldet sich über Bordlautsprecher. Die Stewardeß reicht Bonbons und Kaugummi. Soll gut sein für den Druckausgleich im Ohr. Wir starten. Rechts neben mir sehe ich den Motor mit sich drehendem Propeller.

Wir fliegen so niedrig, daß ich in die Häuser beim Flughafen schauen kann. Eine Familie sitzt auf dem Balkon und trinkt Kaffee. Am Geländer rankt Grünzeug, wilder Wein. Sie blicken nicht einmal auf, als unser Flügelende ihnen fast die Kaffeetassen vom Tischtuch wischt.

Die Maschine steigt. Nach einer Schleife kommt der Funkturm in Sicht. Dann die Havel. Potsdam. Michendorf. Ost? West? Noch sind beide Teile nicht zu unterscheiden von hier oben, der Todesstreifen wird erst später angelegt. Die DC 2 steigt auf knapp dreitausend Meter. Klare Bodensicht. Märkische Dörfer, bräunlich in einer braunen Landschaft. Manchmal ein rotleuchtendes Dach: neue Ziegel. Menschenleer ist das Land. Auf den Straßen kein Fahrzeug. Ordentlich liegen die Gevierte der Felder nebeneinander. Das breite Band der Elbe. Ich müßte den Harz sehen können. Den Brocken. Aber der Hintergrund verschwimmt im Dunst.

Die DC 2 verläßt den Luftkorridor über der DDR.

Flugzeit: Eine Stunde. Wir landen in Langenhagen. Der Flugplatz liegt weit draußen zwischen Wiesen. Schwarz-weiße Kühe grasen. Auch sie, wie die Berliner Kaffee-trinker, blicken nicht auf, als der Silbervogel der British European Airways an ihnen vorbeiröhrt.

Ein Zubringer-Bus fährt nach Hannover-Hauptbahn-hof. Ruinen um den Platz, in dessen Mitte unversehrt das Reiterstandbild König Ernst Augusts steht. Wenn ich mich aus dem Geschichtsunterricht richtig erinnere, war er ein mieser Despot. Aber vielleicht war gerade das der Grund, weshalb das Monument den Krieg über-stand, obwohl aus begehrtem Buntmetall: Reiter und Pferd hätten, eingeschmolzen, ein paar tausend Bron-ze-Führungsringe für Granaten ergeben. An Despoten hängt die Menschheit.

Hinter der fast unversehrten Bahnhofsfassade sieht es kahl aus. Die Fremdenverkehrs-Zentrale befindet sich in einem Winkel, behelfsmäßig untergebracht. Ich er-stehe einen Stadtplan mit der Aufschrift:

Messestadt Hannover.

Es ist Abend, als ich das Haus finde, in dem Gigi bei ih-rer Freundin wohnt. Die Freundin ist nicht da. Gigi scheint nicht erstaunt zu sein, daß ich gekommen bin. »Laß uns einfach zusammensein«, sagt sie. »Nicht re-den. Jetzt nicht.« Wir gehen ins Hochhaus-Café tanzen. Über den Dächern der zertrümmerten Stadt spielt eine Band. Dreimal Foxtrott, dreimal Tango, dreimal lang-samer Walzer. Dazwischen lange Pausen. Der Saxo-phonist hat die Aufgabe übernommen, das Pausenzeichen zu geben. Tütülütüt – tü – tü – bläst er. Die Paare kehren an ihre Tische zurück. Pausen heben den Konsum. Um eins ist Polizeistunde. Der letzte Tanz: *Auf Wiederseh'n – bleib nicht so lange fort ...*

Ich bringe Gigi zurück in den Vorort. Weiß nicht, wo ich schlafe. Sie fragt mich nicht. Ich sage ihr nicht, daß ich keine Bleibe habe.

Ich döse zusammengekrümmt im Wartesaal. Neben mir auf der Bank lümmelt ein Vertreter für Zigarettenspitzen, der Schnurren erzählt, sobald er sieht, daß ich wach bin.

»Zerbrechen sie auch nicht, ihre Zigarettenspitzen?« hat ihn ein Kunde gefragt. »Natürlich zerbrechen sie«, hat er geantwortet, »meinen Sie, die Leute kaufen sonst neue?«

Der Zigarrenhändler hat gleich zweihundert Stück abgenommen.

Ich beglückwünsche meinen Schlafkumpan.

Unten im Waschraum rasiere ich mich. Die Kacheln sind zerborsten. Spuren einer Luftmine. Der Toilettenwärter, ein alter Mann mit sorgfältig gekämmtem weißen Haar, reicht mir ein Handtuch, das so hart ist wie Ingeborgs Servietten.

Meinen Koffer gebe ich in der Gepäckaufbewahrung ab. Noch drei Stunden, bis ich mit Gigi im *Café Kröpke* verabredet bin. Ich umkreise den Bahnhofsplatz mit dem Reiterstandbild. Pendler eilen in den Bahnhof. Aus dem unversehrten Hotel an der Ecke treten Reisende mit Gepäck. Schleppen es über den Platz. Kaum einer schaut auf zu dem König hoch oben auf seinem Bronzepferd.

Größere Kreise ziehe ich um den Bahnhof, versuche, diese Stadt zu finden, die noch nicht wieder eine ist. Betriebshöfe sind einzusehen, weil das Vorderhaus zerbombt wurde; Hintergebäude mit gekachelten Wänden beherbergen Elektrogroßhandlungen, Buchbindereien. Schildermaler haben die Flüchtigkeit solcher Unterbringung erkannt, die Firmennamen sind mit kühnen Buchstaben auf Hartfaserplatten gemalt. Ein Geschäft mit der Inschrift *Warentausch* scheint aus Notzeiten übriggeblieben zu sein. Vor den schmierigen Scheiben hängt ein Gitter, aus Baustahl gefertigt, mit Vorhängeschlössern befestigt. In der Auslage sehe ich, von Staub überzogen, einen einzelnen Knobelbecher. Wo mochte der zweite hingekommen sein? Hatte ein Amputierter jene Hälfte seiner Fußbekleidung verkauft, der er nicht mehr bedurfte? Am Fenster hängt ein Plakat mit Kohlenklau, diesem Neandertaler aller Energiesparer, schwarzer Mann mit Sack auf der Schulter. Und wie dazu passend ein verstaubtes schwarzes Kästchen, ganz vorne an der Fensterscheibe, Drähte hängen heraus. Ich täusche mich nicht, das ist ein *Kleiner Gustav,* jenes sinnvolle Gerät, das zur Überbrückung von Stromzählern diente, damals, als der Strom rationiert war; Höchstpreise zahlten Energieverbrecher dafür auf dem schwarzen Markt. Der Besitz des Apparates war strafbar, unerlaubte Stromentnahme galt als Sabotage, die den Endsieg in Frage stellte.

Trotz Knobelbecher einerseits und Kleinem Gustav andererseits war die Zukunft schon irgendwo früher vermasselt; als mögliche Folge begann diese Non-Stadt Hannover, wie viele Non-Städte im Nachkriegs-Deutschland, in die Landschaft zu eitern, Wiesen und Wälder zu fressen. Ich sah einem Penner zu, der vor einer Stehbierhalle sein Bier trank. Aus dem Mantelkragen hing ein Schal in Fischgräten-Muster, einstige Eleganz verratend, des Kleidungsstückes, nicht des Trägers. Der Mann tauchte sein Stoppelkinn ins Henkelglas, zog es wieder zurück, als tränke ein Vogel. Er bat mich um Feuer. Schnorrte einen Schnaps. Ich trank auch einen. »Se sind fremd hier?« fragte er. Ich nickte. »Komm' Se aus Berlin?« wieder nickte ich. »Westsektor, wat?«

»Ja.«

»Hab ick mir jedacht. Pieckfein in Schale. Nee, Pieck det stimmt ja nich, den ham wa drüben. Ick bin aus Pankow. Bin aber wegjemacht. Hat keene Zukunft.«

»Und hier? In Hannover?«

Er wedelte mit dem leeren Schnapsglas. Ich bestellte ihm noch einen. »Man wird sehn. Erstma beziehe ick Unterstützung.«

»Arbeit?«

»Hoppla. Ümmer sachte mit de jungen Pferde. Ick habe da wat vor.« Er beugte sich zu mir: »Meine Schwester, wat aus Oberschlesien is, hat bißchen wat uff de hohe Kante jelecht. Mit die mach ick ne Schaschlik-Bude uff.«

»Was ist das? Schaschlik?«

»Det kenn' Se nich? Is von uff'm Balkan. Man steckt allerlei uffn kleenen Spieß, Speckstücke, Leber, bißken Fleisch, Zwiebeln. Allet wird jejrillt uff Holzkohle, und dann scharfe Soße druff wejen Balkan, und et hat sich. Serviert wird uff Pappteller, wie Bockwurst.«

»Das kaufen die Leute, meinen Sie?«

»Sagen Se doch nich Sie zu mich. Adolf heeße ick. Ja, tut mir leid. Mein Vater war in de SA. Na und? Hat er mir so jetauft. Schon vor de Machterjreifung. Als wenner't jeahnt hätte. Meine Mutta hat ja immer Addi zu mir jesacht, der war det peinlich. Aber ihm nich. Nu is er ooch schon aus de Stiebeln jekippt, wer weeß wo? Aber ick langweile Ihnen. Wejen Schaschlik: Det koofen de Leute. Und verkasematuckeln det ooch. Jetzt fahrn se doch wieder überall hin in de Ferien. Ooch nach Jugoslawien, weil det da billich is. Denn komm' se zurück, und det jeliebte Schaschlik finden se denn bei mir. Bei Schaschlik-Addi. Klingt jut, wa?«

Der Mann hinter dem Tresen schien seinen Stammgast zu kennen. Er wischte zum drittenmal dasselbe Glas aus. Wahrscheinlich wartete er, daß Addi mich überredete, in sein Schaschlik-Geschäft einzusteigen.
Ich zahlte.

Gigi kam mir am Kröpke entgegen, mit ihren weit ausgreifenden Schritten, die in Berlin gewirkt hatten, als wolle sie die zu große Stadt ausmessen. Hier hatten es zu dieser Morgenstunde alle eilig, und es schien ganz normal, daß sie Riesenschritte machte. Ihr Rock schleuderte nach links und nach rechts. Der Pullover saß so eng, daß ihre Brüste künstlich wirkten, wie bei einer Schaufensterfigur.

Auf die roten Haare hatte sie eine Baskenmütze gestülpt, flach wie ein Eierkuchen. Wir setzten uns auf die Terrasse vom Café Kröpke. Vor uns fuhren die Straßenbahnen, eine von Laatzen nach Limmer, die andere von Limmer nach Laatzen. Alle paar Minuten eine. Es war erstaunlich, wieviel Leute zwischen Laatzen und Limmer dieses Verkehrsmittel benutzten! Warum blieben die aus Laatzen nicht in Laatzen – und die aus Limmer nicht in Limmer? Kohlenklau hätte seine Freude gehabt, wie die Funken aus den Fahrdrähten stoben. Die Triebwagen besaßen Rollen-Stromabnehmer. Zuweilen sprangen sie ab, der Wagenführer stieg dann aus und hakte den Arm wieder ein.

Ich fragte Gigi:

»Minnamartha hat dir geschrieben?«

Sie machte eine Handbewegung. »Es beeinflußt mich nicht, wenn du das denkst. Sie ist arm dran. Du solltest dich um sie kümmern.«

»Ich weiß nicht, ob ich ihr einen Gefallen damit tue. Schau Friedrich an. Seit du weg bist, lebt er auf.«

»Er lebt auf?«

»Wirklich.«

»Ich denke darüber nach. Vielleicht soll man den anderen nicht auf der Pelle sitzen.« Sie sah mich an. »Möglich, daß so was auch für uns gilt. Wir kennen uns zu lange. Ich weiß nicht, ob ich dich liebe, oder ob ich einfach an dich gewöhnt bin. Ob *ich mich gewöhnt habe.*«

»Was sollen wir tun?«

»Ich muß Abstand gewinnen. Auf die Gefahr, daß ich dich verliere. Die Kriegerwitwe scheint es dir ja angetan zu haben.«

Ich schwieg. Die Straßenbahn von Limmer nach Laatzen nahm kreischend die Kurve hinterm Kröpke.

»Ich will ein bißchen hierbleiben. Mir Arbeit suchen.«

»In Hannover?«

»Wieso nicht? Du kannst mich besuchen. Ich muß zu mir selber finden.«

»Du willst nicht zurückkommen? In die Laubenkolonie?«

»Gehöre ich da hin? Ich muß es herausfinden. Für mich, Karl.«

Der Penner, Schaschlik-Addi, ging unten vorbei. Er sah mich mit Gigi auf der Terrasse sitzen. Zwinkerte mir zu.

»Wer ist das?«

»Addi. Er will eine Schaschlik-Bude aufmachen.«

»Der? Wen du alles kennst!«

»Ich habe ihn erst heute morgen kennengelernt. Er ist auch aus Berlin.«

»Viele hauen ab.«

»Weil sie nicht glauben, daß aus Berlin wieder was wird. Aber du siehst doch: Es geht voran.«

»Besonders in der Kolonie Tausendschön. Mann, Karl, wir sind doch in den Hintern gekniffen. Alle anderen machen Kohle. Aber wie willste denn da was werden? Sieh dir die Lauben an. Zerfallen. Niemand tut was an seiner Hütte. Ja, gewiß, sie türmen ein paar Schlackensteine aufeinander, schmeißen Mörtel an die Wände. Wenn sie fertig sind, kommt einer von der Bauaufsicht und sagt, das ist verboten. Oder die Stadtplaner. Einer von den Knülchen redet dem Bürgermeister ein, wie schön eine Bungalow-Siedlung wäre, genau an der Stelle der Kolonie Tausendschön. Dann schicken sie dir einen Schrieb, daß du gerade noch die Äppel ernten kannst, und dann kommt die Planierraupe.«

»Sie können uns nicht an die Luft setzen.«

»Sie können. Dir und Minnamartha weisen sie zusammen ein Behelfsheim an. In der Einflugschneise vom Flughafen Tempelhof. Wenn ein Flugzeug landet, mußt du die Bettdecke festhalten.«

»Du siehst das so, weil du Gründe haben willst, hier drüben zu bleiben. Ich werde dir beweisen ...«

»Dann beweise mal. Willste 'ne Lauben-Buchhandlung aufmachen? Mit Büchern über Kaninchenzucht oder *Wie behandle ich meinen Rhododendron?*«

»Über Regenwürmer.«

Diese Antwort gab nicht ich, sondern eine vorwitzige Zelle meines Gehirns.

Das Buch, das ich versteckt hatte im Laden, mußte die Zukunftslösung enthalten.

Ich hielt den Mund, dies konnte ich nicht erklären. Gigi schaute mich an. Auf die Regenwürmer ging sie nicht ein. »Komm wieder«, sagte sie. »Wir können zusammen tanzen gehen. Jetzt muß ich fort. Fliegst du zurück?«

»Nein. Es ist zu teuer.«

»Ich beschreibe dir, wo der Fernfahrer-Hof ist. Viele fahren die Interzonen-Strecke. Über Helmstedt. Sicher nimmt dich einer mit.«

»Es ist einsam ohne dich. Komm doch mit.«

»Wie stellst du dir das vor?«

»Wir holen deine Sachen, und du kommst mit.«

»Per Anhalter?«

»Per Anhalter. Erinnerst du dich an Pompetzki?«

»Wer ist das?«

»Der Marine-Onkel, den wir auf dem Wannseedampfer getroffen haben.«

»Sag bloß, der ist wieder aufgetaucht.«

»Aufgetaucht ... er war ja nicht abgesoffen. Ich glaube, U-Boot-Fahrer war er nicht.«

»Sehr witzig. Also: Was ist mit dem Knülch?«

»Er hat ein Schiff. Segelt Coca-Reklame auf dem Wannsee. Sternchen Siegel hat die Finger drin. Heringsbändiger auch.«

»Was soll ich dabei?« Sie riß wieder ihre Augenbrauen hoch, sah mich an mit ihren grauen Augen, während sie mit dem Schnappschloß ihrer Handtasche spielte. Wieder fuhr die Straßenbahn von Laatzen nach Limmer. Ich blickte auf die Tischdecke vor mir, sah gleichzeitig das karstige Linoleummuster des Tisches in meiner Veranda, Großmutter hatte damals das gute Stück gerettet, indem sie eigenhändig den Linoleumbelag klebte. Wie lange war das her? Fünf Jahre? Sechs? Zehn? Der Belag hatte Sprünge bekommen, an der Seite hatte das Holz zu faulen begonnen, jeder, der Platz nahm an dem Tisch, begann nach einer Weile zu puhlen, mit Messer, Schlüssel, Pfeifenreiniger. Das grindige, aufgeworfene Linoleum mit seinen Rissen erinnerte an die Handfläche eines alten Menschen.

Ich sah Gigi an.

»Du könntest einen Job auf dem Schiff bekommen. Dann bist du aus der Kolonie heraus. Friedrich kommt ohne dich aus. Außerdem sitze ich dir nicht auf der Pelle. Wenn du mich sehen willst, komme ich zum Schiff.«

»Ich weiß nicht, ob ich zur Seefahrerin geboren bin. Ich bekomme leicht Sonnenbrand.«

»Den bekommst du hier auch.«

Hannovers Sonne allerdings wärmte wenig. Meine Beine im Schatten des Tisches waren eiskalt. Gigis waren alpenveilchenrot. »Komm mit«, sagte ich. »Versuch es wenigstens. Schau dir das Schiff an. Vielleicht ist es eine Lösung.«

»Gleich? Ich soll gleich mitkommen? Nee.«

Sie schüttelte den Kopf.

»Es ist besser, als alleine zu reisen.«

»Vielleicht will ich gar nicht?«

Mir fielen weise Sprüche aus der Zeitung ein, was es bedeutete, wenn Frauen »vielleicht« sagten. Oder wieder ein Schlager: *Dein Mund sagt, ich mag nicht, deine Augen sagen ja.*

»Holen wir deine Sachen?«

Gigi stand auf. »Warum eigentlich nicht?«
Der mißtrauische Kellner schoß herbei. Ich zahlte.

Am Autohof fanden wir einen Käse-Laster, der über Helmstedt nach Berlin (West) ging. Der Fahrer bestand darauf, daß Gigi in der Mitte saß, zwischen ihm und mir. Gigi flüsterte: »Bist du eifersüchtig?« Ich beschloß, es bei einem gequälten Grinsen zu lassen, heikel war's ohnehin mit Gigi, sie brachte es fertig, den Fahrer anhalten zu lassen, hier und in dieser Minute auszusteigen, zurückzukehren nach Hannover, in die Wohnung der Freundin, die ich nur mühsam gefunden hatte irgendwo zwischen Laatzen und Limmer, in dieser zertrümmerten Stadt, deren Bewohner ihren bronzenen König reiten ließen, fünf Jahre nach dem Krieg.
Der Fahrer fädelte seinen nagelnden Diesel in den Verkehr auf der Autobahn ein. Betätigte sich als Ulknudel. Sang »Frau Wirtin hatte 'n General, der tat's im Monat – nur ein Mal . . .« Auf Generäle und andere militärische Chargen pfiff er im übrigen, obwohl die Wiederbewaffnung bevorstand. Pfiff drauf, wie die meisten von uns. Von Kommiß wollten wir nichts mehr wissen. Der Fahrer sang ein weiteres antimilitärisches Lied: »Es war ein Grenadier – mit Namen Schnu-hurzz – der ließ vor der ganzen Front – 'nen langen Fu-hurzz.« Das kannte ich, angestiftet von einem schamlosen Teilnehmer hatten wir es in Erntehelfer-Zeiten einer BDM-Gruppe vorgesungen, nur daß wir statt Furz »Trullaala-tiritirulla« getextet hatten, versteinerte Gesichter verursachend.

Wie auch jetzt Gigi eins machte. Sie saß, als hätte sie den letzten noch vorhandenen preußischen Ladestock verschluckt, ein großes Mädchen, vielleicht sogar eine Sitzgröße, jedenfalls stieß ihr fuchsroter Scheitel fast an den Hebel, mit dem der Fahrer das gelbe Dreieck auf dem Kabinendach hochklappen konnte, das andere Verkehrsteilnehmer darauf hinwies: Dieser Laster führt einen Anhänger.

Einen Anhänger voll Käse. Hinter uns die Ladung duftete, trotz abgeschlossenem Fahrerhaus und Fahrtwind, vielleicht fuhr er öfter Käse, oder nur Käse, kleine Dreieckkäse, runde Camembert, jenen *Stolper Jungchen,* der an Erntehelferzeit erinnerte, in der Gegend von Stolp an der Ostsee verbracht. Stolp war jetzt polnisch. Bis Lehrte sang er seine säuischen Kanzonen, der Fahrer, bei Peine rückte er Gigi näher, was schwerfiel, er mußte ja den Lastzug lenken, einen Arm versuchte er um sie zu legen, Gigi wehrte ab, ich saß blöd daneben: Hatte er nicht Rechte, der Mann, der uns gratis mitnahm bis Berlin? Bei Braunschweig mußte er aufpassen, andere Fahrzeuge fuhren auf die Autobahn von Süd und Nord, mit dem Ziel Helmstedt-Berlin alle, Güter für die Westsektoren? Doch hinter Königslutter dünnte sich der Treck noch einmal aus, wo sie blieben, die anderen LKW, blieb schleierhaft, nur unser Käsediesel rollte. Helmstedt. Die Grenze. Aussteigen, Gepäckkontrolle, Laufzettel. Russische Posten mit MP's, dazwischen Vopos, mit kühn geknüllten Schirmmützen die Chargen, die niederen Dienstgrade trugen Schiffchen. Knobelbecher. Hier war er noch nicht ausgestorben, hatte eine Überlebens-Oase gefunden, zweiunddreißig Nägel auf der Sohle blieben Vorschrift.

Ich schleppte Gigis Tasche und meinen Koffer zurück zum Käse-Transporter. Der Fahrer gab Gas, scherte ein auf die Fahrbahn. Richtung Berlin. Noch eine Kontrolle, letzter Stempel auf den Laufzettel. »Tragen Sie den Betrag Währung/West ein, den sie mitführen.« Ausfahrt Eilsleben, das ich lange für Eisleben gehalten, Martin Luther dorthin versetzt hatte. Aber es hieß Eilsleben. Mit L. Dorf im Kreis Neuhaldensleben, Regierungsbezirk Magdeburg. So fern wie der Mond, es bedurfte einer Sondergenehmigung, die Ortschaft zu betreten, auch für DDR-Leute, denn Eilsleben lag – liegt im grenznahen Bezirk. »Was halten Sie von der Wiedervereinigung?« Eine Frage, die man dem Fahrer lieber nicht stellte, er grabschte wieder nach rechts, zu Gigi hinüber, auch unser zweiter Versuch, mir den Mittelplatz zu sichern, war am Protest des Käsepiloten gescheitert.

Ich fragte mich, ob es noch Regierungsbezirk hieß da drüben? Reg.-Bez. abgekürzt auf den Ortstafeln, als wir an die Ostsee fuhren, ich war sechs, um diese oder jene Heimat zu besuchen, Mutters – Vaters Heimat? Sie waren Flucht gewohnt, schon damals, kamen aus dem Korridor, aus Ost-Oberschlesien, verlorene Gebiete, Deutsche hatten da nichts zu suchen, bereits 1919 war man dieser Meinung, und wer nicht fliehen mußte, der wurde angesogen von den Hoffnungen, die Berlin ausstrahlte, eine Konglomeration aus märkischen Dörfern, zwei Fischerdörfer ursprünglich, Cölln und Berlin, an der Spree gelegen.

Die alte Heimat! War's Vater Kaisers? Reg.-Bez. Cammin, Pommern? Oder Bärwalde (noch ein Stückchen weiter östlich)? In einem Gasthof hing ein Buntdruck: Zwei Landstreicher, unrasiert, die Zehen schauten aus den Schuhen. Sie tanzten, oder wie mein Vater, Ede Kaiser, sagte, »sie walzten«, im Gras lag die Schnapsflasche. Vater Ede ließ durchblicken, daß er gern so leben würde, er deutete es zaghaft an und mit einem Verzeihung heischenden Lächeln, denn er wußte, meine Mutter, Minnamartha, hatte für so was keinen Sinn, kein »feeling«, wie wir jetzt amerikanisiert sagen würden. Mutter war Steinbock. Was sollten ihr unter blühenden Bäumen »walzende« trunkene Landstreicher?

Ich erinnere mich, daß wir das Stettiner Haff östlich umrundeten, weit nach Vorpommern hineinfuhren, auf der Suche nach Heimatland, es war damals, als ich das Meer zum erstenmal erblickte, »wo ist es zu Ende?« fragte ich. Die Eltern lachten. Ich hatte Sand in den Schuhen, die Wasserfläche offenbarte sich erst nach Erklimmen einer Düne, wie stets rutschten meine Wadenstrümpfe, ein garstiger Wind pfiff, obwohl es Juni war. sie lachten, statt mir zu erklären: Die Erde ist rund ... Peene, Swine, Divenow. Wir setzten mit der Fähre nach Swinemünde über, das nun »unter polnischer Verwaltung« steht, sich *Swinoujs̀cie* nennt.

Vorbei. Wir und deutscher Käse rollten den Berliner

Westsektoren entgegen, vorbei an Magdeburg. Neue Kontrolle: Die Behelfsbrücke über die Elbe. Geschwindigkeit: 5 Stundenkilometer. Kasernierte Volkspolizei. Russische Posten. Bei Ziesar die Steigung: Fläming. Während der Hallodri schaltete, tastete er nach Gigis Knie, der Lastzug schlenkerte, hinter uns krachte es, mit beiden Händen griff nun der Fahrer ins Lenkrad, schrie »Scheiße«, es war mehr alles Käse: des Anhängers rechte Räder waren über den Straßenrand geraten, in den weichen Sand des Banketts, er hatte sich seitwärts geneigt, und bevor der Fahrer bremsen konnte, war er umgekippt. Zehn, fünfzehn Meter zogen wir den Anhänger hinter uns her, Gigi stieß einen schrillen Schrei aus, von der Sorte, die später Urschrei genannt wird, auch der Triebwagen neigte sich, ich sah im rechten Rückspiegel Käsekisten wie eine Woge aus dem aufgerissenen Verdeck des Anhängers quellen, dann richtete sich die Zugmaschine wieder auf, blieb stehen.

Wir sprangen heraus. Soweit das Auge reichte Käsekisten, Käsekartons, Käseschachteln, Käse in Silberpapier. Dreieckskäse. Stolper Jungchen. Zerquetschte Käse, die stanken. Der Fahrer fluchte. »Es langt mir«, schrie Gigi, »mir langt's, langt's.« Sie nahm ihre Tasche, hastete über die Autobahn, während hinter uns ein anderer Lastzug anhielt. »Mir reicht's«, schrie Gigi, im Scheinwerferlicht rannte sie über die Fahrbahn. Ich riß meinen Koffer aus der Kabine, scherte mich nicht um den Fahrer, wozu hatte er auch den alten Trick mit dem schaltbaren Knie an Gigi – gerade an Gigi – ausprobie-

ren müssen? Sollte er sitzenbleiben in seinem Käse ...
Wohin lief Gigi? Sie trabte jetzt auf der anderen Seite,
Richtung Westen, »halt!« rief ich. Sie hörte nicht. Ich
folgte ihr, holte sie ein. »Wohin willst Du?« Sie antwortete nicht, stiefelte weiter am Rand der Autobahn,
schlenkerte ihre Tasche. Immer Richtung Westen lief sie.
Neben uns hielt ein Lastzug. Der Fahrer deutete nach
hinten. Wir kletterten auf die Ladefläche. Schaftrans-
port! Er fuhr zwar leer zurück von Berlin, aber der Mist
lag noch auf den Brettern. Wir räumten ihn beiseite,
scharrten mit den Schuhen ein Plätzchen frei. Es stank
schlimmer als der Käse. »Vom Käse in die Traufe«, witzelte ich, Gigi lachte nicht. »Wir fahren Richtung
Westen«, sagte ich, »weißt du das?«
»Ich will zurück nach Hannover«, sagte sie. »Wie
konnte ich so blöde sein.«
Es hatte keinen Zweck, mit ihr zu diskutieren. Der
Stinklaster ratterte Helmstedt entgegen, wir saßen auf
den von Schafsjauche durchtränkten Bohlen.
In Helmstedt legten wir unsere Laufzettel vor. »Mo-
mentchen«, sagte der Vopo, »Se gommen nich oß Ber-
lin?«
»Nein. Ein Unfall. Der Käselaster ist umgekippt.«
»Momentchen, Se haben aber ä Laufzettel uff Berlin?«
»Wir sind umgekehrt.«
Der Vopo sah uns an. »Des is nich drin«, sagte er. »Des
is jächen die Vorschrift. Momentchen mal!«
Er holte einen Vorgesetzten, nach dem Lametta auf sei-
ner Schulterklappe zu deuten, eine Art Feldwebel. »Se

müssen zurück uff Berlin«, sagte auch der. »Des is jächen die Vorschrift.«

Gigi: »Ich will aber nicht mehr nach Berlin.«

Der Feldwebel: »Momentchen. Gomm' Se mal mit.«

Wir wurden in ein Büro geführt, Barackenwände, ein Fenster in die Nacht hinaus. Neonlicht. Ein Schreibtisch, drei hellblonde Stühle. Wir setzten uns. Gigi sah mich an.

»Sprich jetzt nicht«, sagte sie. Nach einer Viertelstunde kam ein Hauptmann herein, nicht mehr ganz jung, fünfzig vielleicht, graue, etwas zu lange Haare, die unter seiner keck geknüllten Schirmmütze hervorschauten. Auf der Brust Orden mit Hammer und Sichel. »Sie haben jächen die Vorschrift verstoßen«, sagte er.

»Ich weiß. Aber das Auto ist verunglückt.«

»Und da fahren Sie einfach zurück?«

Ich schwieg.

»Wir müssen den Vorfall untersuchen«, sagte er. »Se bleiben vorläufich hier.«

Wir schliefen ein bißchen, auf den Bürostühlen sitzend. Es wurde hell. Eine Volkspolizistin in blauer Uniform, braune Wirkstrümpfe an den Beinen, trat ein. »Mitgommen«, sagte sie zu Gigi. »Halt«, rief ich, »wohin wollen Sie . . .«

»Se werden warten«, sagte die Polizistin. Sie riß Gigi hoch. Gigi schüttelte sie ab. Ging vor ihr aus dem Zimmer. Die Vopo-Frau nahm Gigis Tasche. Sie schlug die Tür hinter sich zu. Ich stürzte ihnen nach, aber vor der Tür, auf dem Gang, stand ein Posten. Mit einer Bewegung seines Maschinenpistolen-Laufs stopfte er mich zurück ins Zimmer.

Mehr als zwei Stunden vergingen. Dann trat der Offizier wieder ein. »Se gönn' das Hoheitsgebiet der DDR verlassen«, sagte er und händigte mir einen neuen Laufzettel aus. »Und zwar duhn Se des möglichst schnell.«

»Wo ist meine Freundin?«

»Des gehd Se nischt an. Verschwinden Se.«

Ich nahm meinen Koffer auf. Gigi sah ich nicht. Nicht in der Baracke, nicht draußen. Der Posten stempelte meinen Zettel. Zu Fuß ging ich nach Westen …

Ein Arzt, der nach Hannover fuhr, nahm mich in seinem neuen VW-Käfer mit. Ich erreichte die Wohnung von Gigis Freundin. An die Tür war ein Briefumschlag gepinnt mit der Aufschrift: »Karl Kaiser.« Ich puhlte den Reißnagel aus dem Holz. Schlitzte den Umschlag auf. Ein blauer Zettel. Ich roch daran. Ich las: »Sie haben mich sofort rübergelassen. Versuche nicht, mich zu sehen. Ich bleibe hier. Gigi.«

Im Film lassen in solchen Augenblicken die Helden das Papier fallen, drehen sich um. Gehen langsamen Schritts die Treppe hinunter. Verschwinden schließlich am Ende der langen, leeren Straße.

Karl Kaiser steckte den Brief in die Tasche, klingelte, wummerte gegen die Tür. »Was wolln Se denn?« rief eine Frau von oben, zorniges Gesicht, zwei Falten links und rechts der Nasenwurzel, das Gesicht sah geschwollen aus, weil sie sich über das Geländer herabbeugte. Auch die Nebenwohnung öffnete sich, eine randlose

Brille funkelte aus dem Schlitz, den die innen vorgelegte Kette freigab.

Aus der Wohnung von Gigis Freundin: Kein Laut.

Ich haute ab. Zog mich nicht zurück, retirierte nicht, ging nicht rückwärts, nicht wie der Filmheld, der sein Schicksal auf den gepolsterten Schultern seines Mantels trägt: Ich haute – ab!

Am Flugplatz Langenhagen kratzte ich das restliche Geld zusammen, um mit der nächsten DC 2 nach Berlin zu fliegen.

Sonntags darauf fuhr ich mit dem Rad durch den Grunewald, zur Havel. Großes Fenster. Spät am Nachmittag, als die Badegäste abzogen, blieb tiefblau die Havel zurück. Auf den Stämmen der Fichten lag golden die Sonne. Ganz weit draußen segelte eine Yawl vorbei: Pompetzkis Coca-Cola-Schiff.

Ecke Neckepenn, der Wassergeist, steckte sein algengarniertes Haupt aus dem Schilf und lachte, lachte ...

II

Die Regenwürmer

Haben Sie jemals zehn Millionen Regenwürmer
auf einem Haufen gesehen?

*Werbespruch der Regenwurm-Farm
Day Bait-Company*

In der Hecke nisteten Drosseln. Die Jungen rissen ihre Schnäbel auf, warteten, daß die Eltern Würmer, Raupen, kleine Nacktschnecken brachten, sie fütterten. Ich fragte Buseberg: »Wie kommt es, daß sie wissen, aus welcher Richtung die Alten kommen?«

Buseberg meinte: »Das haben sie schnell raus. Wahrscheinlich fliegen die Eltern immer aus derselben Richtung zum Nest. Hier, zwischen den Lauben, am Apfelbaum vorbei. Da sehen sie, ob die Luft rein ist.«

»Jetzt stehen wir aber in der Einflugschneise. Was machen sie nun?«

»Sie fliegen zwar einen Bogen, aber im Nest landen sie von derselben Seite.«

»Sicher?«

»Ganz bestimmt.«

Sie flogen erst mal überhaupt nicht, wahrscheinlich standen sie irgendwo und wippten ungeduldig auf den Zehen, warteten, daß wir weggingen, voller schöner fetter Würmer die Plastiktaschen, die einmal den Namen Türkenkoffer bekommen würden, in einer späteren Epoche, wenn Mohammeds Gastarbeiter den Berliner Bezirk Kreuzberg eroberten. Die Vogelkinder rissen die Schnäbel auf, »zum Erbarmen«, meinte Buseberg, gleich würden sie, dachte ich, Maulsperre bekommen. Sagte es auch. Buseberg beruhigte mich, Vögel und Schlangen bekämen keine Maulsperre, die Bänder, an denen ihre Unterkiefer aufgehängt sind, seien dehnbar, bei der Schlange am meisten.

War auch notwendig, die Reptilien stopften sich ganze Kaninchen hinter die Binde. Es beruhigte mich, daß die kleinen Drosseln keine Maulsperre bekommen konnten. Wer hätte ihnen eins hinter die Ohren gegeben, damit sich die Unterkiefer wieder einrenkten?

Wir wußten nichts von Verhaltensforschung, Konrad Lorenz trat seinen Ritt auf der Graugans erst später an; aber ein Mann wie Buseberg schaute hin, was Amsel, Drossel, Fink und Star trieben.

Der Junge von Bäcker Schirwinsky ankerte sein Lieferfahrrad am Zaun, wir befanden uns in der kurzen Epoche, als Schrippen und Milch noch einmal frei Haus geliefert wurden, »wie im Frieden«. Schirwinskys Lümmel verschmähte den Schrippenbeutel, der an der Pforte hing, mit Pappschild *Vier Schrippen, vier Knüppel. Kaiser*. Er stopfte, bevor ich hinzueilen konnte, das Gebäck in den Briefkasten.

Ein Matsch alles! Ich klaubte das Backwerk raus. Buseberg sagte, er könne so was nicht begreifen. Dann spuckte er einen Flatsch Tabaksaft auf meine prächtigste Dahlie, winkte mit seiner Holzhand und schlurfte nach Hause.

Ich brachte Minnamartha ihren Schrippen-Anteil. In der Laube roch es sengerig, sie war mit ihren Brennscheren tätig, brannte sich Löckchen. Sie probierte den richtigen Hitzegrad aus, indem sie mit der Brennschere in alte Zeitungen schnappte. Das Papier verfärbte sich braun, fing an zu kokeln. Gestank! Ich warf ihr die Schrippen auf den Tisch und machte, daß ich rauskam, bevor sie mit ihren Tiraden anfing. Morgenstunde hat Blech im Munde.

Ich mampfte meine Schrippe. Rührte schwarzen Pulverkaffee an, Marke Maxwell. Der Duft, der aus der Tasse stieg, erinnerte mich an Mathilde, meine andere Kusine. Mathilde arbeitete nach dem Krieg bei *US Quartermaster*. Sie kam an allerlei gute Sachen ran, Nylons, Whisky, Zigaretten. Maxwell-Kaffee. Wenn ich zu ihr kam – derselbe Duft. Jetzt lebte sie in Nebraska. Sie hatte eine Art amerikanischen Schaschlik-Addi geheiratet. Imbißbuden. Hätte ihr etwas besseres gegönnt.

Ihr Vater, Onkel Hubert, vereinsamte. Er saß in seiner Laube in der anderen Kolonie, eine Viertelstunde entfernt. Ich mußte ihn mal wieder besuchen. Onkel Hubert baute sich immer noch seinen Tabak selbst an, von seiner Rente, sagte er, könne er sich das teure Zeug nicht leisten. Bei *Schultheiß Patzenhofer* brauchten sie ihn nicht mehr. Jüngere Leute waren aus dem Krieg zurückgekehrt. Folglich: Frühzeitige Pension für Onkel Hubert. Frau tot (Krebs), Tochter in Amerika. Manchmal gab ihm Sternchen Siegel was zu arbeiten. Die meiste Zeit jedoch poofte Onkel Hubert in seiner Laube. Las Romane, die er aus alten Zeitungen ausschnitt;

wenn die Leute sie vor die Tür legten fürs Rote Kreuz schnappte er sich die Zeitungspakete und fing an, auszuschneiden. Er besaß Schnellhefter, vom Müll, die Büros stellten ja alle um auf moderne Hängeregistratur, in die alten Mappen heftete er die Romane ab. Gewöhnlich fehlten Fortsetzungen, er war sehr stolz, wenn er einen Roman vollständig zusammenbekam.

»Und wenn nicht?«

»Das macht nichts. Ich kann mir vorstellen, was zwischendurch passiert.«

Er trug eine Lesebrille, auf Krankenschein, ein Ding mit runden Gläsern, wie es unsere Großmutter besessen hatte. Die Brille klebte ganz vorne auf seiner Nase, wenn er mit Locher und Heftmappe werkte. Manchmal fielen die Papierschnipsel aus dem Locher auf den Boden. Die Laube hatte keinen Stromanschluß, also besaß Onkel Hubert auch keinen Staubsauger. Dann kroch er auf dem Kokosläufer herum, mit Müllschippe und Handfeger, kehrte die Schnipsel zusammen.

Für den Abend, wenn er Licht brauchte, benutzte er Petromax-Lampen. Stieß man gegen die Lampe, fiel der Glühstrumpf runter. Zappenduster. Es war schwierig, neue Glühstrümpfe zu besorgen. Solange es Gaslaternen gegeben hatte in der Stadt, lief auch die Glühstrumpf-Produktion. Romantische Zeiten, mit Laternen-Anzünder, der jeden Abend kam und die Lichtlein entzündete. Jetzt stellte Westberlin auf Elektrisch um. Peitschenmasten mit Neon-Leuchtröhren. Es sah aus wie auf dem Mond. Blasses Licht. Die Leute hatten grüne Gesichter, wenn sie durch den Lichtschein gingen. Auch in einigen Lokalen hatten sie Neonlicht. Die Frauen fürchteten, sie sähen nicht gut aus. Mieden diese Kneipen. Die Wirte wunderten sich, daß sie mit ihrer modernen Ausstattung nicht ankamen.

Minnamartha hatte ich gefragt, weshalb wir Onkel Hubert nicht einluden, zum Abendessen. Der einsame Mann. Aber Minnamartha hatte was gegen ihn, irgendwann, meinte sie, habe Onkel Hubert sich nicht korrekt verhalten. Ich fragte nicht. Wer verhielt sich schon korrekt in Minnamarthas Augen?

Langsam hatte sie es mit allen verdorben. Ein gewisser Klawonn, wohnte etliche Lauben weiter, hatte ihr im Garten geholfen. Danach war ein Krüppel von Birnbaum eingegangen. Wer war schuld? Klawonn! »Der hat sicher Pusche rangegossen«, mutmaßte meine Mutter. Woher logischerweise Klawonn so viel Pusche nehmen konnte, um einen Birnbaum zu töten, interessierte sie nicht. Klawonn hatte bei ihr »verschissen bis zur Steinzeit«.

Einmal, als ich mich aufgerafft hatte und zu Onkel Hubert gegangen war, hatte es eine dicke Scheibe Weltgeschichte gesetzt: Siebzehnter Juni. In Ostberlin streikten die Arbeiter. »Nun wird der Osten wieder frei«, hatte Onkel Hubert gesagt, während wir zuhörten, was sein Batterieradio brabbelte. Im RIAS hauten sie auf die Pauke, amerikanische Panzer seien an der Sektorengrenze aufgefahren. Berlin hoffte mal wieder.

Man kann im Grase liegen, unter schneid'gen
Bäumen,
auf Hälmchen blicken und von Helmen träumen.

Ohne uns, Herr General!
Jungarbeiter hatten die Rote Fahne vom Brandenburger
Tor heruntergeholt, jeder erinnerte sich an das Foto von
1945, das durch die Welt ging, als ein Soldat der Roten
Armee über die zerquetschte Quadriga krabbelte und
die Sowjetflagge hißte.
Nun war sie wieder unten.
Was würden die Russen tun?
Angefangen hatte es mit der Erhöhung der Arbeitsnor-
men. Grotewohl kniff den Schwanz ein und machte die
Normen rückgängig. Zu spät. Fünfzigtausend Ostber-
liner waren auf den Straßen.
Mittags fuhren sowjetische Panzer auf. Ausnahmezu-
stand.
»Wieder mal Schluß mit der Freiheit«, sagte ich zu On-
kel Hubert.
Er hofft noch. RIAS Berlin, der Rundfunk im Amerika-
nischen Sektor, hofft auch noch.
Am nächsten Tag las ich in der in Ostberlin erscheinen-
den Zeitung *Neues Deutschland,* die wir auch in den
Westsektoren kaufen konnten:

»Im Verlaufe des siebzehnten Juni 1953 versuchten
bezahlte verbrecherische Elemente aus West-Berlin
die Bevölkerung des demokratischen Sektors zu Ge-

walttaten gegen demokratische Einrichtungen, Betriebe, Läden und Geschäftshäuser und gegen die Volkspolizei aufzuhetzen. Die West-Berliner Provokateure zogen plündernd und raubend durch einzelne Straßenzüge, wobei sie zu hinterhältigen bewaffneten Überfällen gegen Volkspolizei und fortschrittlich eingestellte Bevölkerungsteile übergingen. Das Columbushaus am Potsdamer Platz wurde in Brand gesetzt. Die Banditen scheuten nicht davor zurück, ihre Angriffe gegen das Krankenhaus der Volkspolizei zu richten, wo sie die Fensterscheiben der Frauenstation zertrümmerten.

Die Bevölkerung distanzierte sich von den Provokateuren und ihren verbrecherischen Handlungen und trug mit zur Festnahme einer großen Anzahl der Täter durch die Volkspolizei bei. Bei den Festgenommenen handelt es sich größtenteils um West-Berliner Provokateure aus faschistischen Organisationen.«

»Elemente« also gegen »Bevölkerungsteile«.
Sie schnappten, wie wir später erfuhren, mehr als tausend Westberliner.
Auf dem Brandenburger Tor wehte vorübergehend Schwarz-Rot-Gold. Dann wieder die Rote Fahne. Ulbricht war in den Niles-Werken aufgetreten, wo die Arbeiter ihm eine harte Stunde bereiteten. Erfolg: Am nächsten Morgen war aus den Niles-Werken die VEB Großdrehmaschinenbau geworden.
Die Amis saßen an der Sektorengrenze in den offenen

Luken ihrer Panzer und gackerten in ihre Walkie-Talkies.

Mit Onkel Hubert sprach ich nicht mehr über diese Ereignisse. Ich nahm an, daß er sich wieder seiner Heideröslein-Idylle, seinen Schnippelromanen zugewendet hatte. War auch sicherer. Ein Minimal-Rentner, früherer Bierfahrer bei Schultheiß Patzenhofer, hatte in der Politik nichts zu suchen.

Laubenkolonisten aus der Kolonie Tausendschön auch nicht.

Benno Blüte kommentierte vorsichtig: »Die freie westliche Welt ist klein geworden.«

Recht hatte er, obwohl er damit nicht auf der offiziellen Linie lag. Denn noch war alles gut und groß und schön und frei, womit Amerika uns Verlierer segnete.

So wurde auch Pompetzkis Coca-Cola-Schaluppe ein Erfolg.

In der Buchhandlung erschien manchmal ein Heini mit Scherbe im Auge, ein drahtiger Monokelträger, der Sylvia umkreiste wie der Saturn die Sonne. Ich nannte ihn, des Monokels wegen, *Klarscheiben-Otto*. Für die Gasmaskenfenster hatte es Gelatineblättchen gegen Beschlagen gegeben, die hießen Klarscheiben.

Klarscheiben-Otto betätigte sich als reaktionärer Wiedehopf, verbreitete Parolen, wie gescheit es gewesen wäre, wenn »der Westen« fünfundvierzig gegen die Sowjets losgeschlagen hätte. Mit deutscher Hilfe. Vor allem mit seiner Hilfe. Denn Klarscheiben-Otto war Offizier gewesen. Panzer-Abwehr. Was Schneidiges. Traditionsregiment der Husaren. »Gehen Sie doch zur Bundeswehr«, meckerte ich. »Die fangen wieder an. So was wie Sie brauchen die.« – »Das werde ich auch tun, junger Freund«, sagte Klarscheiben-Otto.

Junger Freund!

Der Monokelheini ging auch zu Sylvias literarischen Abenden, ließ sich die Hirtenflöte blasen. Oder Sylvia steckte ihm die Hand in den Hemdkragen, zu Klausimausis meckerndem Intellektuellenlachen. Ob das Waschbecken wieder anmontiert war?

Vielleicht hatte Sylvias Leutnant auch ein Monokel getragen. Sachte gewöhnte sie sich.

Eines morgens eröffnete mir Benno Blüte, daß er Schwierigkeiten bekommen habe mit dem Börsenverein des Deutschen Buchhandels. Die Zeiten normalisierten sich. Sie hatten was dagegen, daß Blüte »eine ungelernte Kraft« – also mich – »im Gesellen-Verhältnis« beschäftigte.

Blüte hatte tapfer gestritten, sich mit den Muselmännern angelegt, die das Sagen hatten im Börsenverein. War nach Frankfurt (Main) gereist, um mit dem Vorstand zu sprechen. Meinetwegen. Er hatte nicht herausbekommen, wer sich wegen wem in die Hose machte. Blüte hatte seinen großen Auftritt und schrie sie an, sie könnten ihm den Hobel blasen. Er war entschlossen, mich zu halten.

Aber ich hatte die Nase voll.

»Herr Blüte«, sagte ich, »nie werde ich vergessen, was

Sie für mich getan haben. Aber weswegen wollen Sie sich in Schwierigkeiten bringen? Wegen Karl Kaiser aus der Kolonie Tausendschön? Ich bin Ihnen dankbar. Doch nun ist es Zeit, daß ich gehe.«

Benno Blüte versuchte, mir das auszureden, sogar Sylvia Flötotto zeigte Tau auf·den Wimpern. Aber ich war entschlossen. Ich ging in den Keller und holte das Regenwurm-Buch. »Wieviel kostet es?« fragte ich Benno Blüte. Herr Blüte sah erstaunt auf den Titel. »Geschenkt«, sagte er.

Ich verließ den Laden.

Erst Jahrzehnte später, Herrn Blüte gab es nicht mehr, habe ich den Laden wieder betreten.

Ein späterer Lehrling Benno Blütes, Brigitte Wolters, führte das Geschäft. Sylvia Flötotto, erfuhr ich, hatte einen Wirtschaftsberater geheiratet.

Sie besaß keinen Pudel, sondern einen Mops.

Damals war ich nach Hause gegangen, war ins Bett gekrochen. Hatte begonnen, das Regenwurm-Buch zu lesen.

Das Prinzip begriff ich rasch: Ein Regenwurm braucht gute Erde, um gute Erde zu produzieren.

Ich erinnere mich an die Rezepturen meiner Großmutter, die für vollendeten Humus etwa so aussahen:

Man nehme zerstoßene Eierschalen, ein Büschel Haare, Pulver vom Horn des Ziegenbocks, zermahlene Knochen, Moorschlamm, Sand aus der Lüneburger Heide, Ofenruß sowie eine tote Katze, vermenge alles gut, schüttle es bei Vollmond über dem Grab einer Jungfrau, lasse es drei Jahre kompostieren. Auf diese Weise erhält man Erde, in der sich jeder Regenwurm wohlfühlt.

Nachdem der Regenwurm jedoch wie niemand sonst in der Lage ist, durch Verdauungsvorgänge Boden zu veredeln, bieten Gartenbesitzer diesem Nutztier vornehmlich schlechte Böden an, märkischen Sand zum Beispiel, wie er hier in der Kolonie Tausendschön mehr als genügend vorkam, oder saure Erde, daran erkenntlich, daß der Schachtelhalm eine Größe erreicht, die an steinzeitliche Waldungen erinnert.

Auf solchen doppelbödigen Erkenntnissen fußte das Buch des Herrn von Soldau auf Soddelau. Er befand sich in guter Gesellschaft, denn bereits Charles Darwin beschäftigte sich neben seiner Abstammungslehre, die uns als Ahnen den Affen zuweist, mit Regenwürmern. Sein Werk *Die Bildung von Humus durch die Tätigkeit von Würmern, unter Beobachtung ihrer Gewohnheiten* halte ich (oder hielt ich nach wenigen Seiten Lektüre) für grundlegend. Auf Darwins Wurmtheorien fußen sämtliche Förderer des Regenwurms.

War alles falsch? Die paar Fuhren Mist, die Eichelkraut uns über den Zaun geforkt hatte, konnten den Garten nicht retten, bedachte ich die langjährigen Sünden: Kunstdünger! Die Händevoll Kali, die mein Vater über die Schollen gestreut hatte. Unkrautvertilger für den Gartenweg.

Daß hier und da noch ein Regenwurm anzutreffen ist, verdanken wir den Vögeln. Sie verschlingen die Eikapseln und werfen sie, wo immer sie einen Klacks lassen, mit ab. Also ist zu fürchten, daß es junge Regenwürmer auch auf Hüten gibt, auf Windschutzscheiben und Sonntagsanzügen. Einiges trifft das Land, das ausgepowerte. Der Wurm baut Gänge bis zwei Meter unter die Erde, schafft Mineralien nach oben, lockert den Boden und paart sich, in dem er seine packsattelartigen Geschlechtsöffnungen gegen die gleichfalls packsattelartigen Geschlechtsöffnungen eines Zweitwurms preßt. Über Kreuz tauschen sie Samen aus, neue und immer neue Würmer entstehen, schließlich, falls ihnen niemand Kali und Pestizide auf den Kopf häufelt, ist der Garten voller Regenwürmer.

Dann kam ich zu dem Kapitel: *Aufzucht und Vermehrung des Tennessee Wigglers.* Und im Nu wußte ich, weshalb es tief hinten in meinem Hirn geklickt hatte, als ich das Regenwurm-Buch fand: Hier bot sich eine Gelegenheit für die Kolonie Tausendschön, auf ihre sozusagen ureigene Art teilzunehmen am Wirtschaftswunder! Wie wäre es, wenn die Kolonie eine Genossenschaft bildete ... Zuerst würden sie mich für verrückt halten. Aber das Buch bewies: Da war ein Geschäft zu machen!

Wichtig war, den Tennessee Wiggler zur Züchtung auszuwählen. Der deutsche Regenwurm, wußte ich nun, ist ein kiesätiger Geselle, er frißt längst nicht alles, will's vorgekaut, mindestens fein zerkleinert haben, und vermehren tut er sich nur gemächlich. Der Tennessee Wiggler hingegen ... Es mußte eine Freude sein, dem

Wurm bei Verdauung und Vermehrung zuzusehen! Bei voller Besetzung produzierten diese Würmer drei Güterwagen Humus pro Hektar! Genug, um Troja mit einer achten Schicht zu bedecken, Schliemanns Buddelkasten verschwinden zu lassen, als habe die schöne Helena nie existiert.

Ich stand von meiner Ottomane auf und eilte zu Sternchen Siegel.

»Der Regenwurm?« fragte er.

»Woher wissen Sie ...«

»Neulich ist das Wort gefallen, andeutungsweise. Siegel hat Ohren zu hören ... Nu, was ist?«

Ich verklickerte ihm die Idee, auf Genossenschaftsbasis Tennessee Wiggler zu züchten, die Kaninchenhalter hätten es sowieso einfach, meinte ich, auf jenes Kapitel des Buches verweisend, das die Verwertung von Kaninchenmist beschrieb, ein Verfahren, das unter den für uns gegebenen Umständen besonders nahelag. Wir könnten überdies Aufzuchtkästen bauen und die Zucht merkantil ausrichten, für den Versand an Kleingärtner, an Angler. Angler brauchten ja auch eine Menge Würmer. Vielleicht war es dann zu Ende mit den inhumanen Methoden, den Würmern Prilschaum auf die Köpfe zu kleckern, damit sie aus der Erde schlüpften, oder ihnen, zwecks gleichem Behuf, Elektroschocks zu versetzen. Der Tierschutz-Verein würde uns loben, der Landwirtschafts-Minister der Kolonie eine Urkunde überreichen ...

»Mal sachte«, sagte Sternchen. »Wie ich verstehe, muß

de Kultur entwickelt werden aus Kleinstem. Wer will es machen?«

»Ich.«

»So.«

»Buseberg könnte mir helfen.«

»Buseberg hat Rente. Kann er sich leisten. Wenn er Lust hat. Aber Karl Kaiser? Von was lebt er?«

»Ich könnte bei Omme Heringsbändiger arbeiten. Omme braucht jemand, sagt Ingeborg. Das bringt mehr Geld als in der Buchhandlung zu malochen.«

»Warum sind Se weg?«

Ich berichtete Sternchen von den Bemühungen des Börsenvereins, die Buchhändlerzunft rein zu erhalten, verkniff mir gerade noch das Wort »rasserein«. An den Buchhändlern lag's nicht, aber an ein paar Funktionären.

»Sire, geben Sie Gewerbefreiheit«, sagte Siegel, indem er eine Zeile aus Schillers *Don Carlos* zweckentfremdete. Da konnte ich mitlachen! Schiller hatten wir durchgenommen in der Schule. »Na, gut«, meinte Siegel, »Regenwurmzucht is e Freizeitbeschäftigung erstmal. Klar? Würde ich sagen, fangt an, Siegel wird de Anschaffungen finanzieren e bißchen, wird auch sprechen mit de Laubenkolonisten, wenn wir haben erste Ergebnisse. Vielleicht liegt was drin.«

»Macht fünf Prozent?«

»Macht finf Perzent. Und Kapital zerück zu sechs.«

Mir fiel ein, daß Onkel Hubert in der Blockade eine Leberwurst-Fabrik gegründet und zum Erfolg geführt hatte. Wenn er mitmachen würde, mit seiner Erfahrung, rechnete ich mir aus, hätte die Rentner- und Arbeitslosen-Brigade Tennessee Wiggler hohe Chancen.

Onkel Hubert spielte mit seiner Papierschere. »Nee, nee, laßt mich man«, wehrte er ab, als ich ihm meinen Plan entwickelte. »Woher wollt ihr wissen, daß sie euch die Regenwürmer abkaufen?«
»In Amerika gibt es Regenwurm-Farmen, die zehn Millionen Würmer am Tag produzieren. Man kann eine Kompost-Fabrik anschließen.«
»Amerika. Junge, das kannste doch nicht vergleichen.«
»Sicher nicht. Aber im kleinen Rahmen ...«
Onkel Hubert legte die Papierschere aus der Hand. »Karl, das will überlegt sein. Ich schlage vor, wir gehen zu Papa Warnicke, einen heben.«

Papa Warnicke bewirtschaftete das Schützenhaus an der Machnower Straße. Hinter dem Wirtsgarten verlief die Zonengrenze, die Straße war unterbrochen, an einem Schlagbaum kontrollierten Russen und Vopos. Deshalb ging es bergab mit dem Schützenhaus, Papa Warnicke war ein Geheimtip geworden. Wir nahmen die Räder, Onkel Hubert seins, ich das Damenrad seiner Tochter Mathilde. Es glich aufs Haar jenem, auf dem ich einst Radfahren gelernt hatte, gestützt von Mathilde, die schon ein bißchen Brust hatte. Das Original, abhanden gekommen durch Requirierung der Besatzungsarmee, hatte Mathilde ersetzt, darauf bedacht, das gleiche Modell zu finden.

»Wer kommt da? Mein oller Lieferant«, begrüßte Papa Warnicke uns. Onkel Hubert hatte auch das Schützenhaus mit Bier beliefert. Wir bestellten zwei Weiße mit Schuß. Papa Warnicke nahm lieber einen Glühwein. »Else«, rief er die Bedienung, »mach mich das man mit viel Nelke.« »Jawoll, Papa Warnicke«, sagte Else. Sie war ein sehenswertes Frauenzimmer, grobknochig, ein ungarischer Kavalleriegaul, mit Händen wie ein Salatbesteck. Wenn Else den Mund öffnete, entblößte sie ein Lehrstück für angehende Zahnärzte: Von Brücken und metallenen Klammern, die an bräunlich-schwarzen Trümmern und Stümpfen hingen, waren die Kronen zum Teil schon wieder abgefallen, blankgewetzte Stiftzahn-Halterungen blitzten auf, und mitten in diesem Gewirr glänzte einsam, weiß und unbeschädigt ein einzelner Schneidezahn.

Elsas Lächeln, das sprach für ihre Persönlichkeit, ließ Gäste hinschmelzen: Sie war ein Mensch.

»Karl will Regenwürmer züchten«, sagte Onkel Hubert. Papa Warnicke sah mich an. »War man noch eben so'n Büxenschieter. Und nu Geschäftsmann.« Else brachte ihm den Glühwein. »Ick heww dat ok mal überlegt. Hier is nix mehr, die machen alles dicht, glaubt einem alten Gastwirten. Auf Schönow hat es noch Grund. Wollte ich schon anfangen, für die Angler. Aber is jo nix mehr im Teltowkanal. Abgefischt mit Dynamit. Mann, das dauert Jahrzehnte, bis sie da wieder Fische haben.

Alles hatten wir drin im Kanal. Stichling, Hecht, Barbe. Mann, haben wir da rausgeholt. Und Schönow, da wollte ich immer hin. Is noch'n richtiges Dorf, nicht so'n versauter Vorort wie das hier. Glöwt mi man, in zehn Johr ist das hier vorbei mit die Idylle, dann is dat wie in Amerika mit all die Bungalows und den Schiet-kroam. Aber Schönow, das wird bleiben. Noch ein biß-chen.«

»Stinkt aber. Wegen der Spinne.« Onkel Hubert spielte auf die Schönower Zellulosefabrik an, die bei passender Windrichtung bis zum Schützenhaus muffelte. Folge-richtig meinte Papa Warnicke: »Stinkt se bis hier, kann man auch näher dran wohnen. Hat ja schon beim alten Besckow gestunken.«

»Besckow?«

»Dat wißt ihr nich? Hat vor achtzig Johr das Gut Schö-now gekauft. Dem gehörte auch die Passage Unter den Linden. Mit anderen, natürlich. Aber he wor dobi! No, kaum war er tot, haben die Erben alles verkauft. Der Kanal wurde gebaut, aus war's mit der Idylle an der al-ten Bäke. Habe ich noch gekannt, da haben wir Frösche gefangen als Jungs. Nu is ook allwedder mit'n Kanol vorbi.«

»Die Russen werden doch den Teltowkanal wieder aufmachen?«

Papa Warnicke sah uns durch den Dampf seines Glüh-weins an.

»Een Schiet«, sagte er.

Wir besprachen den Regenwurm-Plan. Papa Warnicke

war dafür. »Versucht dat man«, sagte er. »Vielleicht steckt wat drin.«

Er sah uns nach, seiner sicher, daß dank seines Rates Onkel Hubert für den Plan gewonnen war. Durchs Fenster sah ich Papa Warnicke, als wir auf die Räder stiegen, sich aufeinandertürmende Hügel vor dem altmodischen Bufett aus dunklem Holz, alles war rund an Papa Warnicke, seine Schultern, sein Gesicht, der Glatzenkopf, sogar seine dunklen, kräftigen Augenbrauen, sie wölbten sich über den wasserblauen Augen und schienen zugleich rund um den Kopf zu führen; ob sie sich hinten zu einer kräftigeren Krempe auswuchsen, zu einer Restbewaldung von Haupthaar ausuferten, blieb ungewiß, man erwartete, wenn Papa Warnicke sich umdrehte, einen gleichmäßig ringförmigen Haarfilz. Wie den Ring des Saturn. Jedoch – und das war das Merkwürdige – niemand konnte sagen, ob es sich wirklich so verhielt; Papa Warnicke bekam kein Gast von hinten zu sehen.

Wie das Licht eines Leuchtturms blieb das Fenster vom Schützenhaus zurück. Mehr Leben gab es nicht hier an der neuen Grenze, wo Berlin zu Ende war, endgültig zu Ende, wo die frühere »Zone«, die neue DDR, begann, das andere Deutschland.
»Berlin is ja so jroß«, hatten wir gesungen.
Es hatte endliche Abmessungen bekommen.

Onkel Hubert bat mich noch einmal in seine Laube.

»Schau, was ich gefunden habe. Wollte ich dir mitgeben.« Es war – wie konnte es anders sein – ein Zeitungsausschnitt. Der Schreiber zählte (aus gegebenem Anlaß, der Artikel war ein paar Jahre alt und bezog sich auf einen runden Zeitraum) sämtliche wichtigen Ereignisse meines Geburtsjahres auf.
Ich las.

Amerika, Frankreich, Großbritannien, Deutschland waren dem Kellogg-Pakt, einem Kriegsächtungs-Pakt, beigetreten. Vierundfünfzig Nationen insgesamt unterzeichneten den Pakt;
Deutschland baut seinen ersten neuen Panzerkreuzer;
Köhl, Fitzmaurice und v. Hühnefeld überqueren mit einem Flugzeug erstmals den Atlantik von Ost nach West, in 35,5 Stunden 6750 Kilometer;
Nobile ist mit seinem Luftschiff *Italia* am Nordpol havariert. Der Expeditionsleiter hat sich von dem Flieger Lundborg vor seiner Mannschaft retten lassen. Der russische Eisbrecher *Krassin* und der Flieger Tschuchnowski retten die übrigen Expeditionsteilnehmer. Amundsen kommt beim Rettungsflug um;
Die Sowjetunion verkündet ihren ersten Fünfjahresplan;
Alexander Fleming entdeckt das Penicillin;
Boykow erfindet die automatische Flugzeugsteuerung;

Gershwin komponiert *Ein Amerikaner in Paris;*
Schulze-Naumburg veröffentlicht sein »grundlegendes« Werk *Kunst und Rasse;*
Der spanische Dichter Federico Garcia Lorca wird von Faschisten ermordet;
König Amanullah von Afghanistan besucht Berlin;
Erich Kästner veröffentlicht seinen Gedichtband *Herz auf Taille;*
Albert Schweitzer bekommt den Goethe-Preis der Stadt Frankfurt-M.;
In den Kinos laufen Walt Disneys erste Micky-Maus-Filme;
Al Jonson verkauft von seinem Tonfilm-Schlager *Sonny Boy* 12 Millionen Schallplatten;
Sonja Henie wird Weltmeisterin im Eiskunstlauf;
Das Karl-May-Museum in Radebeul wird eröffnet;
Der Fernschreiber wird erfunden;
Zwischen Berlin und Buones Aires entsteht eine regelmäßige Funksprech-Verbindung;
Auf der Berliner Funkausstellung führt Denes von Mihaly seinen drahtlosen Fernseher vor.

Onkel Hubert sah mich an, als ich, im Schein seiner Petromax-Lampe, zu Ende gelesen hatte. »Du fragst dich, was daraus geworden ist?«

Frau Buseberg schlug die Hände zusammen, nicht über dem Kopf, aber in Kinnhöhe; »wieso wollen Sie meinen

Mann verwickeln?« fragte sie. »Eine unsichere Geschichte. Regenwürmer vermehrt man, indem man sie mit dem Spaten zerteilt.«

Buseberg schmetterte seine Holzhand auf den Tisch. »Wenn ich dir sage: Es ist was dran. Lies doch, was die schreiben. Millionen Regenwürmer!«

»Pfui Teufel!«

»Pfui Teufel war auch die künstliche Leberwurstfabrik von Karl seinem Onkel. Und haben wir nicht alle gut gelebt davon?«

»Das waren andere Zeiten.«

»Die Würmer soll ja niemand essen.«

Wir begannen, die ersten Kästen zu bauen, Kantenlänge fünfzig Zentimeter, dreißig Zentimeter hoch. Für die Drainage bohrten wir Löcher in den Boden. Innen kam zuerst eine Schicht Zeitungspapier, dann fünf Zentimeter Stroh, schließlich zwanzig Zentimeter Erde. Wir hatten das Beste genommen, die Erde, Moorerde, schwarz, krümelig, aus dem Krumen Fenn herbeigeschafft.

Ein paarmal waren wir stecken geblieben mit dem Handwagen. Buseberg hing im Zuggeschirr, ich schob hinten.

Etwas Hühnermist mischten wir unter.

Eines abends kam Minnamartha, als ich von meiner Arbeit bei Heringsbändiger zurückkehrte. »Menschlein, was denkst du dir eigentlich? Meinst du, du kannst einen Narren aus mir machen? Ich habe das Paket aufgemacht, da waren lauter Würmer drin.«

»Was für ein Paket?«

»Das Paket, eben.«

»War das nicht ein Paket für mich?«

»Schon. Ich habe es aufgemacht.«

»Wer zum Himmeldonnerwetter hat dir gesagt, du sollst meine Pakete aufknüppern? Wo sind die Würmer?«

»Ich habe sie hinten über den Zaun gekippt. Aufs Feld.«

Ich alarmierte Buseberg. »Ach, du dicke Pieze«, sagte der. Wir eilten aufs Feld, mit Spaten und Taschenlampen. Keine Spur von den wertvollen Tennessee Wigglers, die wir uns per Post hatten kommen lassen. Wir gruben, warfen Erdschollen auf. Suchten ein immer größeres Gebiet ab. Ein paar Würmer fanden wir, ob es Wiggler waren, wußten wir nicht, keiner von uns hatte bisher einen Wiggler gesehen. Einen Behälter, um die Würmer zu sammeln, hatten wir in der Eile vergessen. Buseberg stopfte sie sich in die Rocktasche.

Zweihundert Würmer hatten wir bestellt. Mit etwa zwanzig kehrten wir zurück. Ein Drittel war überdies in Busebergs Jackentasche zu Mus gedrückt.

Minnamartha fragte: »Was wollt ihr mit den Würmern?«

»Angeln«, sagte ich.

Buseberg meinte: »Da kommt wat auf uns zu. Von dwars und lee und luv und Back- und Steuerbord.«

In der *Beknackten Maus* fragte Eichelkraut: »Ich höre, ihr fangt eine Regenwurmzucht an?«

»Weiß nicht. Die Frage ist, ob es funktioniert. Die ersten sind uns ausgekommen.«

»Igittigitt«, sagte Agathe Fanselow. »Das is ja wie Schlangen oder Aale.«

»Aber nicht wie Mäuse.«

Ihr Bruder Gustavchen, der an diesem Abend Bouletten briet für alle, wußte: »In Australien gibt es Regenwürmer, die werden meterlang. Man nennt sie Regenwurm-Schlangen. Aber es sind echte Regenwürmer.«

»Damit kannste Walfische angeln«, witzelte Eichelkraut. »Im Schuppen hab ich 'ne alte Häckselmaschine. Wenn ihr die Messer versetzt, raspelt sie alles klein. Für die Regenwürmer muß man dat Zeug zerschnippeln, dann fühlen sie sich wohl.«

Wir dankten dem Stinker, indem wir ihn zu einer Molle mit Korn einluden, und zu noch einer und noch einer.

Am nächsten Tag ging ich mit Siegfried, der ebenfalls an der Wurmzucht Interesse zu zeigen begann, die Häckselmaschine holen. Sie stand in Eichelkrauts Schuppen, der bereits vor zwei Jahren Einsturzgefahr angemeldet hatte. Siegfried meinte, er wolle das Dach stützen, während ich die Maschine aus einem Berg von Brettern, Autoreifen, räderlosen Schubkarren und Mistbeetfenstern zog.

Leider reichte die Kette von Eichelkrauts Wachhund Emil um die Ecke. Die Bestie fuhr auf Siegfried los, der rettete sich durch einen Sprung und fiel in ein Mistbeetfenster. Infernalisch heulte der Hund, riß an seiner Kette. Eichelkraut schrie »dämliches Mistvieh, Scheißtöle«, zerrte am anderen Ende der Kette, worauf der Hund auf ihn losging.

Siegfried erhob sich aus den Scherben. Er war unverletzt.

Schließlich wuchteten wir die klobige, staubbedeckte Häckselmaschine aus dem Schuppen, dessen Dach einer Achterbahn glich.

Nach vier Wochen stülpten wir – unter Anteilnahme der Bevölkerung unserer Kolonie – die Kiste um. Wir fanden die Würmer wieder, die wir augesetzt hatten. Keinen neuen.

Buseberg faßte die allgemeine Stimmung in Worte:

»Da muß was schiefgegangen sein.«

Ernie Puvogel erbot sich, neue Würmer, fortpflanzungsfähig, zu bestellen. Es sei sicherer, meinte er in Anspielung auf das Mißgeschick, das uns bei der ersten Sendung ereilt hatte, wenn das Paket bei ihm ankäme. Außerdem riet er uns vom Hühnermist ab. Hühnermist sei zu scharf, sagte er, zu hitzig. Stallmist sei ideal, vier bis sechs Wochen abgelagert, damit er keine Temperatur mehr entwickle. Wir sollten alles vorbereiten. Wenn die Würmer dann kämen ...

»Ich weiß nur einen Stallmist, der liegt beim Horse Platoon«, sinnierte Onkel Hubert. »Amerikanischer Mist. Ideal für amerikanische Würmer.«

Agathe Fanselow, die ihre Familie in Notzeiten mittels

amerikanischer Freunde über Wasser gehalten hatte, erbot sich, mit den Leuten zu reden: »Ick kann Englisch. Laßt mich machen.«

So kam es zur denkwürdigen Pferdemist-Konferenz zwischen Agathe Fanselow und Ltd. Brown, 2nd US Cavalry Division.

Agathe berichtete: »Ick jehe dahin, meine beste Pelle an, vorne mutig einjekerbt, will mir doch erst der Posten nich rinlassen. Ick hab ihm jesagt, det ick den Platoon schon länger kenne als er, nu soll er mal keene Fisematenten machen, you make not difficulties, what? hab ick ihm jesagt. Wee need dung. Dung heeßt Mist. Schließlich kommt so'n Sergeant, der kiekt mir an wie'n Taxameter der zu schnell looft, hatte er ooch recht, der jrüne Lümmel. Mir kann sich der nich leisten. Also denke ick an die Heimatfront und an Europas Zukunft und sage: Mit Ihnen nich, Master. Können se mir mal 'ne höhere Charge an de Ballonsperre legen? Zu welchen Worten ick det Kleid ein bißchen auseinanderraffe, weil Ballonsperre hatte ick auf Deutsch jesagt, det englische Wort fiel mir nich ein. Der verstand det gleich, oder er mißverstand et, is ja ejal, der Erfolg war durchschlagend. Er telefonierte 'n bißchen rum, dann sagte er, follow me, Fräulein. Icke hinter ihm her, lauter Büros mit offene Türen, die Heinis dahinter hatten die Quanten uffm Tisch, ick sage dir, die Kommentare hättste hören müssen. Hat direkt mein Selbstbewußtsein jestärkt. Sagt det aber nich Sternchen. Also im letzten Büro sitzt der Ltd. Brown, springt gleich uff, janz zackich, wie bei die Preußen. Afterwards hat er mir verhört, jenau, ick hab ihm det verklickert mit die Tennessee Wigglers, er hat mir die janze Zeit anjekuckt als wäre ick selber 'n Rejenwurm, den er frisch aus de Erde jebuddelt hat, aber ick sage, nee, Master, ick bin zwar lichtempfindlich wie'n Wurm, aber hier jeht et um Höheret, nämlich um Pferdeäppel. Wat soll ick sagen er hat det kapiert, war janz manierlich, aber er hat jemeint et jibt keene Möglichkeit, det Kacke von amerikanische Jäule an Deutsche jeliefert wird. Wie ist et denn mit Displaced Persons, habe ick jesagt. Da, hat er jemeent, jibt's keene Vorschrift. Also, habe ick jesagt, denn ma stiekum ran, hurry up, old chap. Der Empfänger is een jewisser Mister Siegel, Displaced Person. Da hat sich Mr. Brown gefreut, det er mir helfen kann, und ob ick 'n Whisky will, ick wollte een, ooch'n zweeten, und denn hat er mir jefragt ob ick Strapse trage oder ob ick schon die neuen Strumpfhosen kenne aus Amerika, er hätte da 'ne Quelle. Die Wendung kenn ick, nach'm dritten Whisky wolln'se eem an de Wäsche. Alle, sag ick euch. Ja, kiekt man nich so deemlich, ick kenne meine Pappenheimer. Euch auch. Könnt schon de Zunge wieder in de Backentasche stecken und euch'n Schlabber abwischen. Wo war ick stehn jeblieben? Also ick kloppe dem Ami symbolisch uff de Finger und verdufte.«

»Und der Mist?«

»Kommt morjen. Mit US-LKW. Ne janze Fuhre. Für die zweete kann sich 'ne andere Mieze bejrabbeln lassen.«

Wir tranken auf Agathe.

Der Mist kam.

Die Würmer trafen per Post ein.

Die Häckselmaschine lief.

Die Würmer vermehrten sich.

Wir zimmerten neue Kästen.

Die Kolonie stand wie ein Mann hinter uns. Aktion Tennessee Wiggler lief an.

Am Funkturm begann die Grüne Woche. Wie der Zufall spielt, war ein Großstand dem Regenwurm gewidmet. Theodor Heuss eröffnete die Veranstaltung. Begutachtete auch die Regenwürmer, von denen nicht viel zu sehen war. Aber sie hatten hübsche Hostessen engagiert, grün gekleidet, die Zettel verteilten: »Die Regenwürmer, unsere wahren Heinzelmännchen, lassen die Herzen aller Gärtner höher schlagen.« Neben dem heimischen Wurm waren alle Sorten abgebildet, die in Amerika vorkommen, der eingeborene Nachtkriecher, der Feld- oder Gartenwurm, diplocardia Erdwurm, Grünwurm, Mistwurm und Rotwurm.

Das Programm war hintendrauf ausgedruckt. Eine Reihe von Vorträgen beschäftigte sich mit dem Thema Regenwurm. Unter den Rednern war auch Herr von Soldau auf Soddelau, der Verfasser meines Regenwurm-Buchs.

Wir warfen uns in Schale, entschlossen, den Vortrag anzuhören, der in einer Schul-Aula gehalten werden sollte. Eine Delegation der Kolonie Tausendschön und

Umgebung: Puvogel, Siegfried, Buseberg, Agathe und Gustavchen, Eichelkraut, Onkel Hubert und ich.

Herr von Soldau auf Soddelau, eine scharfkantige Type, schaute streng durch Brillengläser. Er trug eine Wolljacke, an dünner Leine zerrte er einen Dackel hinter sich her, der sich neben ihm aufs Podium setzte.

Der Saal war voll! Wenn sich derart viele für Regenwürmer interessierten, mußte das ein Geschäft werden!

Herr von Soldau begann:

»Meine sehr verehrten Damen und Herren!

Der Regenwurm, Lumbricus l., gehört zur Gattung der Ringelwürmer aus der Gruppe der Oligochäten. Seine zunehmende Bedeutung in der Gartenwirtschaft, nach Jahren der Sünde durch Überdüngung mit Kunstdünger, verlangt, daß wir uns näher mit diesem wahren Helfer der Menschheit beschäftigen. Heute Abend gebe ich eine allgemeine Einführung.

Der Körper des Regenwurms besteht aus zahlreichen Ringen, die seitlich an der Bauchfläche die kaum aus der Haut hervorragenden Borsten tragen. Eine Reihe dieser Segmente, der sogenannte Gürtel oder citellum, enthält mächtige Drüsen, die bei der Begattung ein Sekret zum Zusammenheften der beiden Würmer ausscheiden. Der Darm besitzt vorne einen Kropf und Kaumagen, worin durch aufgenommene Steinchen die Nahrung gleichmäßig zerrieben wird. In der Rücklinie des geradegestreckten, nur segmental mit

Einschnürungen versehen sehr umfangreichen Darms findet sich eine voluminöse, die Innenfläche des Darms vergrößernde Einfaltung, die Typhlosolis. Das Nervensystem besteht aus dem über dem Schlund gelegenen Gehirn und dem an der Bauchfläche liegenden Bauchmark. Augen fehlen, indessen ist der Regenwurm gegen Licht und mehr noch gegen Erschütterungen des Bodens empfindlich. Besondere Atmungswerkzeuge mangeln, dagegen ist das aus starken Rücken- und Bauchgefäßen bestehende Blutgefäßsystem gut ausgebildet. Das Blut ist rot und enthält farblose Blutkörperchen. Aus segmentweise angeordneten Durchbohrungen der Rückenhaut – den Rückenporen – tritt Leibesflüssigkeit aus, sobald der Wurm in trockenes Erdreich gerät oder gereizt wird. Der Megascolides australis vermag die Leibesflüssigkeit auf ziemlich weite Entfernungen auszuspritzen.

Die Regenwürmer sind Zwitter und befruchten sich wechselseitig. Die Eier werden wie bei den Blutegeln in Kokons abgelegt. Die Embryos nähren sich von dem Eiweiß, mit dem sie umgeben sind und machen nur eine einzige Verwandlung durch. Bei Lumbricus trapezoides entwickeln sich in der Regel aus jedem Ei zwei Embryos, die eine Zeitlang wie siamesische Zwillinge miteinander verbunden sind. Ähnliches kommt bei den gewöhnlichen Regenwürmern – agricola, Allobophora terrestris und anderen – vor, wenn auch nur gelegentlich. Stark entwickelt ist

beim Regenwurm das Vermögen, verlorengegangene
Teile, zumal am Hinterende des Körpers, wieder zu
ersetzen, so daß lange, segmentreiche Stücke neu gebildet werden. Am Vorderende ist dies in weniger
hohem Maße der Fall, doch werden wenige verlorengegangene Kopfringe fast regelmäßig ersetzt und
wird also auch der Kopf neu gebildet. Die Regenwürmer sind nächtliche Tiere, füllen ihren weiten
Darm mit humusreicher Erde und modernden Pflan-
zenteilen, ziehen ferner Keimlinge und Blätter in die
Erde, um sie zu ihrer Nahrung zu verwerten. Sie fressen auch Fleisch. Im Winter liegen sie zusammenge-
ballt in größerer Tiefe. Durch das Abfressen junger
Pflanzen schaden sie, werden aber wieder nützlich,
indem sie bei ihren Wanderungen im Boden Röhren
bilden und mit ihren Exkrementen füllen, den Wurzeln also sowohl das Abwärtswachsen erleichtern als
auch Dünger liefern. Besonders wichtig sind sie nach
Darwin, weil sie beständig Erde aus den tieferen
Schichten durch ihren Darm hindurch zur Oberfläche befördern. In vielen Teilen Englands sollen sie
auf je sechs Hektar Land jährlich 25 000 Kilogramm
und mehr Erde heben – oder gehoben haben, denn
auch auf den Britischen Inseln macht sich längst der
Mißbrauch von Kunstdünger bemerkbar. Sie unter-
wühlen manchmal den Boden unter Bauwerken, die
dann versinken. Ihre natürlichen Feinde sind Igel,
Spitzmaus, Maulwurf, Kröten, Frösche, Tausendfüßler, Laufkäfer. Man sammelt die Regenwürmer

abends, besonders nach warmem Regen, wenn sie aus ihren Löchern kommen.

Die Gruppe der Regenwürmer umfaßt viele Arten und Gattungen, die namentlich in den Tropen zahlreich vertreten sind und zum Teil riesige Dimensionen annehmen. So wird zum Beispiel in Australien der Megascolides australis ein bis zwei Meter lang und zwei bis drei Zentimeter dick. Er riecht stark nach Kreosot. In seinen Gängen leben Landkrabben. Auch am Kap der guten Hoffnung, auf Ceylon und Java kommen solche Riesenwürmer vor. Eine Art, Photodrilus phosphoreus, leuchtet nachts.

Es ist, meine Damen und Herren, an der Zeit, sich auf den Nutzen des Regenwurms zu besinnen. Besonders der Tennessee Wiggler ist geeignet, in unseren Gartenkulturen bahnbrechende Veränderungen herbeizuführen. Gleichzeitig müssen wir für ideale Bodenstrukturen sorgen, in denen sich der Wurm wohl fühlt. Das heißt also, meine Damen und Herren, kompostieren und noch mal kompostieren.

Ich weise auf eine Reihe von Vorträgen hin, die sie dem entsprechenden Themenkreis nahebringen. Bitte lesen Sie aufmerksam die Programme, die unsere Hostessen auf der Grünen Woche und hier verteilen.

Ich danke Ihnen.«

Herr von Soldau auf Soddelau zog seinen Dackel hinter sich her und verschwand. Helfer verteilten seine vervielfältigte Ansprache, weshalb ich sie hier wörtlich wiedergeben konnte.

Eichelkraut schneuzte sich. »Wir liegen richtig«, sagte er. »Sie?« fragte Onkel Hubert, »außer der Häckselmaschine haben Sie keinen Beitrag geleistet.«

»Abwarten«, sagte Eichelkraut. »Seit heute bin ich überzeugt.«

Agathe sinnierte, ob sie sich nicht doch von Ltd. Brown an die Strapse langen lassen sollte: »Wir brauchen mehr Mist, Kameraden. Nur in warmen US-Pferdeäppeln wird der Wiggler gedeihen. Gustavchen, kiek doch mal, über wat se morgen reden.«

»Die ideale Beschaffenheit des Bodens für Regenwurmzucht«, las Gustavchen vor. »Es spricht Professor Dr. Rundstück, Universität Darmstadt, Dekan der geologischen Fakultät.«

»Chapeau«, sagte Agathe. »Det hör ick mir ooch an.«

Wir drangen in die Materie ein. Professor Dr. Rundstück, dessen graue Tolle zu Berge stand, als sei er in ein magnetisches Feld geraten, ließ kein gutes Haar an Kunstdung-Banausen und Boden-Auspowerern. »Wo die Erde«, donnerte er, »durch Profitgier des Menschen zur Wüste wird, sollte man die Verursacher solcher Schäden zwingen, mit dem Löffel Humus darüberzukratzen.«

An einem anderen Abend berichtete der Polizei-Hauptwachtmeister Büttke, nebenberuflich Vorsitzender der Arbeitsgemeinschaft *Gesunde Böden,* über seine Erfahrungen mit natürlicher Kompostierung. »Seine Zahlen über Küchenabfälle, die verwertbar sind und die der Mensch törichterweise auf öffentlichen Mülldeponien landen läßt, werden auch Sie beeindrukken«, sagte Herr von Soldau auf Soddelau, der es sich nicht nehmen ließ, auch diesen Beitrag eines Praktikers mit einer Vorrede über seinen Liebling, den Wurm zu versehen.

Dr. Mayer, Wissenschaftsjournalist aus Bonn, sprach über »Wert und Unwert makrobiotisch angebauter Gemüse«. Natürlich überwog seiner Meinung nach der Wert bei weitem. »Ick kann mir zwar«, kommentierte Agathe seine Ausführungen, »nich vorstellen, det ick an ne maggibiotische Rübe oder wie det heeßt lutsche, aber der Mann an sich jefällt mir!«

Eichelkraut beruhigte sie: »Da brauchen Se nich gleich dran lutschen, Fräulein Fanselow.«

Bis zur Round-Table-Diskussion, wie das jetzt hieß, zeigten die meisten unserer Gruppe Ermüdungserscheinungen. »Jenuch jesalbadert«, formulierte Buseberg die Empfindungen der meisten. So blieben nur noch Onkel Hubert, Agathe Fanselow und ich übrig. Verstärkung erhielten wir allerdings, weil Sternchen Siegel, Omme Heringsbändiger und meine Kusine Ingeborg sich entschlossen, der Veranstaltung beizuwohnen.

Das Gespräch fand in meiner alten Schule, der Bismarckschule, statt, die jetzt – harmloseres hatten die Schulbehörden nicht finden können – in Jean-Paul-

Gymnasium umgetauft war. So wunderte es mich nicht, daß im Treppenhaus statt des Eisernen Kanzlers nun der Poet aus dem Fichtelgebirge hing, Verfasser des *Schulmeisterlein Wutz,* eines Buches, von dem Buchhändler Blüte schwärmte. Ich hatte es gelesen, aber wieder vergessen, was darin stand.

Auf dem Flur vor der Aula protzte das Heldenmal, an die gefallenen Schüler von Weltkrieg I erinnernd. Der Schüler, die im Zweiten umgekommen waren, als Flakhelfer vornehmlich, hatte man noch nicht gedacht, es war auch kein Platz. Rechts ging es zum Musiksaal, den man durch Verschieben einer Wand zur Aula-Bühne verwandeln konnte, und zu den Toiletten, Zuflucht geängstigter Sextaner, wenn ihnen das humanistische Dasein auf die sprichwörtliche Blase drückte. Elegante Toiletten standen uns hier zur Verfügung, gemessen an den teerigen, verölten, nach Desinfektionsmitteln riechenden Pinkelbuden von Süd- und Nordschule, wo wir unsere ersten Erfahrungen in Unfreiheit und Unterdrücktsein absolvieren durften. Volksschüler, kleine Tiere mit flackerndem Blick, von Rohrstock und subtileren Strafen bedroht, dem Parteibonbon des jeweiligen Erziehers in die Hakenkreuz-Pupille schauend (alte Kämpfer trugen es mit besonders breitem Eichenlaub-Goldrand), das Deutschlandlied schmetternd und die Hymne des Berliner SA-Mannes Horst Wessel, die man heute für geklaut halten darf, wie es auch erlaubt ist, den Sturmführer mit Zuhälterkreisen in Zusammenhang zu bringen.

Damals nicht.

Strafe!

Strafe fürs Zuspätkommen.

Für Nichtbeherrschung des Textes einer der Hymnen (oder beider).

Strafe für zu frühes Absenken des zum Hitlergruß ausgestreckten Arms.

Strafe für Disziplinlosigkeit;

für Abschreiben;

für Tintenkleckse im Heft.

Aber: Belohnung für gute Leistungen durch Überreichung eines Kalenderblattes der Jahresgabe *SA marschiert* durch die Lehrkraft.

Lohn der Angst.

Wir mußten oft auf dies saubere, gutgeheizte Klo, die Höhle, in der wir uns für fünf oder zehn Minuten versteckten. Was ein Häkchen werden will, krümmt sich beizeiten. Das Bäumchen biegt sich, der Baum nimmermehr. Von alters her im deutschen Volke war das höchste Gut: Getreu und wahr zu sein.

Wir betraten die Aula, in Dunkelblau und Gold zeigte sich die klassizistische Ausstattung fast unversehrt, nur die Illusion durch perspektivische Darstellung der gemalten Kassettendecke war gestört von Wasserflecken, die bei Löschversuchen entstanden waren: Stabbrandbomben und Phosphorkanister hatten die Schule getroffen. Sie waren durch aufmerksame Luftschutzwachen unschädlich gemacht worden, bevor sie größeren Schaden hatten anrichten können.

Als Wandabschluß zog sich ringsherum, optische Marter für gelangweilte Schüler, ein Mäanderband, alle zwei Meter unterbrochen von Gipsreliefs. Sie zeigten die großen Philosophen von Plato bis Schleiermacher. Gefährliche Geister der Neuzeit wie Kierkegaard und Hegel ließ die oberste Schulbehörde erst zwanzig Jahre später zu. Die Wandfelder unter den Medaillons schmückten Ölgemälde früherer Direktoren der Schule, bärtige Herren zumeist, streng blickend, Pädagogen, auf die man sich verlassen konnte, wenn es galt, durch Volksschul-Haft etwa noch ungebrochene Charaktere zu stauchbaren Untertanen zu verwandeln. Denn: Nicht für die Schule, fürs Leben lernen wir. (Non scolae, sed vitae . . .)

Wir nahmen in den zerkratzten, abgeschabten Klappsesseln Platz, jedes Vorstadtkino rühmte sich besserer Bestuhlung. Tiefste Kratzspuren hatte jene Epoche hinterlassen, als es bei den Schülern der Bismarckschule für schick galt, randgenagelte Haferlschuhe zu tragen. Das klotzte so schön. Die Nägel hinterließen Narben im Mobiliar der Anstalt.

Die Teilnehmer der Runde nahmen jetzt auf der Bühne – also im Musiksaal – Platz. Der Saal war fast voll, nicht schlecht, wenn man das spezielle Thema bedachte: *Der natürliche Kreislauf des Gartenlebens.* In diesem Vorort mit seinen Gärten und Laubenkolonien fanden sich eine Menge Interessenten.

Im Hintergrund der Bühne stand verdeckt der Flügel, an dem unser Musiklehrer Loewe-Balladen geschmettert hatte, sich mit viel Pedal selbst begleitend: »Ich trage, wo ich gehe – stets eine Uhr bei mir ...« Ein gewisser Professor Federstiel kämpfte in einem brillanten Vortrag gegen die Endsilbe -ung, mit der man die deutsche Sprache verschludere. Und Goldfasane überreichten meiner Großmutter an ebendiesem Platz das Mutterkreuz. Wogegen nichts zu machen war. Sie holten Großmutter, trotz Benzinrationierung, im parteieigenen Auto ab.

Jetzt: Bühne frei für den Humus, für den Wurm!

Dr. Schneckenreiber, ein massiger Mann, dem man seine ländliche Abkunft ansah, klärte die Runde da oben und uns auf, wieviele Lebewesen sich in einem einzigen Quadratmeter gesunden Bodens befinden: 500 Millionen Urtierchen, 10 Millionen Fadenwürmer, 200 Regenwürmer, 25 000 sonstige Ringelwürmer, 300 000 Milben, 60 andere Arten Spinnentiere, 20 000 Ur-Kerbtiere und Kerbtierlarven, 1200 Tausendfüßler, 500 000 Rädertiere, 100 000 Bärtierchen.

Eindrucksvolle Zahlen! »Ein Wunder, daß da für reine Erde noch Platz bleibt«, flüsterte Heringsbändiger. Herr von Soldau auf Soddelau, der auch diese Diskussion leitete, bat nun den Tierpsychologen Werner Bartmann, sich über den Regenwurm insbesondere zu äußern. Bartmanns Vorträge im Rundfunk waren sehr beliebt, er sprach über das Seelenleben der Ameisen und der Bienen, über die Libelle, den Schmetterling, Mai- und Juni-Käfer, aber auch über Bachstelzen und Rotkehlchen, kurz: Über alles, was da kreucht und fleucht.

Wie Bartmann den Kampf des Regenwurms gegen seine Feinde, Maulwürfe, Vögel, Frösche schilderte: Das hatte Stil! Eine blutige Geschichte, von Mutter Natur geschrieben. – Abkühlend, doch hochinteressant wegen der zukünftigen Möglichkeiten, wirkte darauf der Vortrag des Diplom-Ingenieurs Karlheinz Bohnsack. Der Vortragende, groß und mager, war in einen Schlotter-Anzug gehüllt, der während der Rede Wellen schlug, ohne daß ein Anlaß dafür bestand. Auch wenn der Vortragende sich nicht bewegte, arbeitete der Anzug, wölbte Falten auf, bildete Kuppen und Täler, erzeugte Wellenstöße, als besäße er ein Eigenleben. Bohnsack führte uns ein in die technische Ausrüstung der Zuchtanlagen, die USA hatten bereits Hydrofolien für die Kästen entwickelt, die gleichmäßig Feuchtigkeit abgaben, verbunden mit Hydrometern zur Kontrolle und Alarmanlagen, die bei zu geringer Feuchtigkeit oder bei zu starkem Lichteinfall Warnzeichen gaben. Die Kästen für die Zucht bezog der amerikanische *Rainworm-Farmer* vorgefertigt, aus Asbest-Beton, daher witterungsbeständig, ebenso gab es, auf die Maße der Kästen abgestimmt, Jalousien, Aufsetz-Dächer, Kombinationsdächer in fast allen Größen, für zwei, fünf, zwanzig, hundert Kästen.

Ein Paradies für Würmezüchter. Und eine der vielen, vielen amerikanischen Segnungen, die Westdeutsche und Westsektor-Bewohner inhalierten, froh wie der Neger, der von Dr. Livingstone Glasperlen, einen Spiegel und eine Schere entgegennahm und ach einen Chapeau-Claque aus der Garderobe des Forschers aufs Haupt stülpte.

Sämtliche Systeme, dies schien uns die Krönung, koppelte der fortgeschrittene Züchter mit Zeitschalt-Vorrichtungen, die ihm einen Teil der Arbeit abnahmen.

Zum Schluß verbreitete sich Dr. Mehlinger von der wiederentstandenen Raiffeisenkasse über Finanzierungsmöglichkeiten solcher Projekte. Im Rahmen des Grünen Plans waren erhebliche Mittel für die Rubrik Bodenverbesserung vorgesehen, so daß zu hoffen blieb: Die Regierung stützte die Einführung des Tennessee Wigglers in Deutschland.

Wir waren beeindruckt. »Wenn dat so geht«, meinte Onkel Hubert, »kann einem dat ja übern Kopf wachsen.«

»Na sehn Se«, sagte Sternchen Siegel, »sind wir gekommen an den bestimmten Punkt, wo ich gesagt habe de Genossenschaft muß her. Vielleicht läßt der Herr von Soldau sich gewinnen für e größere Maßnahme? Mag er sprechen vor de Kolonie? Werden wer Mitglieder werben für geschwinde Ausdehnung der Würmzucht.« Er drückte Agathes Arm: »Was meinst du?«

»Schnaffte«, sagte Agathe.

Sternchen stellte sich auf die Zehenspitzen und küßte sie.

Heringsbändiger ernüchterte uns durch die Frage: »Was ist mit dem Versand?«

Dies Problem hätte er nicht anschneiden sollen. Während wir durch die Bärlappstraße zur Kolonie zurückgingen, überzeugte Sternchen meinen Fast-Schwager (oder fast angeheirateten Vetter), daß er, Heringsbändiger, allein es sei, der den Versand aufziehen könne. Wir würden einen Teil der Mittel von der Raiffeisenkasse für eine Werbe-Aktion in den Kleingärten-Zeitschriften verwenden.

Herr von Soldau auf Soddelau stellte sich in den Dienst der Sache, skizzierte ein von Bonn, dem Magistrat und dem Bizonen-Rat finanziertes Versuchsmodell, überzeugte mit zündenden Vorträgen in der *Beknackten Maus* die Laubenpieper. Acht Wochen später traten vierzig Laubenbesitzer der Genossenschaft *Tennessee Wiggler, Kolonie Tausendschön* bei. Dr. Mehlinger drückte das Finanzierungsprogramm durch. Mehrere hunderttausend Mark standen der Genossenschaft zur Verfügung. Lastwagen rollten an, mit Fertigbauteilen für Zuchtkästen. Aus Amerika lieferten Züchter den Wurm in Luftfracht-Sendungen. Allenthalben begannen sich in den Gärten die Zuchtkästen zu türmen, wurden überdacht, gegen Kälte isoliert. Kaninchen- und Hühnerzüchter kombinierten ihre Anlagen mit den Aufzucht-Türmen. Kompostierungsanlagen entstanden in fast allen Gärten, die früheren Improvisationen der einzelnen Laubenpieper zur Verwertung von Küchenabfällen wurden vereinheitlicht, auch Nichtmitglieder unserer Genossenschaft bezogen von uns propagierte Kompostierungsanlagen und buchten erfreuliche Abnahme-Quoten für unsere Würmer.

Mir schwindelte.

Inzwischen hatte ich den Job bei Heringsbändiger aufgegeben und widmete mich vollamtlich dem Wurm. Die Genossenschaft zahlte mir ein Gehalt. Meine Laube war zum Büro umfunktioniert worden. Daneben dehnten sich, bis zu Minnamartha hinüber, die Zuchtanlagen aus.

Minnamartha trappelte mit ihren Holzklotzen auf dem Zementweg hin und her wie ein Wildschwein beim Sauprellen. »Menschlein«, sagte sie, »worauf habt ihr euch da eingelassen. Und alles von fremdem Geld. Ede, dein Vater, hat immer gesagt: Unrecht Gut gedeiht nicht.«

Minnamartha hatte es abgelehnt, in die Genossenschaft einzutreten. Sie widmete sich der Katze *Muschi,* die ihr zugelaufen war: Einem hochwüchsigen kohlrabenschwarzen Tier, eigenwillig, verfressen, nicht ansprechbar. Muschi angelte sich Regenwürmer aus den Kästen und stopfte sich mit ihnen voll.

Muschi war unser Feind.

Noch schwieriger schien es, Friedrich zur Mitarbeit zu bewegen. »Der Feldgraue, vollbringt er was?« fragte Sternchen Siegel. Ich schichtete einen Haufen Regenwürmer um, in den frisch vorbereiteten Kasten.

»Er sitzt in seiner Bude und legt Karten.«

»Könnte man ihn nicht aktivieren?«

»Ich will es versuchen.«

Friedrich brummelte: »Ich sehe, was ihr auf die Beine stellt. Hätte ich nicht gedacht. Mit Würmern. Wer's glaubt. Ich muß es ja glauben. Sehe es täglich von meinem Fenster.«

»Willst du mitmachen?«

Friedrich erhob sich vom Tisch, nahm seinen Krückstock. »Ich zeig dir was.«

Er humpelte vor mir her in Gigis Zimmer. Das Bett war mit einer Sperrholzplatte abgedeckt, zirka 1,20 mal 2 Meter. Auf der Platte bot sich ein Schlachten-Panorama dar. Deutsche Soldaten, etwa sechs Zentimeter hohe Lineol- und Elastolin-Frontkämpfer, griffen eine russische Blockhaus-Stellung an. Daß es eine russiche Stellung war, sah ich daran, daß über einem Bunker die rote Fahne wehte. Russische Soldaten waren nicht sichtbar, wahrscheinlich, weil es sie als Figuren nicht gab, die deutsche Spielzeugindustrie hatte zwar Franzosen und Engländer, Poilus und Tommys, hergestellt, nie jedoch Russen (nicht einmal in Gefallenen-Haltung).

Über der Blockhaus-Stellung stürzten sich Stukas auf den Feind. Pappmodelle, aus Bilderbogen ausgeschnitten und zusammengeklebt mit dem neuen Alleskleber Uhu – es roch danach. Die Stukas waren im Maßstab zu groß.

»Welikije Luki«, sagte Friedrich. Gebrauchte das Etikett-Wort für eine Schlacht des Rußland-Feldzuges. Mir war entfallen, ob es sich um eine deutsche Offensive gehandelt hatte oder um eins der Rückzuggefechte kurz vor oder nach Stalingrad. In Erinnerung hatte ich, daß eine Panzerschlacht stattgefunden hatte bei Welikije Luki, T 34 waren durchgebrochen oder wollten durchbrechen, von einer Blockhausstellung hatte ich nie ein Wort gehört. Mag sein, Materialmangel hatte Friedrich veranlaßt, die Voraussetzungen abzuändern.

Was ging im Feldgrauen vor? Er stand vor seinem Werk, verzog keine Miene. Die Pappmaché-Soldaten, Handgranaten werfend, mit Flammenwerfern stürmend, riefen die eben überwunden geglaubte Kriegszeit zurück, mir schien, daß es erst Tage her war, seit wir uns mittendrin sahen in Chaos und Zerstörung. Einen Anflug solcher Empfindungen hatte ich abgewehrt in der Schulaula, als ich die Wasserflecken unserer Löschversuche an der gemalten Kassettendecke sah. Hier, in Gigis Zimmer, angesichts des Schlachtenpanoramas, gab es kein Entrinnen.

Was hatte sich Friedrich gedacht, als er Welikije Luki aufbaute? Woher hatte er die Lineolsoldaten bekommen? Ich konnte mir nicht vorstellen, daß irgend jemand sie aufgehoben hatte während der Sowjet-Besetzung, ein gefährliches Unterfangen. Und wie hatte Friedrich sie gefunden, humpelnd, sich schneckengleich fortbewegend?

Friedrich gab keine Erklärungen ab. Hinkte zurück ins Wohnzimmer. Einen Schnaps? Wir tranken Bommerlunder. Der Feldgraue kam auch jetzt nicht auf sein Kriegsstück zurück.

»Wenn ich euch im Büro helfen kann?« fragte er.

»Nach meiner ersten Verwundung habe ich in der Schreibstube gearbeitet. Habe ziemlich Ahnung von Registratur. Statistik. Schreibmaschine kann ich auch.«

»Jede Hilfe ist willkommen. Am Donnerstag ist Genossenschafts-Versammlung in der *Beknackten Maus*. Vielleicht kommst du? Dann können wir alles regeln.«

Friedrich zog ins Büro ein, er kam jeden Morgen um acht, wir tranken eine Tasse Kaffee und fingen an. Erstaunlich, wieviel Papierkram Regenwürmer verursachen. Dabei hatten wir die Buchhaltung an Sternchen Siegels Steuerberater-Kanzlei abgegeben.

Manchmal sprachen wir über Gigi. Sie war immer noch in Hannover, wohnte bei der Freundin. Arbeitete als Kellnerin. Auch nicht das Tollste. Weshalb kam sie nicht zurück? Friedrich meinte, man solle sie in Ruhe lassen, er täte es auch, Gigi müsse zu sich selbst finden.

»Wie lange dauert das?«

Friedrich lachte. »Manche brauchen ein Leben.«

Wenn Friedrich lachte, fiel das *Feldgraue* von ihm ab, er sah jung aus, ich stellte mir vor, daß in Friedrich ein zweiter Friedrich steckte. Das Regenwurm-Geschäft machte ihm Spaß.

In der Tat ging es voran mit unserer Genossenschaft, mit der Aufzucht der Tennessee Wiggler. Agathe handelte mit Ltd. Brown ein Dauer-Abkommen aus. Sämtlicher

Stalldung des Horse Platoons stand uns zur Verfügung. Wir ließen die Fuhren auf den freien Platz vor der *Beknackten Maus* und Puvogels Schwelgeburg schütten, ein bißchen störe es, meinte Puvogel, aber er steckte zu tief drin in der Regenwurm-Genossenschaft, als daß er sich hätte wehren können. Wir verteilten den Mist an die Mitglieder, sie holten ihn schubkarrenweise ab. Einen Tag nach Lieferung durch die Amerikaner war kein einziger Pferdeapfel mehr auf dem Platz zu finden.

Die mistfahrenden Texas-Boys belohnte Agathe Fanselow, indem sie ihnen in der *Beknackten Maus* Spezialcocktails mixte und servierte. Leichtgeschürzt, Blicke feuernd, die viele weitere Gratisfuhren Mist verhießen, machte sie Konversation: »It is very nice indeed, that you bring us all the horse-shit.« Die GI's lachten. Sie kamen gerne. Im Horse Platoon gab es jedesmal ein Geriß, wer die Mistfuhre machen durfte. Unerschöpflich war Agathes Phantasie, ihre Cocktail-Kreationen betreffend. Einen GI-Killer, bestehend vor allem aus Gin, Wodka, Tomatensaft und Pfeffer, nannte sie *Mexican Border*. In *Texas Boy* verarbeitete sie Whisky, Limonensaft und Angostura. *Shuttle Boat* entpuppte sich als blauschillerndes, gerade noch waffenscheinfreies Getränk auf Rhum-Basis. Womit sie die blaue Färbung erzielte, verriet sie nicht.

Siegfried tippte auf Badesalz. »Jeder die Segnungen, die er verdient«, sagte er. »Wir die amerikanische Pferdescheiße, die Amerikaner unser blaues Badesalz von IG Farben.«

Siegfried mußte es wissen, täglich geschehen Wunder. Er ertappte Wanda über einem englischen Sprachkurs. »Was soll das?« fragte Siegfried. Wanda errötete, das heißt, etwa zwei Quadratmeter sichtbarer Haut bedeckten sich mit tiefrosa Ton. »Wenn wir sie schon hierhaben, die Amis«, sagte Wanda. »Eines Tages reisen wir vielleicht nach Amerika.

Ja. Wohin sonst? Du wirst es erleben.«

Erschöpft sank Wanda zusammen nach dieser längsten Rede ihres Lebens. Verschanzte sich hinter ihrem Englischbuch.

Siegfried schüttelte den Kopf.

Die zerschmetterte Hülse des Paddelbootes lag immer noch auf Zauberer Puvogels Steg. Vorläufig nicht zu reparieren. Erst mit der Ankunft von meinem nahezu seebefahrenen Vetter Adrian viele Monate später sollte sich das ändern.

Sternchen Siegel, Onkel Hubert, Friedrich und ich schritten durch die Allee, die von unseren Aufzucht-Silos gebildet wurde. »Sie reifen heran«, sagte Friedrich. »In acht Wochen sind die ersten versandfertig.«

»Wieviel?«

»Drei- bis vierhunderttausend.«

Sternchen Siegel setzte sich auf einen Kasten, der umgestülpt auf dem Weg lag. »Drei- bis vierhunderttausend? Dann muß Heringsbändiger sofort beginnen mit de Großkampagne. Friedrich, könn Se entwerfen de Texte für de Anzeigen? Weiß ich auch en Grafiker, was kann machen den Layout. Höchste Eisenbahn!«

Gebrauchte Sternchen bereits Minnamarthas Sprüche?

Darüber nachzudenken, blieb keine Zeit. Die erste Wurmernte stand vor der Tür, Tennessee Wiggler eroberten die deutschen Provinzen. Wir baten Herrn von Soldau auf Soddelau, uns einen Kernspruch für die Anzeigen zu liefern. Postwendend beglückte uns der Landedelmann mit dem Spruch: *Der Regenwurm – ein Geschenk der Natur*. Sternchen Siegel schüttelte den Kopf. »Weiß nich, weiß nich«, sagte er, »wollen wir verkäufen und reden von Geschenk? No, warum nicht. Bei die niedrigen Einführungspreise.«

Die Anzeigen liefen in allen einschlägigen Blättern. Sternchen hatte uns mit Schnuddel Meier bekannt gemacht, der als Karrikaturist beim *Abend* sein Geld verdiente. Mit Feuereifer entwarf Meier die Regenwurm-Kampagne. Signet: Ein Vogel, der einen Wurm aus dem Boden zog. Lockere Sprüche begleiteten Schnuddels Arbeit: »Solang der Wurm sich wehrt – lutscht Kätchen ganz verkehrt«, sagte er. Oder: »Gefährlich ist's, den Wurm zu lupfen – bei Syphilis und Tripperschnupfen.« Er schuf, angelehnt an amerikanische Muster, einen Faltkarton für den Versand. Wir suchten uns einen Buchbinder in der Kochstraße, der zu Einführungspreisen die Fertigung begann. Etiketts wurden gedruckt. Als die ersten Aufträge einliefen, begannen die Frauen der Kolonie, Adressen zu schreiben.

»Zusammengezählt ergibt sich: Wir sind ausverkauft«, meldete Friedrich eines Abends. »Schlage vor, daß wir bei der nächsten Runde in die Illustrierten gehen. Mit Kleinanzeigen.«

Der Feldgraue hatte sich verändert in den letzten Wochen. Weil er sich viel im Freien bewegte, hatte sein Gesicht eine bronzene Tönung angenommen. Er trug rote und blaue Pullover. Den Krückstock ließ er manchmal aus Versehen im Büro stehen, er merkte es gar nicht.

Schnuddel Meier verkehrte in der *Bibi-Bar,* einer kleinen Kneipe, gelegen in der Nähe des Druckhauses Tempelhof, wo der *Abend* hergestellt wurde. Den Namen hatte die Bar von ihrer Wirtin bezogen. Bibi, ein spätblondes Segelschiff, zeigte sich den Sprüchen Schnuddel Meiers und der Journalisten und Drucker, die bei ihr verkehrten, gewachsen. Zu Schnuddel sagte sie einmal: »Stecken Sie sich eins meiner vorzüglichen Soleier in den … Mund. Denn müssen Se nich so viel quatschen.«

Schnuddel erzählte, wie er seinem Vater, Zahnarzt in Brandenburg, den Bohrer umgebaut hatte: »Jahrelang hat der Mann bohren müssen mit 'nem Apparat, wo man 'ne Fußpedale drückt, stellt euch das mal vor. Steinzeit. In den ersten Wochen nach dem Krieg war alles verschwunden. Die Praxis – eine Wüste. Kaum ging es den Leuten ein bißchen besser, bekamen sie wieder Zahnschmerzen. Also habe ich für eine Unmenge Zigaretten einen elektrischen Bohrer besorgt, nach Brandenburg geschmuggelt. Könnt ihr euch nicht vorstellen. In Einzelteile zerlegt, jedes Wochenende ein bißchen geschmuggelt. Man wußte ja nie, wie es mit den Kontrollen ging. Wären wir nur mit einem Teil hängengeblieben: Die ganze Aktion Bohrmaschine wäre in die Tülle jejangen. Endlich hatten wir alles beisammen, haben das Ding montiert, drehte sich auch hübsch. Nächstes Wochenende komme ich, der Teufel ist los. Der erste Patient, den mein Alter angebohrt hatte, war mit Halleluja vom Sessel gesprungen. In Brandenburg sind 110 Volt. Die Anlage war für 220. Hatten wir beim Leerlauf nicht gemerkt!«

»Was dann?«

»Ich hatte 'n alten Trafo. Von der Modell-Eisenbahn. Den habe ich umgefummelt. Dann haben wir die Anlage drangehängt. Lief vorzüglich. Keine Beschwerden.«

»Noch 'n Bier?« fragte Bibi.

»Bier? Wat soll 'n det? Ick schmeiß 'ne Runde Korn.« Das war bei Bibi eine Fluchtmöglichkeit. Bier servierte sie in Gläsern, die wie Penisse geformt waren. Man hielt sie, wie Schnuddel mir erklärte, »an der Latte – so – und säuft aus 'm Jekröse«. Absetzen konnte man diese Trinkgefäße nicht. (Nicht-Stammgäste bekamen ein richtiges Glas.)

Schnuddel hatte die Lattenglucker für sich und seine Freunde eingeführt.

Leider gehörte ich bereits zu seinen Freunden.

An Schnuddels Seite lernte ich die große Welt kennen. Berlin begab sich expreß in die *roaring fifties,* in die fröhlichen Fünfziger Jahre. Schnuddel fuhr ein Maicomobil, eine Art Spielzeugauto, ohne Rückwärtsgang. Mit Hilfe dieses Gefährts begaben wir uns, nach jeweiliger Werbe-Runde der Regenwurm-Society, in die Stadt. »Heute Tuckentreffen bei Mausi Mauerberg«, meldete Schnuddel.

Mausi Mauerberg bewohnte eine Etage in einer Seitenstraße des Kurfürstendamms, in einem Haus, dessen untere Stockwerke als Stundenhotel dienten für die Strichamseln, die mit ihrer Kundschaft von der nahen Lietzenburger herüberkamen. Mausi, obwohl der anderen Fakultät angehörend, stand mit den Mädchen auf gutem Fuß.

Einige von ihnen saßen auf seinem Bettrand, als wir eintrafen. Mausi Mauerberg trug eine Art roter Tunika mit klassischem Stickwerk am Halsausschnitt. Sein Bett, mit einem Fuchsfell bedeckt, stand auf einer Empore. Die Nachttischlampe war mit einer blonden Perücke verhängt. Unter dem Lager erspähte ich ein kupfernes Nachtgeschirr.

Mausi Mauerberg war Ballettmeister an der Ostberliner Oper, wohnte jedoch hier im Westen. Zu Hause weigerte er sich, von seinem Lager aufzustehen, auch seine Gäste empfing er in liegender bis sitzender Haltung.

Er löffelte Kaviar mit einem Silberlöffelchen aus der Dose. »Eine milde Gabe des russischen Kultur-Offiziers«, meldete er. »Minchen Piep, Schampus!« Minchen Piep war nicht eins der Mädchen, etwa, die hörten auf Namen wie Bouletten-Erna, Schrippen-Eva oder

China-Pipsi. Bei Minchen Piep handelte es sich um einen blonden Jüngling, dessen enganliegende Hosen vorne ausgestopft waren wie bei einem Landsknecht. Geschmeidig robbte er näher, in der Hand eine Flasche Krimsekt, die er lautlos öffnete. Während das Sowjet-Luxusgesöff in die Pokale rann, erklärte Mausi Mauerberg: »Minchen Piep heißt er, weil er so schön pfeifen kann. Auch wenn er wat im Mund hat.«

Der Jüngling errötete und verbeugte sich. Mausi gab ihm einen Klaps auf den Hintern. Dann drückte er auf Bouletten-Ernas Brustwarze, die sich unter dem Pullover abzeichnete, und sagte: »Nasdrowje.«

Minchen Piep legte Tango-Platten auf. Tanzte mit China-Pipsi, die ihre Schlitzaugen zusammenkniff, während sie sich an Minchen Pieps Hosenknäuel schubberte. Schnuddel murmelte: »Wenn der China-Teufel tollt – wird selbst Minchen umgepollt.«

»Was sagste?« fragte Mausi Mauerberg. Schnuddel mußte den Spruch laut wiederholen. Bouletten-Erna lachte so heftig, daß ihr ein Krimsekt-Rülpser entfuhr. In diesem Augenblick traten zwei Knaben ein, einer italienisch aussehend mit schwarzer Kräuseltolle, dem anderen merkte man den Amerikaner an, auf hundert Schritt, wenn hier oben so viel Platz gewesen wäre. »Curd and Mario«, sagte Mausi, einen englischen Akzent benutzend. Die Neuankömmlinge sagten »hey«, und setzten sich ebenfalls auf den Rand des breiten Mausi-Bettes. Sie schauten fasziniert den Tänzern zu. Dann meinte Curd, ich solle eine andere Platte auflegen,

Fledermaus. Er wolle singen. »Wie heißt du, dear boy?«

»Karl«, sagte ich.

»Oh, Charly. How nice. Do me the favour, will you?«

Er stellte sich in Positur. Als die Platte lief, es war ein raffiniertes Ding nur mit der Musik, ohne Singstimmen, schmetterte er seine Arie. Eine Vorstellung, die sichtbar Mausi Mauerbergs Begeisterung erregte, denn Curd sang mit saftigem amerikanischem Akzent.

»Fulbright Stipendium«, flüsterte Mausi erklärend. »Zwei Jahre Übersee – vier Jahre Stipendium. Nun haben wir den Salat.«

Curd beendete seinen Vortrag mit »Elsa, verantworte dich vor dem Ge-rühucht« (womit Gericht gemeint war). Dann kam wieder Tango dran. Inzwischen waren weitere Gäste eingetroffen, ein ganzer Tuckenschwarm, Tänzer von der Oper, Schauspieler, ein schwuler Volkspolizist, der Diensthose und Stiefel zu ziviler Windbluse trug und ein älterer Herr, den sie *Apotheker* nannten.

»Jetzt wird's warm«, sagte Schnuddel zu mir. »Kneifs Arschloch zusammen.«

Noch zwei Mädchen waren heraufgekommen, als Hobel-Liese und Pumpen-Else vorgestellt, blonde Elfchen trotz ihrer deftigen Namen, die wohl auf Spezialisierungen der zwei hinwiesen. Die beiden tanzten nur zusammen oder mit Mädchen des Balletts, die in Begleitung der Tänzer erschienen waren.

Der Krimsekt floß in Strömen. Ein paar Russen in Zivil schleppten Wodka heran. Außer Curd befanden sich noch zwei weitere Amerikaner in der Wohnung, die für Whisky gesorgt hatten.

Der Apotheker, sichtbar mit einschlägigen Neigungen, setzte sich in einen Lehnstuhl neben Mausi Mauerbergs Bett. Die beiden rauchten ein bißchen Opium. Aus silbernen Pfeifchen. Sie stießen blaue Wölkchen in die Luft, während der Rest der Bande swingte.

Nur Minchen Piep blieb bei Mausi und dem Apotheker. Minchen stand neben dem Bett wie eine Statue, die Arme vor der Brust verschränkt. Manchmal streifte eins der Mädchen auf Tuchfühlung an ihm vorbei.

Dann wieder Tango. Im Durchgang zum Nebenzimmer, der mit weinroter Samtportiere drapiert war, stand Curd. Er fixierte mich. »Charly, Tango«, sagte er. Schnuddel rettete mich. »Die Tanzkarte ist schon an mich verjeben«, sagte er. Zog mich von Mausi Mauerbergs Liegestatt hoch, zwischen den Gästen hindurch. Die Tür fiel hinter uns ins Schloß.

»A narrow escape«, sagte Schnuddel.

Um uns rum war »janz Berlin«, in der Nacht sah man die Baulücken nicht und nicht die Spuren von Bomben und Granateinschlägen an den Häusern. Die Lichtreklamen leuchteten.

Schnuddel warf sein Maicomobil an. Die Bordsteinschwalben, die auf der Straße vor dem Etablissement herumlaberten, winkten uns zu.

Wir nahmen noch ein paar bei Bibi zur Brust. »Der Nachttopf unterm Bett ...« sagte ich. »Wer hat heute noch einen Nachttopf?«

»Haste denn nich jesehn?« fragte Schnuddel. »Überall in der Wohnung stehen die Dinger rum. Als Blumenvasen. Mausi sammelt Nachttöpfe.«

Bibi bekräftigte das: »Det is bekannt«, sagte sie.

Ein leichter Nieselregen fiel am nächsten Tag. Ideales Wetter, um die Regenwürmer einzusammeln. Helferinnen und Helfer, sämtliche Mitglieder der Genossenschaft und ihre Angehörigen, stülpten die Kästen um. Klaubten die versandfertigen Regenwürmer zusammen. Gaben je fünfzig Stück in atmungsaktive Plastiksäckchen. Mit Rechnung kamen sie in die beschrifteten Versandkartons. Heringsbändiger fuhr sie in seinem Lieferwagen zur Post. Die zur Fortzucht geeigneten Würmer wurden wieder in die Kästen gesetzt.

Am Abend hatten wir rund vierhunderttausend Wiggler verschickt.

Ein paar Würmer krochen auf dem betonierten Gartenweg.

Wir ließen sie in die Beete entkommen.

III

Heringssalat

Am Sonntag will mein Süßer mit mir segeln gehn,
sofern die Winde wehn,
das wär doch wunderschön!

Robert Gilbert

»Hamburger Aalsuppe«, versprach Pompetzki, »ich kann sie.«

»Allen doten Düwel«, brummte Mikoleit, der Fischer, »hüt jeiwt dat neemand watn goden Aalsupp moken kann.«

Mikoleit, einst Fischer am Demminer Bodden, hatte zwar von speziell Hamburger Aalsuppe keine Ahnung, wie Pompetzki sie zubereiten wollte, er wußte, wie man sie in Pommern und Mecklenburg machte. »Du brukst veer Pött«, sagte er zu Pompetzki. »Ick jeiw die de Aale erst morgen. Du mußt de Aale ganz frisch moken.«

»Ich weiß. Deshalb bin ich gekommen, sie zu bestellen.« Pompetzkis Bärtchen, das er neuerdings trug, zuckte. Chaplin-Bart nannte er es. Andere fühlten sich an Hitler erinnert. Gern hatte das niemand. Aber Pompetzki bestand auf seiner Bartmode.

»Hestn düwlischen Zahnbürste up de Lippe«, sagte Mikoleit. Er versprach nochmal, am nächsten Tag die Aale bereitzuhalten.

Das mit den vier Töpfen stimmt. Man braucht zur echten Hamburger (oder Mecklenburger oder Pommerschen) Aalsuppe genau diese vier Töpfe. Und viel Geduld. Und Backpflaumen. Und getrocknete Apfelringe.

Und einen anständigen Schinkenknochen, mit noch bißchen was dran.

Und:

Mohrrüben

Lauch

Selleriewurzel

ein Bund Petersilie

Erbsen

Thymian

Salbei

Basilikum (alles kleingehackt, außer den Erbsen natürlich, die Gewürze gibt's gebrauchsfertig).

Dann noch Weinessig

Schalotten

Pfefferkörner

2 Nelken oder 3

Weißwein

die Schale von einer Zitrone

1 Eßlöffel Butter oder 2

1 Eßlöffel Mehl

1 Eßlöffel Zucker.

Die Backpflaumen weichst du über Nacht ein, in kaltem Wasser. Am nächsten Morgen kochst du in Pott eins den Schinkenknochen, zwei Stunden, in anderthalb Liter Wasser. Für die letzten zwanzig Minuten gibst du das kleingehackte Gemüsezeug und die Gewürze rein. Nun mußt du einen Mann haben wie den Fischer Mikoleit, der was versteht von Aalen. Ein Spitzkopfaal ist schon mal Mist, der wird leicht fett. Breitkopfaal, das ist er! Grüner Aal, sagt man auch. Komm mir ja nicht im Winter! April bis Oktober – das sind die Aalmonate!

Ich weiß, wir haben Heringsbändiger in der Familie, oder fast, ob er meine Kusine Ingeborg heiratet, ist nicht gewiß. Keiner streitet Omme Heringsbändiger ab, daß er was von Fischen versteht. Seine Schleie sind einsame Klasse. Schollen von ihm: ein Gedicht. Von Aalen mag er ein bißchen was verstehen.

Aber für eine echte Hamburger (oder Mecklenburger oder Pommersche oder Ostpreußische) Aalsuppe – nee, mein Lieber! Da reicht die ganze Dogger Bank, Ommes Fischhandlung, nicht hin und nicht her.

Und dann: So'n langer Aal, ein Meter, sieht nach was aus. Aber schmecken? Dem ollen Lulatsch mußt du seine Haut abziehen, die ist hart wie Omas Korsettstangen.

Die kleinen Aale, die sind's. Junge, bis vierzig, höchstens fünfzig Zentimeter!

Mikoleit weiß das.

Am nächsten Morgen, als Pompetzki mit seinem Fahrrad kommt, hat er die Aale bereit. Lebend. Sie schwimmen im Wasser. Drei, vier, fünf Stück. Für eine Menge Suppe. Mikoleit tötet sie erst jetzt, ein Hieb mit dem Holz ins Genick. Dann ein gekonnter Schnitt unten am Bauch entlang, ein Ruck mit dem Daumen: Die Eingeweide raus. Ausgewaschen, fertig. »Was schulde ich Ihnen?« fragt Pompetzki. Der Fischer wiegt den Kopf hin und her. »Foif Mark«, sagt er. Fünf Mark. Das ist ein anständiger Preis. Ein Friedenspreis.

In Pott Nummer zwei kocht Pompetzki die Aale. Er hat die Flossen abgesäbelt, die Fische in drei Zentimeter lange Stücke geschnitten, gesalzen.

Ins Kochwasser gibt er Essig, Pfefferkörner, Nelken. Zwanzig Minuten sind gut.

In Pott Nummer drei kochen die Äpfel und Pflaumen. Auch Zitronenschale und Zucker gibt Pompetzki hier hinein. Ein Glück, daß sein Herd in der Kombüse drei Flammen hat. Eigentlich wollte er nur einen Propankocher mit zwei Feuerstellen nehmen. Essig wär's gewesen mit der Aalsuppe.

Wieder zwanzig Minuten, für Pott drei. Dann raus mit der Zitronenschale. Aus Butter und Mehl ein Teig bereitet, in die Schinkenknochenbrühe geklümpert. Pompetzki beherrscht sogar das, wer erwartet, daß ihm der Batz auf einmal in die Suppe kullert, der irrt.

Nun kommt Pott vier an die Reihe. Der größte, der an Bord ist. Er muß die Inhalte von Pott eins bis drei aufnehmen. Erst das Obst mit seinem Saft. Dann die Schinkenbrühe. (Der Knochen bleibt draußen.) Zum Schluß die Aal-Stückchen. Ohne das Wasser, in dem sie gekocht haben.

Pompetzki ist ein sparsamer Hausmann, seit er auf der *Havelland* fährt. Das Aalwasser hebt er auf. Wenn was übrigbleibt von der Suppe, baut er darauf seine Verpflegung für morgen auf. Kartoffeln, in diesem Sud gekocht, munden mit ein paar Löffeln der verdünnten Suppe vorzüglich.

So was weiß der Mensch nach fünf Kriegsjahren. Geht

ihm in Fleisch und Blut über. Pompetzki ist zufrieden. Der Riesenpott simmert auf kleinster Flamme. Jetzt noch das Brot schneiden, Bauernbrot, frisch vom Bäkker in Spandau. War auch wieder eine Radpartie. Gute halbe Stunde. Aber so herrliches Graubrot wie der Bäkker am Markt bäckt niemand sonst.

Zum Schneiden nimmt Pompetzki ein Messer, das in einen adlerkopfförmigen Griff ausläuft: Ein Bajonett. Stammt von der Marine-Infanterie. Pompetzki könnte eine Geschichte zu diesem speziellen Bajonett erzählen. Aber es wäre eine blutrünstige Geschichte. Wer hört so was schon gern, heutzutage?

Die Geschichte, würde Pompetzki sie erzählen, würde die letzten Tage von Pillau behandeln. Oben in Ostpreußen. Kriegshafen.

Er hat das Bajonett, das Seitengewehr scharf geschliffen. Es ist ein altes Bajonett. Die neuen besaßen auf einer Seite eine Säge. Ein bißchen gegen die Genfer Konvention. Sägen reißen größere Wunden. Die Genfer Konvention möchte, daß sauber zugestochen wird.

Pompetzkis Seitengewehr ist also eins, wie es die Genfer Konvention vorschreibt. Oder vorschrieb. In Weltkrieg II kamen die Maßstäbe ins Rutschen.

Zum Brotschneiden ist das Messer ausgezeichnet.

Die *Havelland* schwoit an einer Boje vor Weinmeisterhöhe. Wenn die Gäste kommen, rudert Pompetzki mit dem Dingi, dem kleinen Boot, zum Land hinüber. Über dem Fluß hat morgens Nebel gelegen, aber jetzt ist die

Sonne durchgebrochen. Tau glitzert auf dem Ufer-
schilf.
Ein paar dicke Möwen haben sich auf Deck niederge-
lassen. Sie warten auf die Aalsuppe. Oder auf den
Schinkenknochen, den ausgekochten.
Die Möwen finden genug Nahrung. Die Berliner saufen
und fressen wie in alten Tagen. Und produzieren Abfall.
Für die Möwen. Auch für die Schweine auf den städti-
schen Domänen und bei den fast vierzig Bauern, die es
in Berlin noch gibt.

Mit U-Bahn und Bus sind wir bis Weinmeisterhöhe gefahren. Sternchen Siegel. Agathe Fanselow. Heringsbändiger. Ingeborg. Und ich, Karl Kaiser. Anlaß unseres Besuchs ist, Pompetzki aufzumuntern, nach glän-
zendem Sommergeschäft steht ihm die winterliche Lie-
gezeit bevor.
Außerdem hat Sternchen wieder mal einen Plan. Wie
man Pompetzki die Zeit verkürzen kann. Gewinnbrin-
gend.
Wir schleppen Einkaufstüten. Aquavit ist drin. Sternchen hat darauf bestanden. Zur Aalsuppe gehört Aquavit. Und zwar Linie-Aquavit. Das ist ein Klarer, der über
den Äquator, die Linie, gefahren ist. Als Ballast in Han-
delsschiffen.
Malteserkreuz, meint Heringsbändiger, geht auch.
Sternchen Siegel gibt es zu. Linie-Aquavit ist besser.
Wir gehen die paar Schritte von der Bushaltestelle zur
Havel. Quer durch eine Laubenkolonie. Hier scheinen

ehemalige Mariner zu siedeln. Vor den meisten Lauben, im Vorgarten, steht ein Fahnenmast.

Was mögen sie aufziehen, die Fahrensleute und Süßwasserdümpler? Schwarz-Rot-Gold? Schwarz-Weiß-Rot? Reichskriegsflagge? Und wenn: alt oder neu? Es soll bereits Pläne geben für die neuen Marineeinheiten im Rahmen des Westlichen Verteidigungsbündnisses. Wie einst während der Weimarer Republik soll die Flagge in einer Ecke, als Gösch, Schwarz-Rot-Gold zeigen. »Schwarzrotmostrich«, sagen die Berliner. Sie haben keinen Bedarf für neue Flaggen und Fahnen und Stander und Göschs. Schon gar nicht für Reichskriegsflaggen.

Die Luft, die vom See kommt, ist scharf, Heringsbändigers Stirnnarbe glüht. Er hat sie sich beim Fußballspielen geholt. Sein Verein nahm die Ehre wahr, gegen Schalke 04 anzutreten, den unbestrittenen Meister.

Bei der Gelegenheit hat es Heringsbändiger erwischt.

Machte nichts. Heftpflaster.

Sie hätten es klammern sollen oder nähen, meinte Ingeborg. Die Narbe wäre kleiner.

Der Schmiß auf der Stirn stand Heringsbändiger. Er sah erwachsen aus. Hatte er auch nötig als Leiter der Fischhandlung Dogger Bank.

Inhaber konnte man nicht sagen. Wie bei allen Unternehmungen, die in der Kolonie Tausendschön oder der benachbarten Eigenheimsiedlung entstanden waren, mischte Sternchen mit. Und kassierte. Ein Mister Fünfprozent aus dem Vorort.

Pompetzki stand an Deck, die zerknüllte Kaleunmütze auf dem Kopf. Er machte das Boot klar. »Mücken«, raunte Sternchen Siegel, »was sehe ich? Hat er 'nen Bart? Für was? Und was für 'ne Sorte Bart?«

Agathe sagte: »Laß ihm doch det Vajnüjen. Falln de Troppen nich so leicht aus de Neese.«

Agathe gebrauchte einen scharfen Dialekt, sie, die einst nur durch die Nase gesäuselt, die Teetasse mit abgespreiztem kleinen Finger gehalten hatte, Angewohnheit einer Epoche, da die Familie Fanselow vollzählig, glücklich und zukunftsgläubig in ihrem Eigenheim auf fein machte.

Während Pompetzki das Boot aufklarte und aufs Ufer zupullte, fiel mir ein, wie ich schon einmal an diesem Ufer gestanden hatte. Dreiundvierzig, vierundvierzig?

Mein Freund Hotte und ich waren einer Motorrad-Staffel zugeteilt, Vierzehnjährige auf 125iger DKW, dem NSKK gehörend, für Kurierdienst zur Verfügung gestellt. Im Galeriegang der Deutschlandhalle trafen wir uns, ein Dutzend Meldefahrer, das Innere war bei einem Bombenangriff eingestürzt, schräg wie ein riesiger Pultdeckel lag das Betondach der Halle in der Arena, einst Schauplatz von *Menschen-Tiere-Sensationen* mit Harry Piel im Tigerkäfig, von Hanna Reitschs erster öffentlicher Vorführung eines Helikopters, eines Senkrechtstarters.

An den Wänden des Wandelganges lief das Wasser herunter. Trümmer versperrten nach wenigen Metern den

Weg. Im stehengebliebenen Teil saßen wir, frierend, in Kradmäntel gehüllt. Der NSKK-Mann, der die Meldestaffel betreute, brachte an glückhaften Abenden eine Spankiste mit Kommißbrot und sogenannter Leberwurst, ein Produkt, das Onkel Huberts Nachkriegserfindung, seine künstliche Leberwurst aus Hefe und Thymian, fast vorwegnahm, nur einige wenige Anteile Fleisch stellten wir in dieser Wurst des dritten oder vierten Kriegsjahres fest sowie das strenge Nelken-Aroma, das uns die Erinnerung an Friedensleberwurst in die Nüstern hauchte.

Allabendlich versammelten wir uns mit unseren Maschinen, tankten aus einem Faß auf, überprüften Verdunkelung der Scheinwerfer – eine Kappe mit Schlitz mußte über die Lampe gezogen werden – und Kulissenschaltung: Der Ganghebel, seitlich am Tank angebracht, zeigte Neigung, auszuhaken.

Hotte und ich waren an jenem Abend nach Gatow eingeteilt. Während wir Richtung Havel rollten, gab es Alarm. Mosquitos setzten die ersten Weihnachtsbäume, Markierungslichter. Für einen Bombenteppich war Gatow vorgesehen. Wir bogen links ein, vermieden den unmittelbaren Gefahrenbereich, hielten uns am Havelufer. Kamen bis hierher, bis Weinmeisterhöhe. Über uns zogen die Flying Fortress und Lancaster, nur ein kleiner Teil der Bomber lud ihre Last auf den Flughafen Gatow ab, die anderen flogen weiter, manche von Scheinwerfern der deutschen Abwehr erfaßt. Dann sahen wir das Feuerwerk: Hellrot leuchtete der Himmel auf über der Reichshauptstadt, während neue Markierungen weißen Lichtkaskaden gleich erdwärts rieselten, fahle Scheinwerferfinger den Himmel abtasteten. Dazu die Geräuschkulisse der Einschläge, des Abwehrfeuers der Flak.

Auf dem Rückflug zog eine Viermotorige niedrig über unsere Köpfe, ein Motor brannte, er zeichnete einen feurigen Schweif am schwarzen Nachthimmel, der sich sekundenlang im Havelwasser spiegelte.

Entwarnung.

Der rote Schein am Himmel breitete sich weiter aus.

Wir kickten die Maschinen an und fuhren zu unserem Einsatzort. Viel hatte der Bombenteppich nicht angerichtet.

Für Kurierdienste zeigten sie in Gatow kein Interesse.

Wir fuhren zurück zur Deutschlandhalle.

Der NSKK-Mann sagte: »Wir dachten, euch hat's erwischt.«

Er gab uns zur Leberwurst vierzig Gramm Margarine.

Agathe trug Hush Puppies und Bobbysocks, eine Fußbekleidung wie ein amerikanisches College-Girl, die Socken ragten unter ihren Hochwasser-Jeans vor. Oben hüllte ein viel zu großer weißer Tennispullover sie ein, ihre Gestalt war von den festen Rundungen des Hinterns aufwärts nur erahnbar, bis der Blick sich an ihrem schlanken Hals festsaugte, während sie sich bückte und ins Boot stieg.

Ingeborg trug einen blauen Anorak.

Pompetzki pullte uns zur Jacht. Wir kletterten an Bord.

Die Kajüte hatte Pompetzki in mühseliger Restaurierungsarbeit wiederhergestellt, auf edel getrimmte Hölzer vermittelten Anheimelndes. Die Aalsuppe simmerte auf dem Propangaskocher. Pompetzki backte auf. Wir probierten Sternchens Linie-Aquavit.

»Habe ich mir bereits Gedanken gemacht«, begann Sternchen seine Rede, »die aufs natürlichste ergänzt werden durch Ihr köstliches Süppchen, Herr Pompetzki. Se können sich vorstellen, daß wer im Winter werden verlieren all das schöne Geld aus dem Sommer. So meine ich, wir sollten vermieten im Winter dieses gemütliche Schinackl an ausgesuchte Gesellschaften?«

Pompetzki verstand nicht. »Was für Gesellschaften? Freimaurer?«

Siegel lachte. »No, denke ich anders. Gibt es gewisse Gruppen unter de neureichen Berliner, was gerne feiern a Fest in exklusiver Atmosphäre. Ähnliche Wünsche existieren bei meinen amerikanischen und englischen Freunden, vielleicht auch bei die Franzosen, weiß ich nicht, könnte sich Puvogel der Magier kümmern, ausgezeichnet?«

»Und was bieten wir?« Pompetzkis Chaplin-Bart zuckte, Sternchen sah mit gewisser Geistesabwesenheit auf diesen Punkt unter Pompetzkis Nase.

»Wir richten aus de Party. Zum Pauschalpreis. Zum Beispiel de Suppe von de kleinen Fischalachs was wer hier kosten. Nirgends werden' se das bekommen. Gepflegte Getränke. Der Zauberer, wenn er will, kann Kunststücke machen. Kleine. Viel Platz ist ja nicht.«

»Fürwahr.«

Heringsbändiger sagte: »Ich würde die Zulieferung übernehmen. Damit hätten Sie keine Mühe.«

»Und wie soll ich das schaffen, alleine?«

»Adrian.«

Sternchen hatte also auch daran gedacht! Mein Vetter Adrian, aus Oberschlesien stammend (ich hatte ihn bisher nicht zu Gesicht bekommen; er war fast gleichaltrig mit mir), versorgte uns seit Monaten mit Gesprächsstoff, indem er aus verschiedenen Orten Ansichtskarten schickte. Bald entdeckten wir sein System: Aus östlichen Gefilden näherte sich der Vetter Berlin. Es war zu erwarten – oder zu befürchten –, daß er auf dem Flüchtlingsäquator, einer sich von Ost nach West erstreckenden gedachten Linie – oder vielmehr einer breiten Bahn – nach Westen rückte, wie so viele Flüchtlinge immer noch, trotz stacheldrahtgespickter Grenzen, trotz des Eisernen Vorhangs, an dem die Sowjetunion und ihre Verbündeten laut westlichen Zeitungsberichten webten.

Es war immer dieselbe Geschichte: Mit Koffern und Pappkartons schlichen die Flüchtlinge nachts über Grenzen, irgendwo gab es immer eine Lücke in der Bewachung, Schlepper wußten Bescheid, manchmal waren sie Wegelagerer und Räuber. Minnamartha befand: »Die stecken doch mit dem Iwan unter einer Decke.«

Adrian war es gelungen, sich durchzuschlagen. Ob sein Vater noch Fährmann war auf der Oder? Unentbehrlich auch den neuen Herren? Lohnempfänger im unter polnischer Verwaltung stehenden deutschen Gebiet (wie die offizielle Sprachregelung lautete)?

Wir würden es erfahren. Adrians Marschroute – er schlug ein langsames Tempo an – führte auf die Kolonie Tausendschön zu.

Einmal, als die dritte oder vierte Postkarte meines Vetters dessen Absichten enthüllte, hatte ich Siegel von Adrian erzählt. Wenig genug wußte ich. Aber ich erinnerte mich, daß Adrian – wohl von der nahen Oder und dem Fährmann-Beruf seines Vaters geprägt, in der Marine-HJ gewesen war, seine Halbwüchsigen-Briefe und Karten strotzten von Ausdrücken wie Kutter, pullen, Signalgast und anderen einschlägigen Vokabeln, die mir seinerzeit imponierten.

Ich schilderte das Sternchen. Er fragte mich aus über die Marine-Hitlerjugend, über diesen Teil der braunen Branche war er nicht informiert. »Eine Lücke«, sagte er. »Wolln Se andeuten, daß se sind mit braune Kluft auf de See gefahren?«

»Diese Gruppe der Hitlerjugend trug Marineuniform«, sagte ich.

Sternchen schüttelte den Kopf. »Mit große blaue Kragen? Und Bänder an die Mütze?«

»So ist es.«

»Ich muß mer zeigen lassen von Pompetzki, vielleicht hat er so a Bändle?«

»Vielleicht.«

»Nu, sehr interessant«, sagte Sternchen. »Für was heißt er Adrian? Isses e exotischer Name?«

»Das weiß ich nicht. Früher haben wir darüber gelacht. Heute heißt einer *Frank Bunker Hasenlauf,* und wenn es ein Amerikaner ist, findet jeder das selbstverständlich.«

»Gewiß. Wenn Adrian gewesen ist a Nazi ...«

»Das glaube ich nicht.«

»Zu jung?«

Ich nickte.

Sternchen rüttelte am Schirm seiner Bommelmütze. »Hat auch gegeben junge Nazis.«

Ich sagte: »Der neue Staat Israel verlangt Einreise-Visa von Deutschen nur, wenn sie vor 1928 geboren sind. Adrian ist Jahrgang 1929.«

Sternchen grinste. »Gewonnen. Kann er also gewesen sein kein Nazi, aber ist gewesen in de Seemanns-Hitlerjugend.«

»Marine-Hitlerjugend.«

»Oh ja. Verzeihung. No, wenn er wirklich kommt, habe ich vielleicht eine Idee.«

Die Idee war, Adrian an Bord der *Havelland* unterzubringen, als Gehilfen von Pompetzki. Sternchen trug seinen Plan vor.

»Einen von der Marine-HJ?« Pompetzki machte ein langes Kinn.

»Ein Fachmann«, sagte Sternchen geduldig. »Beiläufig,

haben Se so 'n Ding um de Mütze von de jungen Schi-
nackl-Nazis?«

Pompetzki blickte ihn an im Schein der Petroleumlam-
pe, die über unseren Köpfen schwang, als habe Sternchen von ihm verlangt, daß er die Hose herunterließ.
Man sah, wie er nachdachte, um seine Antwort zu for-
mulieren. »Ich fürchte, leider kann ich Ihnen damit
nicht dienen«, sagte Pompetzki.

Schweigen griff um sich, diesmal unternahm Sternchen
nichts, um es zu brechen.

Adrian traf an einem Montagnachmittag ein, als wir
mit der Wurm-Lese beschäftigt waren: Wir versuchten,
ein paar Tausend Wiggler für inzwischen eingetroffene
(»eingegangene« sagte Friedrich) Eilaufträge zusam-
menzuraffen. Adrian stand auf dem Weg, eine lange,
dürre Gestalt, mit Absteh-Ohren, und weil die Sonne
hinter ihm gerade ihre letzten Strahlen sendete, leuchteten die Ohren rot. Er trug eine Jacke mit viel zu kurzen
Ärmeln, seine Hose steckte in Filzstiefeln, in der Hand
hielt er einen kreuzweise mit Strippe verschnürten Koffer. Wir sortierten Würmer. Niemand beachtete ihn.
Oft kamen Wildfremde in die Gärten, um zu sehen, was
wir dort trieben: Der Erfolg unserer Wurm-Aufzucht
sprach sich herum.

Minnamartha, die mit ihrer schwarzen Katze am Gar-
tenzaun patrouillierte, erkannte ihn. »Adrian!« rief
sie.

Der Angesprochene stellte seinen Koffer ab, ging zu ihr

hinüber. Erst jetzt schaltete ich. Als ich dazukam, war Minnamartha in Tränen aufgelöst. »Er ist es wirklich«, sagte sie ein um das andere Mal. Adrian stand stocksteif. Schüttelte mir die Hand. »Du bist Karl?« Ich nickte. »Habt ihr meine Postkarten bekommen?« Wieder nickte ich.

»Kind, wir haben uns ja so Sorgen gemacht«, sagte Minnamartha. »Komm erst mal rein.«

Ich holte Adrians Koffer. Ging hinterher in Minnamarthas Laube. Adrian saß am Tisch und trank ein Bier. Minnamartha säbelte Scheiben von einer Salami. »Schneid mal Brot«, sagte sie. »Der Arme! Hat den ganzen Tag nichts gegessen.« Adrian grinste. »Tut mir leid, daß ich einfach hereinschneie«, sagte er. »Aber ich wußte nicht, wohin.«

Ein Standardsatz, damals.

Adrian fragte: »Was macht ihr da draußen?« Bevor ich antworten konnte, erklärte meine Mutter: »Sie sind verrückt geworden, Adrian. Ein Tollhaus. Sie züchten Regenwürmer.«

»Für Angler?«

Ich erklärte ihm, worum es ging. Minnamartha murmelte: »Quäle nie ein Tier zum Scherz.«

»Damit verdient ihr Geld?« fragte Adrian.

Ich nickte. »Nicht schlecht.«

Adrian sagte: »An der Oder, in den nassen Wiesen, hatten wir Regenwürmer. Tausende. Fett. Niemand ist auf die Idee gekommen ... Wer hat euch das beigebracht?«

»Die Amerikaner«, sagte ich.

Kurz berichtete ich vom Tennessee Wiggler.

Adrian staunte immer noch. Während er die Wurst-
stulle hinunterschlang, meinte er:

»Ich möchte wissen, ob die Russen auch ihren Regenwurm haben. Ihren speziellen. Den Nowosibirsk-Boh-
rer oder so was?«

Eine interessante Frage. Ich konnte sie nicht beantworten. Vielleicht hatten die Amerikaner ihnen im Rahmen
der Waffen- und Wirtschaftshilfe während des Krieges
ebenfalls den Tennessee Wiggler aufs Hammer- und Si-
chel-Auge gedrückt. Bei der nächsten Grünen Woche
würde ich mich erkundigen ...

Der Rest des Abends mit Adrian verlief weniger heiter.
Von seinen Eltern wußte er nichts. Die Mutter hatte er
am ersten Tag der Flucht verloren, bei einem Tiefflie-
ger-Angriff. Er meinte aber, sie müsse am Leben sein.
Der Vater war zurückgeblieben, glaubte, weiter seinen
Dienst als Fährmann versehen zu müssen. Verbleib:
Unbekannt. Er ließ nach beiden durchs Rote Kreuz for-
schen. Bisher ohne Ergebnis. »Wenn sie durchgekom-
men wären, hätten sie sich doch bei dir gemeldet, Tante
Minnamartha?«

»Nicht unbedingt. Wir haben Verwandte im Westen.
Du weißt das vielleicht gar nicht. Aber deine Eltern
kennen die Adressen. Wir müssen gleich morgen
schreiben.«

»Außerdem können sie irgendwo in Polen stecken, oder
in der DDR. Von vielen hat man bisher keine Nach-

richt. Denk an dich selbst. Vor ein paar Wochen kam deine erste Postkarte.«

»Das stimmt«, sagte Adrian. »Habt ihr noch ein Bier?«

Draußen hatten sie die Regenwurm-Arbeiten beendet. Friedrich kam, um zu melden, daß sie zu wenig hatten: Die Aufträge hätten gekürzt werden müssen. Nachlieferung in zwei Wochen, doppelte Arbeit, nicht zu vermeiden. »Die Lieferscheine haben wir herausgeschrieben.«

Ich machte Friedrich mit Adrian bekannt.

»Ein seltener Name«, sagte Friedrich.

»Sie meinen wohl, ein komischer?« Adrian lachte. »Ich finde es auch. Verdienen Sie wirklich Geld mit den Würmern?«

»Es geht«, sagte der vorsichtige Friedrich.

Adrian schaute aus dem Fenster: »Wie Zakopane.«

»Was ist Zakopane?«

»Ein Ort in der Slowakei. In der Tatra. Wintersport-Ort. Ich war da kinderlandverschickt. Sie haben eine Vorschrift, daß sie nur ein richtiges Stockwerk bauen dürfen, aber ans Dach hat keiner gedacht, als die Behörde diese Vorschrift erließ. Also bauen sie Dachgeschosse wie Pagoden. In klein sehen eure Würmerhäuser genauso aus.«

Friedrich nahm die Einladung zu einem Bier an. Setzte sich.

»Warum machst du nicht mit?« fragte Adrian Minnamartha. »Bei dir sehe ich keine Zuchtkästen.«

»Ich glaube nicht an die Würmer«, erklärte Minnamartha. »Vati, dein Onkel Ede, hat immer gesagt: Unrecht Gut gedeiht nicht.«

»Erlauben Sie«, warf Friedrich ein, »was ist unrecht Gut daran?«

»Unrecht Gut ist, weil man die Natur lenkt. Ihr verkauft die Regenwürmer. Ja, denkt ihr denn, die Würmer wissen nicht selber, was gut ist für sie! Regenwürmer suchen sich die geeignete Erde aus. Woanders haben sie nichts verloren. Wo kein Regenwurm ist, gehört auch keiner hin. Oder wo wenige sind, können eben nur wenige leben.«

»Das ist es ja. Die durch Kunstdünger verdorbenen Böden sollen verbessert werden. Frau Kaiser, glauben Sie denn, Tausende von Kleingärtnern würden bei uns Würmer bestellen, wenn ihnen nicht klar wäre, daß dies die Wende bedeutet? Daß sie den Wiggler einsetzen müssen, ich sage: *müssen,* wenn sie ihren Boden retten wollen? Ich zitiere Ihnen mal, was Carel Capek dazu gesagt hat, der berühmte Schriftsteller, in seinem Buch *Das Jahr des Gärtners.* Ich kann es auswendig. Er hat gesagt, du wirst sehen, mein Lieber, daß nicht einmal die Wolken so mannigfaltig, so schön und schrecklich sind wie der Boden unter deinen Füßen. Du würdest . . .«

»Genug, Friedrich«, unterbrach ich. »Wir wissen das. Aber ich kann meine Mutter nicht überzeugen.«

»Sollst du auch nicht, du Lümmel, vorlauter.« Minnamartha bückte sich und streichelte die Riesenkatze, die sich an ihren Beinen schubberte. Ich war überzeugt, das Vieh wuchs immer noch, bald würde die Katze über den Tisch schauen, schließlich so groß wie das Zimmer sein, uns aus den Lauben vertreiben. Sie würde die Würmer fressen, die Kästen umwerfen mit einem Hieb ihrer Pfoten, Tatzen mußte man schon sagen, nicht genug damit, einen Laubenbewohner nach dem anderen würde sie sich angeln, auch jene, die sich versteckt hielten in Kellern, halbverfallenen Splittergräben, in der Hoffnung, ihr Leben zu retten vor Muschi, dem Ungeheuer, Minnamartha würde von ihr gefangengehalten im hinteren Stübchen, ein Tatzenhieb verhinderte Fluchtversuche, Feuerwehr und Polizei würden eintreffen, versuchen, das Tier zu vernichten, die Feuerwehrmänner richteten C-Rohre auf die Lauben, Barackenwände stürzten ein vom Druck des Strahls, die Katze ... die Katze würde sich nur die Pfoten lecken, ein wenig naß, mit einer Tatze würde sie Minnamartha retten, die in Strudeln davonzuschwimmen droht, der von den Amerikanern angeforderte Scharfschütze würde nicht wagen zu schießen, er könnte Minnamartha treffen, ungewiß sei es auch, ob sich das Riesenvieh mittels Gewehrschuß erlegen ließe, panzerbrechende Waffen ...

Endlich retten ein paar Mann, in Vietnam erprobter Stoßtrupp, Minnamartha, während ein über der Katze kreisender Hubschrauber, der per Lautsprecher Mäusequieken sendet, das Vieh ablenkt, das Ende scheint nahe zu sein für Muschi, die Riesin, aber da fällt Minnamartha dem Mann in den Arm, der schon die Bazooka auf die Bestie richtet: Es sei doch ihre Katze. Ihre Muschi. Nein, so nicht ... »Muschi, Muschi«, ruft Minnamartha, während beherzte oder mitleidige Mitbürger sie beiseite führen. Dann der dumpfe Abschuß, das bekannte Surren der Bazooka-Granate, ein Knall! Die Katze ...

Nein, die Katze ist nicht getroffen. Mit einem Riesensatz hat sie ihren Standort gewechselt, die Einsatzfahrzeuge beiseite geschoben, sie entschwindet in Richtung Stadt ...

An eine Verfolgung ist nicht zu denken, vorerst, der Schock sitzt allen in den Gliedern. Den Hubschrauber hat Muschi vom Himmel gefetzt, mit einem einzigen Prankenhieb. Zerschmettert liegt er am Boden. Die Rotorblätter sind verbogen, zerbrochen.

Irgend jemand fällt auf, daß Minnamartha verschwunden ist. Hat die Katze sie entführt?

»Was denkst du, Menschlein?«
Ich merke, daß ich mich in meine Phantasien verstrickt habe, längst hat das Gespräch eine andere Wendung genommen. »Nichts, nichts denke ich«, sage ich.
Die Katze ist höchstens fünfzig Zentimeter hoch. Vielleicht sechzig?

Adrian erzählt, daß er beschlossen hatte, sich nach Westen durchzuschlagen. Tagsüber versteckte er sich in den Wäldern. Nachts lief er weiter. Er wußte, daß die Bäume auf einer Seite zur Moosbildung neigten, das war West bis Nordwest, die Wetterseite, danach orientierte er sich. »Eines Nachts versuchte ich, aus einem Hühnerstall Eier zu klauen. Es waren keine Eier da. Zu spät fiel mir ein, daß Hühner am Tag legen. Die Viecher wachten auf, gackerten. Ich haute ab. Aber ich fiel in einen Graben, oder in eine Mistkuhle. Jedenfalls war stinkender Schlamm drin. Die Leute vom Hof fingen mich. Es waren Polen. Sie weckten jemand in der Bürgermeister-Kate. Ich wurde in einen Keller gesperrt.

Am nächsten Morgen schoben sie mich ab. Ich kam ins Lager Lamsdorf. Wißt ihr davon?«

»Nein.«

»Das Schlimmste. Besser den Russen in die Hände fallen. Lamsdorf war ein deutsches Lager für Polen. Viele wurden umgebracht. Jetzt rächten sich die Polen. Ich freundete mich mit einem Deutschen an, der in meinem Alter war. Klaus hieß er. Ich glaube, er kam aus Birnbaum. Seinen Nachnamen habe ich vergessen. Klaus türmte. Die Polen trieben uns zusammen. Wählten fünfundzwanzig aus. Die fünfundzwanzig wurden erschossen.«

»Schrecklich …«

»Schrecklich daran ist, daß es nicht aufhört. Der Krieg ist zu Ende, jetzt kommt die Zeit der Rache.«

»Bei uns hier nicht.«

»Wer weiß. Nicht gleich. Fürs erste seid ihr dem entgangen. Ob für immer?«

»Das siehst du nur so, wegen deiner üblen Erfahrungen.

Jetzt bist du im Westen. Wie bist du aus dem Lager entkommen?«

»Sie haben mich laufen lassen. Ich hatte die Ruhr. Wog nur noch achtzig Pfund. Ich hatte einen Entlassungsschein. Bettelte mich durch. Manchmal half mir jemand. Bei Bauern, die einen ehemals Deutschen gehörenden Hof übernommen hatten, blieb ich eine Woche. Sie waren gut zu mir. Glaubten mir nicht, was ich ihnen erzählte: Polen tun so etwas nicht. Ich hatte ihnen berichtet, wie sie Deutsche in einen Teich getrieben hatten und auf die Köpfe schossen, wenn einer auftauchte.«

»Menschen sind Tiere«, sagte Minnamartha.

»So einfach ist es nicht«, sagte Friedrich. »Bei den Amerikanern ...«

Adrian machte eine Handbewegung. »Hör doch auf. Hiroshima ist nichts?«

Friedrich sagte nichts mehr, obwohl man ihm ansah, daß er gerne weiter diskutiert hätte. Ich meinte, Adrian sei vielleicht müde, wo er schlafen wolle ... Bei Minnamartha? Friedrich hätte ebenfalls Platz, falls er ein gewisses Figurenarrangement vom anderen Bett abräumte (Friedrich errötete). Bei mir könne Adrian in der Veranda schlafen.

Adrian zog letzteres vor. Er nahm den Platz ein, den unser Vetter Millie freigegeben hatte vor vielen Monaten, auch Millie war ein *Verwandter in der Veranda* gewesen, bis er eines Tages verschwand. Wir hatten nichts mehr von Millie gehört.

Adrian bestand darauf, seinen Pappkoffer selbst zu tragen. Wir gingen zu mir hinüber. Friedrich sagte, wenn wir Lust hätten, würde er eine Flasche Schnaps aus seiner Laube holen und nachkommen. Auf einen Schluck?

»Gerne.«

Adrian deutete auf seinen Koffer: »Das Zeug hier drin kann ich wegschmeißen. Während der Flucht hielt ich es für wertvoll. Hemden, Unterhosen, Socken. Frage nicht, in welchem Zustand. Ich wußte nicht, daß es hier alles zu kaufen gibt. Allerdings habe ich kein Geld.«

»Das findet sich.«

Friedrich brachte eine Flasche Malteser. Wir tranken und redeten.

»Die Würmer ...« fragte Adrian wieder. »Das bringt wirklich Geld?«

»Es scheint so.«

»Kann man mitmachen?«

»Sicher. Aber ein Freund von uns hat noch eine andere Idee. Morgen reden wir weiter.«

Ich gab Adrian Bettzeug. Er richtete sich auf dem Feldbett in der Veranda ein. Die Tür zwischen Veranda und Zimmer ließen wir offen.

Adrian sagte, als ich das Licht gelöscht hatte: »Weißt du, daß ich es mir immer genau so vorgestellt habe? Ich meine, wie ihr hier lebt. Meine Eltern haben mir das erzählt. Sie waren einmal in Berlin. Du wirst dich nicht erinnern, du mußt drei oder vier Jahre alt gewesen sein.«

»Nein. Ich erinnere mich nicht.«

»Sie haben erzählt, wie sie bei euch hier draußen waren, eure Oma wohnte auch hier, glaube ich, es war, bevor ihr ins Haus drüben zogt, in der Siedlung.«

»Es ist zerstört.«

»Ja. Auch das weiß ich. Aber damals ... meine Eltern konnten nicht glauben, daß sie noch in Berlin waren. So weit draußen. Sie haben immer gesagt, daß sie nicht begriffen, wieso ihr alle glücklich wart in der Laubenkolonie. Die haben nichts und sind fröhlich. Sagte mein Vater. Wir hatten ja auch nichts, wohnten im Fährhaus, das uns nicht gehörte. Aber es war ein richtiges Haus.«

»Tausende wohnen hier in Lauben. Immer noch. Sogar mehr denn je. Für Ausgebombte gibt es Behelfsheime. Lauben von der Stange. Eine wie die andere.«

»Das muß schlimm sein. Euch macht es doch Spaß, weil jeder sein Häuschen zimmern kann wie er will?«

»Auch. Aber so viel Spaß macht es nicht mehr. In der Blockadezeit war es hart.«

»Nicht härter als im Lager Lamsdorf.«

»Stimmt. Entschuldige.«

»Was besprechen wir morgen?«

»Warte ab.«

Sternchen Siegel fuhr früh in seinem Opel P 4 vor. »Habe frische Schrippen mitgebracht«, rief er vom Gartentor. Falls die von Schirwinsky nicht reichen. Adrian ist da?«

Adrian schüttelte ihm die Hand. »Karl« – er deutete auf mich – »wollte mir nicht erzählen, was für eine Idee Sie haben.«

»Recht so. Soll er Kaffee kochen. Bitteschön, ja? Richtig stark. Keinen Pulverkaffee heute.«

Ich setzte die Kaffeemaschine in Gang, ein italienisches Modell aus Aluminium, das manchmal explodierte. Die Küchendecke sah bereits aus als habe ein Ventilator ... Nun, das war ein Gedankengang von Schnuddel Meier, fürs Frühstück ungeeignet.

Sternchen fragte: »Für was heißen Se Adrian?«

Adrian wackelte mit seinen großen Ohren. »Die Geschichte glauben Sie nicht!«

»Nu werd ich schon glauben.«

»Man sagt, mein Vater habe, als er jung war, Adria-Tabak geraucht. Den in der gelben Packung, mit der blauen Adria drauf.«

»Ich entsinne mich.«

»Er fand das so schön, daß er meinte, wenn es ein Sohn wird, soll er Adrian heißen. Das bin ich.«

»Se glauben 's?«

Adrian zuckte die Schultern. »Von Kaiser Hadrian hat er schwerlich was gewußt.«

»Aber Sie wissen?«

»Wir nahmen Hadrian in der Schule durch. Wegen mir. Der Lehrer erklärte meinen Namen der Klasse. Ich habe noch alles im Kopf: Hadrian, römischer Kaiser, 117 bis 138 nach Christus, Erbauer des Piktenwalls und der Engelsburg, wollte in Jerusalem auf den Trümmern von

Salomons Tempel einen Tempel für Jupiter errichten ...«

»Danke, das genügt«, meinte Sternchen Siegel.

Die beiden verschwanden nach dem Frühstück, um Pompetzki auf seiner Yawl, der *Havelland,* zu besuchen. Siegel hatte sich lediglich in Andeutungen ergangen, um Adrians Interesse wachzuhalten.

Kaum waren sie weg, marschierte eine Gestalt mit Aktentasche über den Gartenweg. Ich dachte, ich sähe nicht recht: Klarscheiben-Otto! Der Heini, der in der Buchhandlung an Sylvia Flötotto geschraubt hatte! Ich machte mich auf allerlei gefaßt.

War aber mit meinen Vermutungen, es handle sich um einen Besuch in privater Angelegenheit, auf dem Holzweg (wie Minnamartha gesagt hätte).

Nachdem Klarscheiben-Otto seinen Begrüßungsslalom gewedelt hatte, sich den Monokel mehrfach aus dem Auge riß und die Scherbe wieder einsetzte, kam er zur Sache: »Ich bin hier im Auftrag des Tierschutzvereins.«

Jemand aus der Eigenheim-Siedlung habe uns angezeigt: Die Würmer-Zucht und -Haltung sei Tierquälerei.

Ich bestritt zuerst einmal meine Zuständigkeit für die Entgegennahme von Beschwerden, aber er hatte alles schwarz auf weiß: Ich als Genossenschafts-Sekretär sei die anzusprechende Person. Die Haltung entspräche nicht den Vorschriften des Tierschutz-Gesetzes und den Ausführungs- oder Durchführungsbestimmungen laut Bundesgesetzblatt Nummer soundso ...«

»Weshalb machen Sie dann keine Anzeige?«

»Das kann kommen. Jedoch ist der Tierschutzverein gewillt, auf gütliche Beilegung zu dringen.« Er sah mich an: »Das ist doch auch in Ihrem Sinn?«

Friedrich kam zur Arbeit. Ich stellte ihn vor und verklickerte ihm kurz, was Klarscheiben-Otto wollte.

»Sind Sie richtig?« fragte Friedrich.

»Wie meinen?«

»Ob Sie hier an der richtigen Adresse sind. Wir züchten den Wiggler nach den in den USA bewährten Methoden.«

»Das heißt noch lange nicht, daß jene Methoden hier anerkannt sind.«

»Was wollen Sie?«

»Die Zuchtanlagen besichtigen.«

»Dazu können wir Ihnen keine Erlaubnis geben«, sagte ich. Hatten sie denn beim Tierschutzverein niemand anders gefunden als diese Type? Klarscheiben-Otto mußte sich erinnern, daß er mich im Laden bei Benno Blüte gesehen hatte. Er kam mit keinem Wort darauf zurück. Spielte Major a. D., oder was immer er gewesen sein mochte.

Klarscheiben-Otto zog ein weiteres Papier aus der Tasche. »Sie werden beschuldigt . . .«

»Der Anzeigende behauptet, Sie hätten verstoßen gegen . . . Ich erspare Ihnen das. Jedenfalls stehen hundertfünfzig Mark Geldstrafe drauf, ersatzweise drei Tage Haft.«

»Sie wollen uns drohen?« Friedrich stand auf, was wegen seiner Kriegsverletzung jedesmal Eindruck machte: Ein Vorgang mit Verzögerungsmomenten.

Klarscheiben-Otto raffte seine Papiere zusammen. »Sie werden von uns hören«, sagte er.

»Ist mir ein Vergnügen, Sie Scherbenheini«, sagte Friedrich. »Und nun verzischen Sie sich, daß ich ihren Kondensstreifen sehe. Sonst helfe ich nach!«

Klarscheiben-Otto retirierte. »Sie werden an mich denken«, sagte er. »Ich werde Sie wegen Beleidigung verklagen!«

Er verschwand ziemlich schnell. Von der Straße her rief er: »Chlorophyll-Faschisten!«

Friedrich lachte. »Der Arsch«, sagte er. »Wegen solchen Saftheinis haben wir die Knochen hinhalten müssen. Feige wie'n feuchter Dreck. Aus dem Bunker sind die nicht rausgekommen. Wenn die Russkis ihre Koffer rüberjubelten, lagen so'ne als erste im Schlamm. Geschniegelte Fatzken. Wir konnten dann mit Stoßtreupp-Unternehmen ihr Monokel zurückerobern, das ihnen in die Scheiße gefallen war.«

»Meint der das ernst mit Anzeige?«

»Wegen Beleidigung? Das dürfte sich durch seine Bemerkung ausgleichen. Chlorophyll-Faschisten!«

»Ich meine, wegen der Regenwürmer. Wer steckt dahinter?«

»Irgend ein Scheißer, der sieht, daß wir Kohle mit den Wigglern machen. Purer Neid. Außerdem entfallen die Voraussetzungen. Den Richter möchte ich sehen, der uns verknackt, weil wir Regenwürmer halten.«

»Nicht weil, sondern wie.«

»Befrag den Wurm, ob er sich wohl fühlt.«

Ich suchte Friedrich einen Ausschnitt aus dem *Mannheimer Morgen* heraus, der einen Kollegen von uns, Oskar A. aus Mannheim, zur Regenwurmfrage interviewt hatte.

»Soll ich dir vorlesen?«

Friedrich meinte: »Wenn es sein muß!

Ich las:

»Die Leistungen des Regenwurms lassen Gärtnerherzen aller Nationalität höher schlagen. Böse ist A. nur auf den deutschen Erdwurm. Schleppt er doch eine ganze Reihe Nachteile mit sich herum. Wenn seine Nahrung knapp wird, ist der einheimische Wurm, so A., nicht mehr zu halten. Er wandert in ›bessere Gefilde‹ aus. Darüber hinaus hat sich der ›Deutschwurm‹ zu einem Gourmet entwickelt. Er frißt nur bestimmte Materialien, siedelt bequem an der Oberfläche und haucht sein dunkles Dasein aus, wenn er in Mist gerät. Der sogenannte ›Mistwurm‹ dagegen, ein weiterer Vertreter der etwa dreißig europäischen Wurmarten, stirbt in gewöhnlicher Erde. Dieses nationale Wurm-Dilemma beseitigte ein amerikanischer Kollege: Der Tennessee-Wiggler, der durch seinen Beitrag zu den immergrünen Tälern seiner Heimat beste Referenzen vorweisen kann. Die roten ›Wiggler‹, A.s Zuchtspezialität, fressen praktisch alles – verschmähen aber organische, säurehal-

tige Stoffe, wie sie ihnen aktive Pflanzenwurzeln vor
die Nase halten. Wenn die Nahrung in der Boden-
decke fehlt, scheut sich der rote Kumpel aus USA
nicht, tiefer in die Erde vorzudringen und Spuren-
elemente und Mineralstoffe an die Oberfläche zu
fördern.«

»Das genügt«, sagte Friedrich.

Den Spruch hörte ich heute zum zweitenmal. Erst Hadrian, dann der Wiggler.

»Einen Satz zum Schluß noch, der dir Freude macht:
›Aus Wigglers emsiger Arbeitsstube kommt ein Dünger
von unsagbarer Milde und Kraft.‹«

»Rauch ihn doch in der Pfeife! Ich rufe jetzt die Genos-
senschaftler zusammen. Der rote Kumpel muß Futter
bekommen. Wenn du mir einen Gefallen tun willst,
pack den Zeitungsausschnitt weg und wirf den Zerklei-
nerer an.«

»Aber du unterstreichst auch, was Kollege A. dem
Mannheimer Morgen verraten hat?«

»Alles. Klarscheiben-Otto wird am Tennessee Wiggler
scheitern. Fangen wir an?«

Ich ging zu Busebergs hinüber. Die umgebaute Häckselmaschine stand bei ihm im Schuppen.

Ich stellte mir vor, wie unsere Bemühungen um die Kul-
tivierung des Wurms Anerkennung beim Fremdenver-
kehrsamt fanden. Im Berlin-Prospekt würde zu lesen
sein:

Kaiser-Wilhelm-Gedächtniskirche. Stil: Neo-Romanisch. Erbaut 1891–1895. Im Krieg fast vollständig zerstört, der Turm blieb als Teilruine erhalten. Achteckiger Neubau von Friedrich Eiermann geplant und in Vorbereitung.

Wurmzucht-Anlage Tennessee Wiggler, Kolonie Tausendschön, am Ende der Bärlappstraße. Begründet in den Fünfzigerjahren von einer Genossenschaft von Laubenkolonisten.
Initiatoren: Sternchen Siegel; Karl Kaiser. Führungen Samstag und Sonntag von 14–17 Uhr.

Funkturm. Genannt Langer Lulatsch. Erbaut 1924–1926 als Sendeturm, 138 Meter hoch. Aussichtsplattform. Restaurant in 55 Meter Höhe. Lift.

Und so weiter. Wäre nicht übel. Wir könnten Eintritt nehmen. Während ich mit Buseberg Abfälle zerkleinerte, die wir täglich in der Laubenkolonie und in der Eigenheim-Siedlung sammelten und abgelagerten Mist aus dem Horse Platoon daruntermengten, erzählte ich von Klarscheiben-Ottos Besuch bei Friedrich und mir. »Die sollen bloß kommen«, brummte Buseberg. »Denen reiße ich den Arsch mit meinem Arbeitshaken auf. Sollen sich drum kümmern, was die Leute mit ihren Hunden machen. Deckchen aufgeschnallt, wenn's kalt wird. Als ob das natürlich ist! Die Pudel lassen sie scheren, nach neuester Mode, und lila einfärben. So jut wie unser

Regenwurm hat es doch niemand. Kommt in Gartenerde, kann sich ausbreiten, vermehren, die Leute freuen sich. Zerstechen ihn nicht einmal mit dem Spaten. Jedenfalls nicht absichtlich. Zur Marine müssen Regenwürmer auch nicht.«

»Das gilt für Pudel ebenso.«

»Ist gar nicht raus. Im Krieg nahmen sie den Leuten die Hunde weg. Erinnerst du dich nicht? Als Meldehunde, sagten sie. Dabei richteten sie die Tiere ab, auf Panzer loszugehen. Sprengladung auf den Rücken gebunden, und: Such, such . . . – Wum! Wo war da der Tierschutzverein?«

»Es geht darum, daß man uns was anhängen will.«

»Bestimmt irgendein alter Nazi. Hat uns nicht genug kujoniert. Denkt sich was aus, wie? Zum Stubbenroden werden sie nicht mehr gebraucht, fangen sie an, wieder frech zu werden.«

»Ich weiß nicht, wer dahintersteckt. Vielleicht finden wir es heraus.«

»Du wirst sehen: Ein alter Nazi.«

Schnüffelpaule, ein anderer Freund aus schweren Tagen, der nach der Blockade den ersten Lastzug Thunfisch nach Berlin begleitet hatte, war gleich wieder verschwunden, wie es seinem Naturell entsprach. Zwar bestand der Verdacht, daß es sich bei seinem Displaced-Person-Ausweis um eine gelungene Fälschung handelte, aber wenn die Bezeichnung Displaced Person auf jemand zutraf, so war es Schnüffelpaule.

Hin und wieder meldete er seinen bevorstehenden Besuch mittels im Berliner Dialekt gehaltener Postkarte an. So auch diesmal:

> Mache mir nach Berlin uff de Socken. Ankunft noch April.
>
> Herzlich Paule

Umseitig war eine Dame im Badeanzug abgebildet, die am Strand Ball spielte. Keine nähere Ortsangabe. Poststempel unleserlich. Wir warteten. Adrian erklärte, er wolle an Bord der *Havelland* bleiben, der Job gefiele ihm. So sei das Feldbett auf der Veranda für Schnüffelpaule frei. Sie hatten während des Winters mehrere Geschäftszweige für die *Havelland* erfunden. Zwei kuriose Vögel umschwirrten einander auf dem Coca-Segler, fachsimpelten über Tampen und Tonnen und Wanten und Gaffel, entfächerten Mützenbänder, hefteten auf Reichskriegsflaggen, Stander und Wimpel ihre Blicke, begehrlich, mehr davon wollten sie besitzen. Über der einen Koje eine Reihe gleichgebundener Bücher, Flottenkalender, Marine-Dienstvorschriften; in farbigerem Einband – goldene Schrift leuchtete auf dunkelblondem Leder – lockten Seeromane, ihren in die Ferne, auf Ozeane gerichteten Geist zu nähren.
Captain Cook.
Ich hatte seine Weltumsegelungs-Abenteuer als Kind gelesen, in gereinigter Jugendausgabe, die dennoch des Entdeckers erstaunliche Erfahrungen schilderten mit

Eingeborenen, die ihre Geschlechtsteile in Rohre steckten und sie hochbanden, Himmelfahrts-Schläuche, die sie wahrscheinlich, aufgrund von Herrn Cooks Freigiebigkeit, mit Glasperlen schmückten, mit bunten Bukkern.

Ein Undankbarer, Insel-Asket, beförderte den Kapitän ins Jenseits – wo sie ihm hoffentlich die Seebeine langzogen für die Schmach, die er den *natives* angetan hat.

Wo war das Buch? Verschüttet unter den Trümmern unseres Hauses?

Wirklich, Adrian?

Abends an Bord last ihr in *Köhlers Flottenkalender?* Beim Bullern des Propan-Ofens, vorstellen konnte man sich, daß die Jacht unter voller Takellage lief, zwischen den Fidschi-Inseln und einer noch unentdeckten Gruppe von Korallen-Atollen, offiziell auf keiner Seekarte verzeichnet, obwohl auf einer von ihnen ein neuer Alexander Selkirk darbte, ein zweiter Robinson, einziger Überlebender des Hilfskreuzers *Kasimir,* versenkt von der englischen Korvette *Trafalgar,* keine Überlebenden, hieß es offiziell, wer ahnte, daß dieser einsame Mann auf der Insel ...

Sie sprachen nicht darüber, wie ihr Geschäft prosperierte, sondern verglichen Flotten-Tonnagen, erinnerten sich, wie sie als Halbwüchsige mit *Bleischiffen* gespielt hatten, Marke Wiking, der Teppich war das Meer, Panzerschiff *Admiral Graf Spee* dampfte das geschnörkelte, orientalisch nachempfundene Randmuster des deutschen Persers entlang, begleitet von einem Rudel Zerstörer.

Eine Katastrophe, daß der Kontrollrat das Wiedererscheinen des Kalenders untersagt hatte. Ob eine souveräne Bundesregierung das ändern würde?

Bis 1905 zurück war alles belegt, alles nachschlagbar. Die englischen Panzerkreuzer der Aboukir-Klasse waren um die Jahrhundertwende in Dienst gestellt, die *Cressy, Bacchante, Euryalus* und die der Bedford-Klasse, zu der die *Kent,* die *Essex,* die *Suffolk* gehörten. Damit verglichen sah es bei der deutschen Hochseeflotte kümmerlich aus. *Prinz Adalbert, Prinz Heinrich, Fürst Bismarck,* – alles Zehntausend-Tonner, während die britischen Kreuzer zwölf- bis vierzehntausend Bruttoregistertonnen in die Waagschale nationaler Flottenstärken warfen.

Bei den Linienschiffen holte Deutschland auf. Doch immer noch signalisierte Albion Übermacht auf den Weltmeeren: »Skagerrak war ein Wunder!« stellte Pompetzki fest. Mein Freund Buseberg, der in jener Seeschlacht seinen Arm verloren hatte, neigte in Fragen Skagerrak zu detaillierten Anschauungen. Er sah die Bataille weniger taktisch, wie Köhlers Flottenkalender und seine Leser, Busebergs Perspektive war gekoppelt mit dem Zielgerät der neuen 20-cm-Flachbahngeschütze, mit denen die *Zähringen* in die Schlacht lief.

»Worüber unterhaltet ihr euch?« fragte ich Adrian, auf die einsamen Abende an Bord anspielend.

Er berichtete entsprechend.

»Das ist doch alles im Eimer«, sagte ich.

Für Adrian und Pompetzki nicht.

Sie lebten wie Kapitän Marryats Seekadett Jack Easy, der Roman, im zerfledderten Leder-Einband stand natürlich auch griffbereit in der Bordbibliothek. Ein Verstoß gegen Marinedisziplin allerdings, denn Jack Easy zeichnete sich dadurch aus, daß er bei jedem Befehl die Vorschriften zu Rate zog, um zu prüfen, ob eine Anordnung rechtens sei.

Für einen blauen Jung ein ungewöhnliches Verhalten! An Bord hat man zu parieren, und basta!

Wenn Adrian uns aufsuchte, trug er Seemannspäckchen, den Kolani, Bändermütze. Bei Hans Fiebelkorn, einem Freund meines Vaters, der ein Bestattungsinstitut in der Spandauer Straße führte, war Adrian vorstellig geworden, ihm ein Mützenband zu drucken, mit dem Schriftzug *Havelland*. Wurde prompt bedient, der Sarghändler benutzte die Prägestempel, die er gewöhnlich zur Herstellung von Kranzschleifen bereithielt. »Man muß sich zu helfen wissen«, sagte Adrian, nach Familientradition ein geflügeltes Wort verwendend.

Deutschen war es laut Kontrollratsgesetzen verboten, militärische Kleidungsstücke und Embleme zu tragen, auch die bevorstehende Wiederbewaffnung änderte nichts daran, daß die Sieger nach wie vor darauf bestanden, ein Volk von Zivilisten in Trizonien zu versammeln, vorläufig wenigstens. »Wat mache ick?« beschwerte sich Schnuddel Meier, »ick brüte Taubeneier aus. Male eure Würmer, Rejenwurm-Rembrandt rufen se mir. Man erfährt nischt und allet. Womit sind meine Kollegen emsig? Wat entwerfen die warmen Brüder aus der Mode-Branche? Uniformen. Dienstanzüge und Gala-Schwalbenschwänze für det neue deutsche Heer. Ihr glaubt mir nicht? Weil een Bauer der 'n Afrika-Korps-Deckel trägt anjezeicht wird? Weil demnächst einer Pompetzki verpfeift wegen seinem Kaleun-Kalabreser? Weil se Adrian samt seiner Beerdijungsschleife am Hut nach Sibirjen befördern werden, det er Lena, Ob und Jenessei beschiffert? Ihr habt doch 'ne Linsentrübung! Bereits an diesem Tach kann ich euch flüstern, det der neue deutsche Schütze Arsch aussieht wie'n Liftboy, mit Affenjäckchen, damit uns nichts mehr erinnert an Stechschritt und Bumskiepe. Ick sehe eure unterbelichteten Hirne Wellen schlagen in bassem Erstaunen, niemand gloobt Schnuddel, aber det macht mir'n Jeijenkasten!«

Quatschkopp. Manche Schnelldenker haben eine Meise. Schnuddel hört wieder mal das Gras wachsen!

Adrian schritt über Bootsplanke und Trottoir mit flatterndem Matrosenkragen. Woher er die komplette Uniform organisiert hatte, verriet er nicht. In vollem Wichs schritt er durch die Straßen von Berlin, besuchte sogar den Ostsektor.

Niemand hielt ihn je an, befragte ihn, verlangte Papiere. Ob, Lena und Jenessei flossen dahin, ohne Adrian zu Gesicht zu bekommen.

Adrians Papiere hätten Staunen erregt. Er besaß einen

Bordausweis für die *Havelland*, der täuschend echt aussah, nach welchem Vorbild immer er gefertigt sein mochte. Es handelte sich um Adrians Eigen-Entwurf. Nicht einmal Schnuddel Meier hatte mit seiner beruflichen Erfahrung hineinwirken dürfen, bis zum Schnitt der pompösen Stempel stammte alles aus Adrians Hand. Sein Foto als Mariner zierte dieses Unikat, deutlich war auf dem Mützenband die Inschrift *Havelland* lesbar.

Schade, wirklich schade, daß niemand den Ausweis sehen wollte. »Sie fragen mich einfach nicht«, beschwerte sich Adrian. »Ich klotze mitten durch die Vopos: Meinste, einer hält mich an? Auch die Streifen der Alliierten verschmähen es, mich zu kontrollieren. Sie grüßen. Stell dir vor: Sie grüßen! Zackig die Hand am Helmrand.«

»Zu guter Letzt werden sie dich kassieren«, unkte Friedrich.

»Ich fordere sie heraus.« Adrian zeigte auf seinen Ärmel, der mit Winkeln geschmückt, mit goldenem Anker geziert war. »Oberbootsmannsmaat. Keiner fragt.«

Friedrich gehörte nicht zu den Typen, die leichtfertig Wetten eingingen. Aber diesmal erlag er der Versuchung:

»Ich wette, einmal schassen sie dich.«

»Gilt«, sagte Adrian. »Zehn Mark!«

»Zehn Mark.«

Adrian hätte Friedrich austricksen, zum Beispiel nur bei Nacht ausgehen können, aber das war nicht nötig, er blieb weiterhin unangefochten, hätte die Wette gewon nen, wenn sie einen Zeitpunkt für den Ablauf ausgemacht hätten. Da dies versäumt wurde, gilt sie, nehme ich an, heute noch.

Abends gab es manchmal anderes zu tun an Bord der *Havelland*. Dank Siegels Verbindungen blühte in jenem Winter der Party-Service. Pompetzki und Adrian begrüßten an Bord einen berühmt-berüchtigten Theater-Intendanten, der mit einer Corona von Schauspielern erschien. Die Gäste wünschten Champagner. Xylander Puvogel besorgte ihn aus französischen Quellen, gestattete, daß Amaryllis, seine zersägte Jungfrau, aufwartete. Es soll sogar, trotz der beengten Verhältnisse, zu einem Bauchtanz ihrerseits gekommen sein. (Letztere Information beruht auf einer vertraulichen Mitteilung Adrians.) Die Gäste, obwohl einige von ihnen stadtbekannten Tuckenkreisen angehörten, sollen zufrieden gewesen sein. Adrian verweigerte Xylander nähere Auskünfte über den Abend, bestand doch die Vermutung, daß Amaryllis dem Magier mehr bedeutete, als er einräumte. Wie Gustavchen Fanselow es formulierte: »Beim Zerstückeln wird's nicht sein Bewenden haben.«

Gustavchen zogen sie, in seiner Eigenschaft als Koch, für ein weiteres Sit-in an Bord der *Havelland* heran. Diesmal handelte es sich um eine derart super-top-geheime Angelegenheit, daß nicht einmal Adrian, gewöhnlich leicht anzuzapfen, Einzelheiten absonderte. Erst als alles gelaufen war, erfuhr ich bruchstückhaft von Sternchen Siegel, worum es bei jenem denkwürdigen Bord-Diner gegangen war. Russen und westliche Alliierte hatten ein Tauziehen um Künstler begonnen. Jede Seite meinte, es würde ihr Prestige stärken, wenn sich diese oder jene Leuchte am Himmel der Künste für sie entscheide. Die Russen saßen dabei am längeren Hebel, sie vermengten nicht Kunst und Politik wie zum Beispiel die Amerikaner.

»Die Amis denken, Künstler erfinden einen neuen Reichsparteitag«, kommentierte Sternchen Siegel in Kurzform.

»Was geschah wirklich auf der Havelland?«

Sternchen und ich gingen am Schlachtensee spazieren, er liebte es, den See zu umrunden, dabei zu reden. Es war Frühling, ein warmer Tag, durch die Eierpampe am Seeweg zogen Fahrradspuren Linien, in den Büschen hingen amerikanische Präservative, und weiß glänzten Zigarettenkippen; niemand sammelte sie mehr auf.

»Du mußt den Mund halten«, mahnte Sternchen. »Ich kenne den sowjetischen Kultur-Offizier. Netter Mann, Petersburger. Aufgeschlossen. Hat er geäußert den Wunsch westliche Künstler kennenzulernen, in den Osten kann er se nich einladen, alle sagen die Russen wollen die Künstler abwerben.«

»Stimmt.«

»Einesteils. Aber wer nicht gehen will ...«

»Und wer gehen will?«

»Richtig. Habe ich ein kleines Treffen arrangiert. An Bord von den Schinackl. Drei Sowjets in Zivil, nette

Leute, sprechen Deutsch, fabelhaft, sind se gekommen mit Damen. Ich kann dir sagen, Samt und Seide. Absätze an den Schuhen, daß Pompetzki meinte, mit einem Tritt könnten se versenken die Schaluppe. No, es geschah nichts, außer eine ist nich zurechtgekommen mit de Toilette, Juter, für das Pumpensystem gibt es e englische Inschrift! Erst mußte pumpen links, dann rechts, no, es war nichts, wie Adrian ist gekommen zur Hilfe hat die Dame sich erst scheniert, aber dann war se herzlich, hat Adrian geküßt auf beide Backen, Völkerverständigung. Für was, frage ich dich, ist de Inschrift englisch?«

»Vielleicht ist das Klo ein englisches Fabrikat?«

»Ignoranten, de Briten. Können se nich machen Schilder in mehrere Sprachen?«

»Sie sind es gewohnt, daß alle Welt Englisch spricht. – Wer war noch da?«

»Keine Namen. Gewisse berühmte Maler, du kennst einen, was malt die Stadtlandschaften von Berlin, mit de Brandmauern, einer ist gewesen a leitender Mensch von de Oper, einer a Bildhauer, no, waren zwölf. Bißchen eng in der Kabine, wurde auch schnell heiß, wegen de Russen gab es viel Wodka, Gustavchen hat gekocht mit tiefe Leidenschaft, Borscht erst, dann kleinen Fisch, Beefsteak hat er ein bißchen amerikanisch gemacht, Riesen-T-Bone, ein Genie, unser Gustavchen. Denk an die Bordpantry, ist nicht größer wie ein Kuharsch. Aber er hat präpariert alles an Deck, Adrian hat ihm gebaut a Zelt über den Cockpit, se haben geheizt mit Propanflasche, den Diesel wollten se nich anwerfen wegen de Geräusche, ist gewesen e innige Versammlung.«

»Und dann?«

»Se haben geredt und getrunken, Adrian hat serviert in de Matrosenkluft, was dem Häusermaler sehr gefallen hat, er wollte die Klappe von Adrians blaue Hose aufknöpfen, alle hatten es lustig. Dann Krimsekt, und am Schluß wie Pompetzki se hat jebracht ans Ufer waren se einig: Vielleicht werden se was machen zusammen. Kultur-Austausch.«

»Sagten Sie vielleicht?«

Sternchen schleuderte mit seiner Schuhspitze einen Präservativ beiseite, der mitten im Weg lag.

»Vielleicht. Ist das nix? Leider haben de Russen gezahlt in Rubel. Ist verboten der Besitz von Rubel für Deutsche, auch für Displaced Persons – streng genommen gibt's mich nicht mehr. Kann ich also wieder hausieren im Osten, bis ich de Rubel loswerde. Oder ich gehe se verkäufen beim CIA. Ist das Beste.«

»Beim amerikanischen Geheimdienst?«

»Die brauchen Rubel.«

Mit dem persönlichen Geheimnis jenes Völkerverständigungs-Abends an Bord der *Havelland* rückte Sternchen erst später heraus, und nur, weil Adrian eine Bemerkung fallengelassen hatte, ein Stichwort gegeben hatte.

»Im Café Wien gibt es eine neue Stehgeigerin«, lockte Adrian.

Alle Tage Rock'n Roll, mit dem der AFN, der Ami-Sender, und der RIAS uns bepfefferten. Weshalb nicht mal eine Stehgeigerin?

Schnuddel Meier kam mit. Auf den Oberkellner wirkte Adrians Seemannskluft. Wir bekamen einen Platz an der Balustrade. Eine Drei-Mann-Kapelle zirpte Wiener Walzer. Den Violinpart versah tatsächlich eine Stehgeigerin, ein Mädchen von fast zwei Metern Länge, sie trug eine durchsichtige schwarze Bluse, unter der man den Büstenhalter sah, einen kurzen Gabardine-Rock und hauchzarte, knallrote Nylons.

»Wie ein Kranich«, flüsterte Schnuddel, er rollte die Augäpfel.

»Gefällt sie euch?« fragte Adrian.

Wir bestätigten es.

Der Ober plazierte im steilen Lande-Anflug ein Tablett auf unsere Tischecke, das mit silbern schimmernden Pokalen besetzt war:

Unsere Bestellung. Dreimal Eiskaffee. Dazu Wasser in geschliffenen Gläsern. Kaffeelöffel quer darüber. Ein weiterer, zylinderförmiger Silberbehälter mit Strohhalmen. Büschel von Trinkröhrchen, nur für unseren Tisch. Im Silberrohr Nummer fünf steckten lange blitzende Löffel.

Trotz der Allüre eines Stuka-Piloten brachte der Ober alles heil auf unsere Back, baute ein blitzblankes Hydrierwerk auf dem superweißen Tuch auf.

Der Kranich, wie die Geigerin infolge von Schnuddel Meiers leichtfertiger Namensfindung fortan bei uns hieß, nahm die Violine zur Brust. *Das muß ein Stück vom Himmel sein – Wien und der Wein.* »Ist die toll?« fragte Adrian. Wir bestätigten ihm auch dies. Ich sah Schnuddel an, daß er den selben Verdacht hegte wie ich: Adrian kannte die Geigerin näher.

Wir lauerten, ob sie einander Zeichen gaben, ein Blinzeln, Verbeugung in Adrians Richtung. Nichts! »Woher kennst du sie?« griff ich direkt an. Adrian, vage: »Ich bin öfter hier.«

»Erlaube mal«, sagte Schnuddel, »du bist auf dem Schiff, Weinmeisterhöhe. Wie kommst du zum Ku-Damm?«

»Wie jeder Mensch. Mit U-Bahn und Autobus. Zu später Stunde auch mal mit der S-Bahn.«

»Nebenfrage: Du boykottierst die S-Bahn nicht? Obwohl sie unter Ost-Verwaltung steht?«

»Ich bin kein Klassenfeind. Die Marine hat die Revolution begonnen.«

»Habt ihr das in der Marine-HJ gelernt?«

Adrian winkte ab. »Was soll der Quatsch? Möchtet ihr ein Stammtisch-Gespräch unter Ex-Pimpfen? Lauscht der Holden. Ist es nicht wunderbar?«

Schnuddel bestellte eine Flasche Dingsbumser Michelsberg. Zum Entrosten. Die Weinkarte war in Braun auf beigem Bristol-Karton gedruckt. Die Direktion gab ihrer Freude Ausdruck, eine bedeutende Violin-Solistin gewonnen zu haben: Relly Liebstössl.

Genannt der Kranich stand noch nicht da.

Die roten Strümpfe magnetisierten, nur flüchtig hatten unsere Blicke bisher Relly Liebstössls Gesicht erforscht.

Madonnen-Antlitz. Aschblondes Haar. Mittelscheitel. Ovale Stirn. Sehr helle Augen. Weiße Haut. »Beim Tittenverteilen hat se ooch nich zweimal hier jerufen«, wendete Schnuddel Meier einen seiner Standardsprüche an. Das zeigte mir, daß seine Gedanken in ähnlicher Richtung liefen wie meine. Folgerichtig mußte er jetzt darüber sinnieren, was Adrian und die Wimmerschinken-Gigantin verband.

Aufklärung wurde uns von anderer Seite zuteil. Sternchen Siegel erschien im Eingang. »Hast du ihm gesagt, daß wir heute abend hier sind?« fragte ich Adrian. Der schüttelte den Kopf. »Siegel ist *manchmal* hier«, sagte er. Ahnungslos winkte ich unserem Freund zu. Er konnte es nicht vermeiden, an unseren Tisch zu treten, seine Bommelmütze schwamm durch den Raum, über den weißgedeckten Tischen, wie eine bunte Montgolfiere, die ein Schneefeld überfliegt.

»Hallo!« Sternchen setzte sich.

Zufällig sah ich in diesem Augenblick zur Geigerin auf, stellte fest, daß sie errötete, stark errötete, so daß ein gewisser Farbausgleich zwischen ihren Strümpfen und ihrem Gesicht zustande kam, und daß sie Sternchen fasziniert anblickte.

Der Groschen fiel. Sternchen also! Geheim! Klar. Agathes wegen. Sicher war Relly auch bei dem Fest für die Russen und die Künstler an Bord der *Havelland* gewesen. Hatte vielleicht für Stimmungsmusik gesorgt? *In Nishni Nowgorod, da gibt es Salz aufs Brot. Kalinka, Kalinka.*

Sternchen hatte mich die ganze Zeit angeschaut. »Ich geb's zu«, sagte er. »Ich finde sie hinreißend. Spielt Krakowiak auf der Fiedel. Die Russen waren glücklich. Übrigens ändert das nichts an meiner Einstellung zu Agathe, damit ihr klar seht!«

Der Kranich, da oben, putzte drauf los, *Wiener Blut,* dann den *Schlittschuh-Walzer,* umsonst hieß das hier nicht *Café Wien.*

Der Kellner servierte in neuem Landeanflug den bisher größten Crackturm, einen Weinkühler mit der Aufschrift *Champagne Schlumberger,* aus dem die bereits geöffnete Flasche ragte.

Die ganz feine Art war das nicht, aber für Regenwurmzüchter, dachte sich der als Kellner verkleidete Schlachtflieger wahrscheinlich, reichte es. Daß man uns die Tennessee Wiggler an der Nasenspitze ansah, war klar: Niemand geht ungestraft monatelang mit Würmern um, etwas schleicht sich in die Gesichtszüge, die dem Außenstehenden verraten: Der hat es mit Würmern. Trainierten Leuten wie Kellnern, Hotelportiers, Krawattenverkäufern und Versicherungsagenten entging das nicht.

Sternchen betrachtete seufzend die Flasche, winkte dem Kellner, der diesmal mit ausgefahrener Landebremse herangliit, und flüsterte ihm ins Ohr. Der Kellner hob im Vorbeiflug mit einer Tragfläche die Weinflasche aus dem Sektkühler, kein Tröpflein Wasser fiel aufs Tischtuch. Nach zwei Minuten kehrte er zurück. Er schwenkte eine verschlossene Champagnerflasche vor

Sternchens Nase. Sternchen nickte. Der Kellner entwand der Flasche den Korken, der mit einem leisen PLOPP spurlos in seiner Handfläche verschwand.

Zaubern konnte der Mann auch.

Die Geigerin kam an unseren Tisch. Sternchen sprang auf und machte uns mit der Künstlerin bekannt. Da wir ihren Namen schon von der Programm-Ankündigung auf der Weinkarte kannten, gelang es uns, jegliches Grinsen zu unterdrücken. Sternchen stand neben ihr während dieser Zeremonie, Fräulein Liebstössls Rosenbeine hörten etwa in der Höhe der Bommel auf, die Sternchens Mütze zierte.

Auch als sie saß, war sie groß. Ihre Kranichstelzen ragten unter dem Tisch neben meinem Stuhl hervor.

Wiederum wurden wir zum Dichthalten vergattert. Dann erzählte Relly Liebstössl ihr Leben. Im Spreewald als Tochter eines Gurkenkonservenfabrikanten aufgewachsen, neigte sie früh zur Musik. Die Eltern kauften ihr ein Schifferklavier, Marke Hohner. Auf Abzahlung. Es handelte sich um eine kleine Gurkenfabrik. Überdies fallen Gurken nur einmal im Jahr an, die restlichen Monate ist in Gurkenfabriken nichts los, in der Kasse Ebbe. Sie wäre über das Schifferklavier nicht hinausgekommen, wenn nicht beim Erntedankfest in Lübbenau der Reichsbauernführer, Herr Darré, auf ihr Talent aufmerksam geworden wäre. Er verfügte, daß Relly (sie hieß damals noch Aurelia, wurde Relia gerufen) einen Platz am Konservatorium bekam.

Durch Kriegsereignisse unterbrochen, hatte sie jüngst

ihr Violin-Studium wiederaufgenommen. Da es keinen Reichsbauernführer mehr gab, mußte sie sich das Geld dafür selbst verdienen. Deshalb spielte sie als Stehgeigerin. »Als Deutschlands einzige Stehgeigerin«, wie sie stolz anmerkte.

Neben ihrer Violine besaß sie eine Fiedel, auch dieses Instrument schien sie nahezu meisterhaft zu beherrschen, wie aus Sternchen Siegels Einwürfen hervorging, auf dieser Fiedel hatte sie erfolgreich den Russen aufgespielt. Krakowiak an Bord der *Havelland*. Daß es nicht zu ausgelassenen Tänzen der Besucher gekommen war, lag an der Enge der Kajüte.

Das Mädchen mußte wieder aufs Podium. Adrian lächelte. »Du lächelst *stillvergnügt*«, sagte Schnuddel.

Als wir das Caféhaus verließen – wir wollten drüben in der *Schildkröte* auf Relly warten – hielt uns ein junger Mann an, Trenchcoat, Notizblock und Kugelschreiber in der Hand. Er wendete sich an Sternchen:
»Kennen Sie Omo?«

»Kauf mir einen Muff«, bat Amaryllis den Magier Puvogel, »einen kleinen Muff. Marder. Oder Fuchs.«
»Biste meschugge?« fragte Xylander, »was willste mit'm Muff? Keinen Fuß setzte nach draußen wenns kalt ist, Taxe fährste, kuck dir mal die Taxiquittungen an vom letzten Monat.«
»Ich will Schlittschuhlaufen.«
»Haste Schlittschuhe?«

»Ich habe welche gesehen. Bei Wertheim. Steglitz. Kaufste mir die?«

»Schlittschuhe? Und 'nen Muff? Wie, meinst du, verdiene ich mein Geld?«

»Du kannst zaubern.« Amaryllis strahlte ihren Lebensgefährten an.

»Bei dir muß ich Blaue zaubern.« Xylander muffelte. »Wirst du Schlittschuhlaufen, denn fällste hin, brichst dir den Knöchel, Gipsverband, was mache ich dann? Soll ich den Gipsverband mitzersägen? Wie kommst du aus den Kleidern in der engen Kiste?«

»Hör mal, mein Lieber, ich laufe Schlittschuh, seit ich vier Jahre alt war. Ich fall nich auf'n Deetz. Mit wem biste umgegangen bisher? Und haste selber nicht, als Kind . . .«

Xylander grinste. »Bin auf den Hinterkopf gefallen. Schon beim ersten Versuch. Habe Sterne gesehen. Ich dachte, das gibt's nur in Witzblättern. Man sieht aber wirklich Sterne. Wie von Wunderkerzen. Bloß nicht ganz so viele.«

Amaryllis umarmte ihn. »Ich liebe dich.« Dann stiegen sie in Xylanders Kabinenroller und fuhren nach Steglitz, die Schlittschuhe kaufen. Und einen Muff. Marder-Imitation.

Es war eine Freude, Amaryllis zuzuschauen, wie sie ihre Pirouetten drehte. Vor der *Havelland* hatten Pompetzki und Adrian die Eisfläche vom Schnee befreit. Aus einem Lautsprecher am Großmast dröhnte Musik, »Janz viel

Paul Lincke, det is jut fürs Publikum«, hatte Pompetzki bestimmt. Seine Programmauswahl paßte, Berliner aller Jahrgänge vergnügten sich auf dem Eis.

Adrian und Gustavchen Fanselow wechselten einander ab, die Laufenden kulinarisch zu betreuen: Glühwein und Bouletten. Und – natürlich – Coca-Cola. Trotz der Kälte verkauften sie täglich einige Kästen Siegerbrause. Manchmal kam der Kranich, mit langen roten Wollstrümpfen und kurzem blauem Faltenrock. Sie lief, wie sie geigte: Monumental.

»Der Juliusturm auf Schlittschuhen«, grunzte Schnuddel Meier.

Adrian hatte heimlich mit einem von Amerikanern ausgeliehenen Draht-Magnettongerät einige ihrer Geigensoli aufgenommen. Als der Kranich das erste Mal auf dem Eis erschien, spielte er ihre Musik über den Lautsprecher. Relia Liebstössl blieb mitten in einer Acht, die sie laufen wollte, stehen und neigte den Kopf. Dann lachte sie.

»Hat sie nich Humor?« fragte Sternchen Siegel.

»Wie 'ne Jurke aus Lübbenau wenn de se kitzelst«, gab Schnuddel seinen Senf dazu.

»Daß Sie doch nie ihre Klappe halten können«, rügte Siegel.

Der Winter verging, Sternchen erschien mit Kratzern im Gesicht beim weihnachtlichen Umtrunk, zu dem uns Ingeborg und Heringsbändiger eingeladen hatten. Blutige Markierung durch Agathe Fanselow, die Sternchens Flirt mit Relly Liebstössl mitbekommen hatte. Nötig wäre die Züchtigung nicht mehr gewesen, denn die Stehgeigerin war als festes Ensemble-Mitglied ans sowjetisch subventionierte Spreewald-Sinfonie-Orchester in Cottbus gegangen. Im Aufschwung befanden sich die Spreewald-Wenden als slawischer Stamm, sie gehörten fast zu den Siegern.

Die Kunst, eine saure Gurke zu kitzeln, beherrschte allerdings nicht einmal Schnuddel Meier.

Agathe Fanselow stieß später zu uns, der Weihnachtsbaum drehte sich langsam im Ständer, eine eingebaute Spieluhr klimperte *Stille Nacht*. Agathe belinste die Schmisse in Sternchens Gesicht. »Hättste dir sparen können. Frohe Weihnachten.«

»Wißta, wat mir auffällt?« fragte Heringsbändiger, »wir frieren nich mehr.«

Wer fror, waren Pompetzki und Adrian, mein Vetter aus fernen Oderauen, die zwei zogen es vor, an Bord zu feiern, sein Schiff läßt ein Seemann nicht allein, auch an hohen Festen nicht. Leicht konnten Diebe sich übers Eis schleichen, Kompaß und Chronometer entwenden, den Sextanten, ein an der Havel ziemlich überflüssiges Instrument, an dem Pompetzki jedoch hing, angeblich stammte er von der *Wilhelm Gustloff,* dem KdF-Schiff, untergegangen in der Ostsee in den letzten Kriegstagen mit Tausenden von Flüchtlingen an Bord. Einer der Geretteten hatte den Sextanten an Land gebracht, behauptete der Verkäufer. Also reihte Pompetzki das in samtausgeschlagenem Mahagonikasten ruhende System aus Linsen und gradunterteilten Kreissegmenten in seine Sammlung ein. Auch die übrige Sammlung ließ er nicht gerne unbewacht, jugendliche Banden, Wohlstands-lümmel, verunsicherten die Gegend, brachen in Boots-häuser und Lauben ein. Gewöhnlich knackten sie zuerst einen Kiosk, betranken sich mit dem dort erbeuteten Alkohol, schreckten, dermaßen ermutigt, vor nichts zu-rück. Eine alte Frau ... aber das kennt man ja aus den Zeitungsberichten.

An Bord befanden sich deshalb zwei geladene Signalpi-stolen, sie fielen nicht unters Waffenverbots-Gesetz, im Notfall, hatte man mit den Streifenpolizisten des Span-dauer Reviers ausgemacht, schoß man *Rot über Grün,* doch es ging auch an, die Signalpuste auf den Feind zu richten, ihm den Feuerball direkt in die Visage zu knal-len.

Sie saßen an Bord und lasen. Erbauliche Weihnachtsge-schichten? Es war wieder mal Köhlers Flottenkalender. Links und rechts von der Back auf den Bänken lagen Adrian und Pompetzki, über den Köpfen die funzelige Lampe, betrieben von Zwölf-Volt-Batterien, die bei Bedarf der Diesel-Maschinensatz auflud, die Propan-heizung blubberte auf »klein«, sie hatten sich mit Dek-ken zugedeckt, nur eine Hand schaute heraus, den Flot-tenkalender balancierend. Umblättern war schwierig, wer in der Badewanne liest, kennt das, der Augenblick kommt gewiß, in dem die zweite Hand eintaucht, die verbleibende handhabt das Buch. Ähnlich hier.

Die beiden Süßwasser-Mariner wußten jedoch, daß wir sie zu später Stunde beglücken würden, wir waren in Sternchens Opel unterwegs, hinter uns fuhr Schnuddel mit seinem Maicomobil, Agathe hielt einen Steinkrug mit Punsch, es duftete nach Nelken, Zimt und Vanille, sie ermahnte immer wieder Sternchen, langsam zu fahren, der Punsch schülperte, drohte überzufließen, auf das schwarze Kleid, das Agathe auch heute trug, allmählich ging die Zahl ihrer schwarzen Roben ins Zahllose, an diesem hing sie, ein Festkleid, Geschenk von Sternchen Siegel.

Wir brachten die Bowle heil zum Weinmeisterufer. Vor uns lag das weiße Schiff vor violettem Himmel. Eine Laterne am Mast verbreitete Licht. Wir störten Möwen auf, die im Schilf gerastet hatten, sie schwangen sich in den dunklen Himmel, weiß wie kleine Blitze leuchtete ihr Gefieder, sobald sie den Schein der Laterne durchquerten. Ihre Rufe zerschnitten die Stille.

Das Schiff war ringsherum freigehackt, um Beschädigungen durch Eispressung vorzubeugen, jeden Morgen betätigten Adrian und Pompetzki sich mit Äxten. Über diesen Streifen offenen Wassers führte eine Planke steil an Deck.

Ich nahm Agathe den Krug ab.

Die zwei der *Havelland*-Besatzung hatten uns gehört, sie kamen aus der Kajüte, halfen uns hinauf. Agathe trug Stöckelabsätze, Furcht aller Parkettbesitzer, die Fläche, mit der sie auftrat betrug weniger als einen Quadratzentimeter. Wiederum Waffen, um Löcher in den Schiffsrumpf zu bohren, ähnlich den Rammspornen der russischen Damen beim Bordfest. Erstaunlich war, daß es Agathe, allerdings von Heringsbändiger geschoben, gelang, die Planke zu überwinden. Ingeborg trug weniger todbringende Modelle, ihre ländliche Herkunft schlug durch, auch bei der Auswahl des Schuhwerks, sie bevorzugte Gemäßigtes. Zum Flottenbesuch hatte sie sich für flache Californier entschieden, oder, wie man im US-Sektor auch sagte, Mocassins. Adrian drehte die Heizung auf voll. Wir setzten den Punschtopf auf. Am Bord-Weihnachtsbaum steckten winzige Kerzen, wie auf einer Geburtstagstorte, mehr vertrug das Bäumchen nicht. Stimmung kam auf, Pompetzki spielte Mundharmonika. Adrian beherrschte die Maultrommel, ein Instrument, das ich hier zum erstenmal sah und hörte, schwierig zu spielen für jemand, der den Trick nicht kennt. Brummeisen oder Crembalum nennen es die Musiker. Ein kleines Stück Eisen an der Zupfvorrichtung wird von den Zähnen gehalten. Wir sangen *Heute an Bord, morgen geht's fort — Hein muß hinaus auf die Mee-he-re* und andere Döntjes, bis zum *Nor'schen Fullregger,* die Mädchen bestanden darauf, uns zweistimmig mit *Wilde Gesellen vom Sturmwind durchweht* zu erfreuen. Wäre die Havel nicht zugefroren gewesen, wir hätten bestimmt losgemacht, einen Weihnachtsnacht-Törn gesegelt auf dem stillen See.

Schnüffelpaule traf Ende April ein. Wie einst schmückte seinen Schlaumeier-Schädel eine Schiebermütze, Volksausgabe jener Kopfbedeckung, die Sternchen Siegel trug, Schnüffelpaules Mütze besaß keine Bommel. Hatten wir allerdings die gewohnte Pennerkleidung bei ihm erwartet, seinen grünschillernden Regenmantel, so sahen wir uns getäuscht. Paule trug einen Havelock, eine karierte Art Radmantel, und gelbe Zugstiefeletten.

»Paule«, sagte ich, als er vor dem Kaiserschen Gartentor stand, »wie haste dir verändert!«

Schnüffelpaule nickte. »War nötig. Ick mache jetzt in Rennpferde.«

Er betrachtete die Kästen im Garten, auf denen der Tau abdampfte: »Was ist das?«

Ich erklärte es ihm. Er staunte. »Damit ist Geld zu verdienen?«

»Die Frage wird öfter gestellt. Es funktioniert.«

»Was machst du dabei?«

»Ich bin Sekretär der Regenwurm-Genossenschaft.«

»Weia Konditor. Ick dachte aus dir würde mal'n Intelleller.«

»Wäre beinahe geschehen. Ich war Gehilfe in einer Buchhandlung.«

»Kalle, überleg dir det. Jehörste da nich hin? Wat willste bei die Würmer? Ick kenne eenen bei de Zeitung...«

»Nee, nee, laß mal, Paule. Komm rein.«

In seinem Mantel steckte eine Schnapsflasche, ebenfalls eine Gewohnheit Schnüffelpaules. (Sein Spitzname stammte daher, daß er sich, nach fünfzehn Korn k.o., wiedererwecken ließ, indem er an einem glimmenden Bierfilz schnüffelte.)

Wir nahmen erst mal ein paar zur Brust.

Draußen hörte ich Minnamarthas Holzpantinen.

»Moment«, sagte ich. Ging hinaus. Die Katze schaute mich an, als ahnte sie meine grenzenlose Abneigung.

Minnamartha: »Habe ich recht gesehen? Du verkehrst noch mit dem? Dieses Individuum! Hat auch Pusche an meine Bäume geschüttet.«

Hoffnungslos. »Geh wieder hinüber in deine Laube«, sagte ich. »Dies ist meine Angelegenheit.«

»Menschlein, er will dich doch nur betrügen. Siehst du denn das nicht? Eher geht ein Kamel durch das Nadelöhr, als ...«

Den Rest hörte ich nicht mehr.

Schnüffelpaule berichtete mir, daß er aus Baden-Baden kam, da habe er ein paar Pferdchen laufen. Aufgrund der Postkarte schloß ich, daß er Mädchen mit horizontalem Gewerbe meinte. Aber es handelte sich um echte Rennpferde. »Frag mir nich, wieso«, sagte Paule, »es hat sich erjeben. Nu werfen se Jeld ab, ick habe zwee prima Jockeis, eener is noch Lehrling, aber'n bejabter Hund. Du, wie der uff'n Jaul sitzt: Wie'n Affe uff't Plättbrett. Da leckste dir alle Flossen. Stromlinie! Nu erinnerste dir vielleicht wie wir Heringsbändjer damals die Kracke von sein' Plafonwagen ausjespannt haben, irjendwer hatte jeschaltet: Det is'n Traber.«

»Der verdient heute noch sein Geld. In Hoppegarten.«

»Siehste. Hoppejarten. Es erjibt sich, det ick da ooch 'ne

221

Kracke holpern habe. Nicht besonderet, aber ihren Hafer verdient se. Und wejen dem bin ick hier, und ick muß auch mit Heringsbändjer quasseln. Denn die Pferde müssen raus.«

»Wo raus? Und wohin?«

»Kalle, mein Lieber. Noch'n Jahr oder zwee, und die DDR-Heinis machen dicht.«

»Die Rennplatz-Leute?«

»Der janze Staat, Mensch. Wo lebste? Uff'n Mond? Weeßte, wieviel denen in de letzten Jahre abjeauen sind? Nach Westen jemacht? 'ne runde Million. Meistens junge Leute, die sich jetzt in den Frohndienst des westlichen Kapitalismus bejeben haben und damit die imperialistischen Anjriffspläne des Westens jejen die freien Bruderstaaten des Ostens und die Deutsche Demokratische Republik unterstützen.

Siehste ein: So kann det nich weiterjehn. Folglich machen se dicht.«

»Das sehen wir hier aber anders. Die Wiedervereinigung ...«

Paule verschluckte sich fast. »Det darf nich wahr sein. Haste Froschlaich uff de Linsen, Junge? Von dir habe ick früher echt wat jehalten. Du machst det Maul uff und schluckst det Schlafpulver von die Brüder im Westen. Ick sage dir, et ist Matthei am Letzten. Und darum zisch ick mit Heringsbändjer rüber, der hoffentlich nich so einjetrübt is wie du, und wir holen die Jäule. Nachher werden se uns die nich frei Haus schicken.«

»Hoffentlich irrst du dich.«

»Vielleicht im Zeitpunkt. Vielleicht lassen se't noch 'n bißchen loofen. Interzonen-Handelsabkommen sind ooch nich schlecht. Also jut, wenn de wettest: Noch zwee Jahre oder drei. Aber bald kannste nur noch rüber, wenn de 'nen Passierschein hast. So fängt det an. Nee, wir holen die Jäule.«

»Wo willst du die lassen?«

»Mariendorf. Schließlich haben se ja ooch im Westsektor 'ne Trabrennbahn.«

Er schaute zum Fenster hinaus.

»Wer war det da draußen?«

»Meine Mutter.«

»Ick denke, die is in' Sanatorium?«

»War sie. Ist wieder gesund.«

»Und det Tier? Soll det 'ne Katze sein?«

»Muschi heißt sie.«

»Det paßt.« Er kicherte. »Det paßt wirklich.«

Ich versuchte, mir Paules politische Perspektive zueigen zu machen. Wenn ich die Zeitungen las, RIAS hörte, sah alles anders aus. Keinen Schritt würde der Westen den Forderungen des Ostens nachgeben. Die Amerikaner würden eingreifen.

Als könnte Schnüffelpaule meine Gedanken lesen, sagte er:

»Hast ja jesehn am 17. Juni. Wat hat der Westen jemacht? Nischt.«

»Das spielte sich ja auch im Ostsektor und in der DDR ab.«

»Und? Und? Wat is der Unterschied? Meinste, die rühren eine Hand, wenn die hier drüben stänkern? Sie werden's nich tun, o nein. So bequem haben sie's ja nie wieder. Schicken ihre Spione mit der U-Bahn. Aber wenn se wollten –

warste drüben in letzter Zeit?«

»Nein.«

»Ick mach dir 'n Vorschlag. Wir jehn rüber zu die Feiern am ersten Mai. Kiek dir det an. Wo se't Schloß jesprengt haben is Paradeplatz. Unter de Linden marschiern se ooch lang. Wird dir vielleicht beeindrucken. Vor allen Dingen, et zeicht dir, det wa da drüben 'ne andere Welt haben. Und damit, Sportsfreund, mußte rechnen.«

Wir nähern uns den *Linden,* der Aufmarsch-Straße, von Südwesten her, vom Leipziger Platz, Kaufhaus Wertheim ist Ruine, die Pfeiler zwischen den einstigen Schaufenstern stehen noch, von Bronzereliefs bedeckt, in Kürze werden sie Beute von Buntmetallsammlern sein, bevor die Kräne kommen mit eisernen Birnen, alles zusammenschlagen, Ordnung schaffen. Das ehemalige Reichs-Luftfahrt-Ministerium, Görings Hauptquartier, werden sie stehen lassen, es ist unversehrt, heute Sitz von DDR-Ministerien. An Wertheim wird niemand mehr denken, oder nur solche wie ich, die damals, ins Kinder-Paradies verschleppt, hinter Glasscheiben im dritten Stock die Rohrpost-Damen anschauten, Mädchen in weißen Blusen, »würklich adrett«, sagte Minnamartha, wie sie ankommende Sendungen umtopften,

sie mit Knall und Zischen abfertigten zur Bestimmungs-
station.

Der Gehsteig, von Schutt freigeschaufelt, besteht aus
quadratmetergroßen Granitplatten, ins Rutschen kam
ich auf ihnen in meinen Ada-Ada-Schuhen, zweifarbig,
oben beige, unten schwarz, Lackleder. Einige Platten
sind zersprungen, tragen Spuren von Einschlägen,
Stabbrandbomben stanzten sechseckige Löcher, fast
ordentlich, in den Steinbelag, damals hieß der Gehsteig
Bürgersteig, Trottoir, Verballhorner ließen das Wort
verkommen zu Trittoir.

Menschenleer die Straße, von Ruinen gesäumt, die immer niedriger werden, zu Schutthügeln, schließlich zu
aufgeräumten Flächen sich wandeln, Ebenen an der
Sektorengrenze, die abschreckt, hier will niemand siedeln, wohnen, kein Geschäftsmann scheint an die Zukunft der einst emsigen, summenden, flirrenden Stadt-
mitte zu glauben. Fast heile U-Bahn-Zugänge wirken
wie Pforten zum Orkus mit ihren teilzerstörten weißen
Beschriftungen auf blauem Grund, Stücke der Milch-
glasverschalung fehlen, dahinter hängen nackt, tech-
nisch, metallisch Beleuchtungskörper.

Kinderglück reihte sich hier in Schaufenstern, zu Weihnachten, mechanische Indianer im Wigwam atmeten,
elektromotor-getrieben, ihr Bauchfell hob und senkte
sich, ein Kraxler an steiler Bergwand, Seppelhut auf,
bewegte die Beine, ohne je einen Zentimeter vorwärts
zu kommen (ich nehme an, er wollte hinauf), Modell-
Eisenbahnen drehten ihre Runden, verschwanden in

Pappmaché-Tunnels, tauchten wieder auf, unbeschädigt, obwohl sie diese unheimliche Röhre durcheilt hatten, ein fünf Zentimeter hoher Stationsvorsteher in blauer Uniform, rote Mütze, hob seine Kelle von da an bis in Ewigkeit – so jedenfalls schien es damals, weiß General Milch, weiß die Luftabwehr im Großraum Berlin, welche Wässer aus platzenden Rohren, welche Phosphorbrände das Ende des kleinen Männleins herbeigeführt haben?

Oder hatte er überlebt?

Wie wir? Wie Schnüffelpaule? Wie ich?

Nur jeder Fünfte war umgekommen. Eine Bilanz, bei der man auf Chance spekulieren konnte.

Damals.

Während ich, hier und heute, viele Jahre später, diese Zeilen schreibe, während ich, im Geiste, mit meinem Freund Schnüffelpaule an den Trümmern der Reichskanzlei vorbeieile, lese ich im *Spiegel,* wie es aussähe, wenn heute eine Atombombe, eine Wasserstoffbombe, auf Hamburgs Hauptbahnhof fiele.

In sechs Kilometer Umkreis: Nichts. Noch in fünfunddreißig Kilometer Umkreis – da ist längst flaches Land, Hamburg ist kleiner als Berlin – entflammen leicht entzündbare Gegenstände. Für die Menschen sieht es nicht gut aus, auch wenn sie in Bunkern stecken.

Die Luftschutz-Verniedlicher haben vergessen, was Bertrand Russell vor gut einem Jahrzehnt über die Möglichkeiten des Überlebens meinte:

»Die einen denken, daß die Hälfte der Menschheit am

Leben bleiben würde, die anderen glauben, daß nur ein Viertel übrigbliebe, und wieder andere meinen, daß niemand davonkäme. Was feststeht, ist lediglich, daß die Welt aus einem Atomkrieg nicht so hervorgehen würde, wie dies für Washington oder Moskau erwünscht wäre. Der günstigsten Hypothese zufolge bestünde die Welt aus verelendeten Bevölkerungen, die durch Hunger zum Teil wahnsinnig und durch Seuchen und Krankheiten geschwächt wären; Menschen, denen die primitivsten Hilfs- und Transportmittel fehlten, und die langsam auf die Stufe unwissender armer Wilder herabsänken.«

Noch etliche Jahre früher empfahl Bonn, sich bei Atombomben-Abwurf auf den Boden zu werfen und Aktentaschen – damals trug jeder Deutsche eine Aktentasche – schützend über den Kopf zu halten. Ich glaube, Franz Josef Strauß war gerade Verteidigungsminister. Mein lieber Herr! Die Überlebensquote eins zu fünf – Traumgrenze! Auch mit Aktentasche nicht zu schaffen.

Das Kabarett *Die Insulaner* führten das vor, sie sangen:

»Lederwaren, Lederwaren-Lederwarn aus Offenbach.« Nach Jacques Offenbach, Operettenkomponist (Karl Kaiser, Ex-Buchhändler kann's nicht lassen), geboren 1819 in Köln, hundert Jahre ist er tot, der Sohn des Kantors Juda Eberscht. *Die schöne Helena. Pariser Leben. Hoffmanns Erzählungen* (bei der Erstaufführung in Wien brannte das Ringtheater ab).

Lederwarn aus Offenbach. Gemeint ist Offenbach am Main, in der Nähe von Frankfurt, Zentrum der deutschen Lederindustrie.

»Det war nu Wertheim«, sagte Paule.
Links von uns die Trümmer der Reichskanzlei.

Der Balkon hängt noch an der Fassade, auf dem der Führer erschien, mit dem Duce, mit Graf Chiano ... Drunten stand, unter hunderttausend Pimpfen, Karl Kaiser, den sie trotz Zweifeln an genügend arischen Ahnen zur Hitlerjugend zugelassen hatten. Verspätet. Doch durfte er die Trommel tragen, kalbsfellbezogen, durfte den Fünferschlag ausüben: Bum, Bum, bum-bum-bum.
Vor dem ehemaligen Reichspropagandaministerium erstes Grün an den Zweigen zersplitterter Ahornbäume. In der Wilhelmstraße kaum ein Stein auf dem anderen. Fahrdamm und Gehsteig aufgeräumt, es riecht nach Mörtelstaub. Hinter doppelt mannshoch geschichteten Ziegelwehren scheinen Trümmer überschwappen zu wollen, kannelierte Säulen aus Zinkblech, manchmal mit Farbresten, Einschuß- und Splitterlöcher im Metall, deuten auf einstige klassizistische Fassaden hin. Friedrich-Stadt, Vorstadt, Hohenzollerngründung. Friedrich I. 1372–1440, war's nicht, Johann Huß wurde 1415 verbrannt, als Ketzer, *der Bernau'sche heiße Brei – macht das Land hussitenfrei* stand in meinem Lesebuch, die Fabel ist bekannt, während

des Hussiten-Aufstandes gossen Bernauer Bürger den Angreifern heißen Grieß auf die Häupter.

Friedrich I., der die *Faule Grete,* schweres Feldgeschütz, gegen märkische Rappelköpfe und Raubritter wie die Quitzows einsetzte. Die Hohenzollern waren die vierten Herrscher im Land, Luxemburger und Wittelsbacher (die bayerischen!) hatten die Lust verloren an dieser Sandkiste, wie zuerst die Anhaltiner, Albrecht der Bär trieb die Wenden hinaus, nur im Spreewald bleiben sie, vermutlich, um Talente hervorzubringen wie Relli Liebstössl. (Übrigens gründeten damals die Tempelherren, von Albrecht herbeigerufen, Tempelhof.) Sohn Friedrich II. baut den Berlinern, einer schnippischen, aufsässigen Bande vermutlich, seine Zwingburg vor die Nase.

Friedrich III., 1657–1713, ist es. Er gründete die Friedrich-Vorstadt.

Nun ist sie wieder dem Erdboden gleichgemacht.

Unter den Linden, vom Brandenburger Tor her, nähern sich Zuschauer, der Mai-Aufmarsch ist im vollen Gange. »Freundschaft siegt, Freundschaft siegt«, singen die FDJler, die Freie Deutsche Jugend. Betriebskader marschieren, sie tragen Transparente, auf denen Pieck, Grotewohl, Ulbricht, Ernst Thälmann abgebildet sind, überlebensgroß. Die Kader biegen, nach dem Vorbeimarsch, in Nebenstraßen ein, umrunden Häuserblocks. Reihen sich wieder ein. So entsteht der Eindruck, als ob riesige Menschenmassen die Linden entlangziehen.

Neue Bäumchen wurden vom Magistrat gepflanzt in der Mitte, auf der Promenade. Klein sind sie noch, murklig, ich bezweifle, ob ich sie großgewachsen erleben werde. Meine Großmutter fiel mir ein, die, befragt, ob sie die Zerstörungen der Innenstadt ansehen wolle, antwortete: »Ich kann sie mir vorstellen.«

Ich kann mir nicht vorstellen, daß die Linden Unter den Linden einmal wieder groß sein werden.

Ich sagte es Paule.

»Kommt drauf an, wie alt de wirst«, antwortete Paule.

Neben uns ragt aus gelblichem Sandstein die neue Sowjetbotschaft, Prachtbau im gemäßigt stalinistischen Stil, gedacht für »die Hauptstadt eines sowjetischen Europas«. Hinter Eisengittern mit lanzenartigen Stäben patroulliert der Posten, Kalashnikow umgehängt. Ungerührt oder mit versteinertem Gesicht schaut er auf die marschierenden Kader, die FDJler, die ihre Hände im Takt des Freundschafts-Liedes über den Köpfen zusammenschlagen. Sein Chef, Botschafter Semjonow, steht mit den Größen der DDR auf der Tribüne beim Lustgarten, die wir schließlich erreichen. Auch sie schlagen im Takt die Hände über den Köpfen zusammen oder applaudieren den Kadern. Der Mann mit den vielen Orden auf dem Olivrock muß der Befehlshaber der russischen Truppen in Deutschland sein. Oder der russische Stadtkommandant? Wer kennt sich aus? Ich nicht, Schnüffelpaule nicht. Die Herren von drüben werden nur noch selten abgebildet in unseren Zeitungen, Karlshorst (oder jetzt Wusterhausen, wo sich das Sowjet-Hauptquartier befindet) ist uninteressant, interessant ist Pankow. Ist vor allem Ulbrich, der kommende Mann. Auf der Tribüne steht er, lächelt, seine randlosen Brillengläser blitzen. Er trägt einen schwarzen Mantel mit Samtkrägelchen, einen Schal. Maikühl ist's noch, trotz strahlendem Sonnenschein. Neben ihm, in Uniform, Willi Stoph, Chef der neuen Volksarmee.

Riesig dehnt sich der Platz, auf dem einst das Berliner Schloß stand, abgetragen von den Russen, vernichtet dies Sinnbild preußischen Starrsinns. Kaspar Theiß, Schöpfer des kuscheligen Grunewald-Jagdschlosses, lieh seine Hand, daß die Friedrich-Zwingburg an der Spree sich zum Schloß wandelte, das sich sehen lassen konnte, hier wurde hofgehalten, Diplomaten trafen ein, Fremde, denen mußten sie was zeigen, die Hohenzollern. Andreas Schlüter klebte dem Bau eine üppige Barockfassade vor, postierte sein Reiterdenkmal des Großen Kurfürsten auf der Langen Brücke. Eosander von Göthe schuf sein berühmtes Portal. Schutt. Nicht einmal die Rossebändiger, Geschenk des Zaren Nikolaus, überlebten: Wurden sie eingeschmolzen? Im Krieg? Jetzt? Begas, Schüler des großen Rauch, schuf den Neptunsbrunnen, er steht nun vor dem roten Klinker-Rathaus mit seinen drallen Quellnymphen und dem muffeligen Neptun, an dessen Dreizack bronzene Algen baumeln.

Es ist doch nicht möglich, daß ein Schloß spurlos verschwindet?

Heller Kies, der unter dem Marschtritt der sozialistischen Kader knirscht.

Eine Abordnung der Volksarmee. Stechschritt. Uniformen, die uns vertraut erscheinen, Tressen wie bei der Wehrmacht. Die Stahlhelme mehr russisch, die Form etwa ergibt sich, wenn man mit dem Messer die Spitze eines Eis abhebt.

Die Kader marschieren. Viel Volk schaut zu, eine ganze Menge Neugierige aus dem Westen. Auch Ausländer. In der Nähe des Pariser Platzes, als wir zurückgehen, hören wir Englisch.

Hinter dem Brandenburger Tor versinkt der Feuerball der Sonne. Schwärzlich stehen die Zweige magerer Tiergartenbäume gegen das letzte Tageslicht.

Im Westen bleibt Paule stehen. Zündet sich eine Zigarette an.

»Merkste«, sagt er. »Die sind weiter als unsere Dösköppe.«

Er zitiert, stark berlinerisch gefärbt, was Adenauer sagte, als er aufgefordert wurde, die erste Regierung zu bilden: »Jeben Sie her, die Demokratie, ich mach wat daraus.«

»Natürlich«, meinte Paule, »hat er det mit rheinischem Zungenschlach jesagt, mit rollende R's und det allet. Mußte dir vorstellen.«

Ich weiß nicht, was Paule meint, die Wiederbewaffnung findet ja auch bei uns statt, jedenfalls in der Bundesrepublik, in West-Berlin nicht, hier gilt weiter das Besatzungsstatut.

Was ist geschehen?

Die Franzosen haben die Europäische Verteidigungs-Gemeinschaft platzen lassen, uns wollten sie nicht dabei haben, nach soviel Ärger seit siebzig-einundsiebzig (Sedanstag!), seit Chemin des Dames und Dünkirchen und Ardennen-Offensive. (Strenggenommen steht die Sache noch an, ist nur vertagt worden ohne Fristnennung. Unter Mendès-France hieß es, das Beratungsteam solle ausgewechselt werden.) Die Journalisten schrieben, nun sei die Chance für ein geeintes Europa verspielt.

Die Nato nahm uns. Die Generäle Heusinger und Speidel bekamen schöne Uniformen. Two-Star-Generals. Der Sicherheitsbeauftragte Theodor Blank verwandelte sich in den ersten Verteidigungsminister der Bundesrepublik.

Als erster Feldwebel zog Kurt Beutel in die Kaserne in Andernach ein.

Die drüben: »Weiter als unsere Dösköppe?«

»Die glooben dran. Det is der Unterschied. Und wer nich gloobt kriegt 'n Tritt in die Bonbonfabrik.«

In der Bülowstraße verläuft die U-Bahn als Hochbahn. Auf Stelzen. Beim Bülowbogen lag eine von Schnüffelpaules Stammkneipen. Sie hieß *Der Triesel*. Wir steuerten darauf zu. »Ick wundere mir immer wieder«, sinnierte Paule, »wieso det Triesel heeßt. Nach son harmloset Kinderspiel. Weeßte noch?«

Ich wußte. Hatte die Mädchen und Jungs beneidet, denen es gelang, den bunten Holzkonus mittels Peitschenschlägen auf Bürgersteig oder Straße voranzutreiben. Geübte Champions jagten den Triesel hunderte von Metern weit, verfolgten das sirrende Ding mit ihren Peitschen. Ich blieb in den Anfängen stecken. Den Triesel in Gang zu bringen erforderte Geschicklichkeit, man wickelte die Peitschenschnur um den Konus und brachte ihn durch plötzlichen Ruck an der Peitsche in jene Rotation, die ihm Stabilität verlieh. Bereits diese Geschicklichkeit fehlte mir, mein Triesel legte sich auf die Seite.

Kein Schwung.

»Wie war's bei dir?«

»Ick war Champion. Jroßer Meister. Ich konnte den Lümmel um 'n janzen Häuserblock trieseln. Manchmal hab ick Triesel von andre Jungs jewonnen.«

»Meinen hättest du gewinnen können.«

»Von Meechens haben wir sie nich jenomm'n. Ick weeß nich, wieso. Aber die Zicken ham jleich zu flennen anjefangn. Det hatten wa wenijer jerne.«

Im *Triesel* herrschte dicke Luft. Es dauerte eine Weile, bis man im schummerigen Schankraum Einzelheiten erkannte, dick hing der Lucky-Strike-Nebel. »Mach ma paar Mollen und paar Korn zurecht«, schaffte Paule an. »Heute Linienschiff.«

»Was heißt'n das nu wieder?«

»Kennste nich den ollen Singsang: ›Een Linienschiff,

een Linienschiff, det is een Schiff wat Linien schifft.‹
Siehste. Nu trinken wa Molle und Korn immer eens hintern andern, det heeßt Linie. Und denn jehn wa Linien schiffen. Es det klar?«

»Klar. Klar wie Kloßbrühe.«

»Der Kleene hier is weltfremd«, erklärte Paule seinen Freunden, auf mich deutend. Uns umzingelten Joldzahn-Eddie, Krempen-Willy und noch einige Kumpel, Genießer und Nassauer, deren Namen ich mir nicht gemerkt hatte. Ein paar Mädchen gehörten zur Runde. Eine fragte: »Issa noch jrün? Denn kann er jratis mit ruffkommen.« Schnüffelpaule lachte. »So schlimm isset nich. Er war nur Buchhändler.«

»Buchhändler? Haste ooch Schweinereien verkooft? *Pittigrilli* und so?«

Ich sah ein, dies war nicht der Ort, um ein Berufsbild des Buchhändlers zu entwerfen. Paule zog ein Mädchen an sich heran, bißchen ramponiert schien sie mir, aufgeklebte Wimpern, die Haarwurzeln gehörten nachgefärbt. »Lücken-Else. Wer mit der jeht, braucht keen Kamm. Else, lach mal.«

Else lachte. Verschämt. Ihr fehlte jeder zweite Zahn. Exakt jeder zweite. Paule deutete in den Hintergrund, wo eine Treppe in den ersten Stock führte. »Wenn de willst, kannste mit ihr ruffjehen. Kille, kille Pankow. Ick lade dir ein.« Else klappte ihre Kulleraugen auf.

Ich verschob kille Pankow.

Schnüffelpaule berichtete von unserer Teilnahme an den Maifeiern im Ostsektor. »Isset möglich«, rief Joldzahn-Eddi, »zu welchet Touristenprogramm gehört nu det wieda? Paule, du bist entartet. Man jeht doch nich freiwillich in 'n Sowjetsektor. Wenn se dir nu hoppjenommen hätten?«

»Wieso solln se mir hoppnehmen?«

»Wieso nich? Oder biste der Sozialistischen Einheitspartei beijetreten?«

»Laß ma det«, sagte Paule. »Prost.«

»Uff Karl Marx.«

»Den echten.«

»Den mit'n Bart.«

Eins der Mädchen warf einen Fünfziger in die Musiktruhe.

Memories of Heidelberg.

Krempen-Willy regte sich auf. »Wat soll 'n nu det wieder? Amerikanische Himbeersoße. Herr Wirt! Soll ick ihren Klapperkasten zerlejen? Wir ham Anspruch uff 'n besseret Programm. Wat is mit *in Rixdorf is Musike* und so wat?«

»Spinnste?« sagte Lücken-Else. »Wo lebn wa denn? 'n bißchen kannste ooch mit de Zeit jehn.«

»Wat heeßt mit de Zeit? Pluster dir man nich so uff sonst jehn wir zwee Bibop tanzen.«

»Mit deine ondulierten Beene? Damit krichste nich mal 'n Swing hin, da jeh ick jede Wette ein!«

»Kinder ihr habt wohl nich alle? Nu kriecht euch ma wieder ein. Wirtschaft, ne Lage!«

Der Wirt hinter der Theke, kariertes Hemd, Lederschürze, Seehundschnauzbart, schob die Gläser unter

236

den Bierhahn. »Wat ihr zu meckern habt. Seid doch froh, daß se euch nich die Pelle abjezogen haben.«

»Jawohl. Für Lampenschirme. Bei deine Tätowierungen hätten se bestimmt 'ne zweehundert-Watt-Birne jebraucht.«

»Darüber spaßt man nicht.«

»Wat heeßt spaßen. Is 'ne alte Erfindung. Een Landjraf hat sich ausn erlegten Wilderer Lederhosen schneidern lassen.«

»Det will keener hören.«

»Und in Zittau, wo ick herkomme, hatten se 'n janzen Räuber. Jejerbt. In de Ratsbibliothek.«

»Wie is eener wie du in de Ratsbibliothek jekommen?«

»Ick jebe zu, ick hab det nur jehört. Als Kind. Der Lehrer hat uns det erzählt.«

»War wohl eener mit 'n Parteibonbon, wa?«

»Det jabs damals noch nicht. Laß mir in Ruhe ja? Sonst kriechste eene ant Hauptjebäude, dett de denkst, du lebst in de Erdbebenzone.«

Der Wirt kam hinter dem Tresen vor. Schweigend griff er sich den Randalierer. Trug ihn am Kragen zur Tür. Öffnete. »Zurück nach Zittau«, sagte er. Wir sahen den Gast bei seinem Flugversuch. Die Tür fiel zu.

»Wer war det?«

»Keene Ahnung. 'n Vairrter. Jibts manchmal. 'ne Lage ufft Lokal.« Er sah mich an, als weiteren Nicht-Stammgast, mit prüfendem Blick, als könne sich der Fall Zittauer wiederholen. Dann schien er sich zu erinnern, daß ich mit Schnüffelpaule gekommen war. Und damit war ich unverdächtig. Er zwinkerte mir über die Bierhähne hinweg zu.

Joldzahn-Eddie meinte: »Wo warn wa stehn jeblieben?«

»An dem Punkt, dett 'ne Lage schmeißen wolltest.«

»Warum wachse ick blooß mit Schlagfertige uff? Wirtschaft! Wat sein muß, det muß sein.«

Sie forderten Paule auf, seinen Trick mit den fünfzehn Korn hintereinander zu zeigen. Schnüffelpaule lächelte sofort geschmeichelt. Ich konnte ihn nur mit dem Hinweis auf mich davon abbringen. Ob er denn keine Verantwortung fühle?

»Ick fühle«, sagte Paule. »Sauf ick dir eben untern Tisch, da biste jut aufjehoben.«

In Lücken-Else hatte ich eine Freundin gefunden. »Laß det«, sagte sie ernst zu Paule.

Er schüttelte seinen Radmantel wie eine nasse Pelerine. »Hast recht. Der Kleene sollte in de Heia. Auf laß uns stoßen.«

»Er kann in meine Heia.«

»Ick weeß nich. Nacher beißte ihn, und denn issa perforiert.«

Wir verließen den *Triesel.* »Wo wir uff Achse sind«, meinte Paule, »wolln wa kieken, ob im *Walterchens Ballhaus* noch wat läuft?«

Wir gingen die paar Schritte. Bei Walterchen war voller Betrieb, trotz der späten Stunde. Wir nahmen auf der

Balustrade Platz. Bestellten eine Flasche Liebfrauenmilch. Gut, daß Sternchen Siegel uns nicht sah!

Sie hatten einen neuen Animiermeister, der Stimmung
machte. Ältliche einsame Mädchen sahen zu uns auf.

»Damenwahl! Der nächste Tanz in diesem Saal ist Damenwahl!«

»Du liebe Jüte«, sagte Schnüffelpaule, »det hatte ick va-
jessen!«

Zwei reife Wuchtbrummen stiegen zu uns herauf. »Die
Herren tanzen?«

Wir erhoben uns. Paule ließ den Mantel auf den Stuhl
gleiten. Drunter trug er ein Jackett mit superbreiten Re-
vers. Ausgestopfte Schultern. Wir geleiteten unsere
Partnerinnen aufs Parkett. Tango. Ran an die Ramme!
Ich mußte an die Party bei Mausi Mauerberg denken,
als der Fulbright-Student mich aufgefordert hatte:
Charly ... Tängo!

Ach Max, wenn du den Tango tanzt. Meine Partnerin
ging in Knicklage, langer Rückwärtsschritt. Die Brüste!
Ich hatte gedacht nach dem Krieg seien sie abgeschafft,
immer war ich an Bügelbretter geraten. Auf diesen Balkon konnte man sich zum Sonnen legen. Langsamer
Walzer. *Schau einer schönen Frau nicht zu tief in die
Augen.* Meine Partnerin blitzte mich an. »Lilo«, sagte
sie. »Ick heeße Lilo. Und Sie?«

»Karl Kaiser«, sagte ich förmlich.

»'n hübscher Name.«

Die Damen luden uns zum Kaffee ein, »nicht weit von
hier«. Sie wohnten in einem Zimmer in Untermiete,

aber mit eigenem Bad. Im Badezimmer machten sie auch das Wasser für den Kaffee heiß, mit einem Tauchsieder, wie ich durch den Türspalt sah. Die andere, jene, die Paule zum Tango aufgefordert hatte, hieß Frieda. »Paß mal uffs Wasser uff, Frieda«, sagte Lilo. Beide verschwanden dann im Badezimmer, erschienen wieder in rosa Harnischen, schweren Korsagen, an denen unten braune Strümpfe zumpelten. Paule sah es auch und murmelte was von »durch den Kakao ziehen«, eine Assoziation, scharfen Beobachtern wie uns gemäß, nach fünfzehn Bier und Korn, und der Liebfrauenmilch, und im Weggehen bei Walterchen hatten wir die Damen noch zu *geschminkten Lauras* eingeladen, wie die Weiße mit Waldmeister von ihnen genannt wurde – genug, um äußerst scharf zu sondieren, solche Details zu erkennen wie die zumpelnden Nylons. Das drüber war schöner, hinter ihnen im Bad brannte das Licht, umrandete die auf uns zuschreitenden rosa Krustentiere mit Auriolen, Langusten-Prinzessinen begaben sich an Land, in aufrechter Haltung. Stummfilm? Fritz Lang? Neuestes Hollywood? Ester Williams mal zwei, als Hummeriden verkleidet, vom neuentdeckten Planeten Hummerus, wo Superman und sein Begleiter Sancho Planeta, das Raumschiff verlassend, auf diese überirdischen – oder über-aqualen Wesen starrten.

Sie kamen näher. Wir ächzten unter der Last der Panzer, Geruch von Puder, mit Achselschweiß gemischt, ertränkte uns, die Kraken krochen auf uns, ihre Münder tasteten unsere Gesichter ab, ein barmherziger Bernhardiner zapfte Asbach Uralt aus seinem Fäßchen, das er wie stets zur Abendstunde um den Hals trug wie eine Smokingschleife, die Nereiden atzten uns, während ihre Molluskenkörper auseinanderflossen, die Schalen sich öffneten, das Fließende uns einhüllte ...

Ich erwachte, als Morgenlicht graublau das Zimmer auszufüllen begann. Saß im Sessel. An der Wand fand ich den Bernhardiner wieder, auf einem Reklamedruck mit der Inschrift *Chocolat Tobler*. Ein Faß hatte er nicht um. Aber auf dem Tisch stand die angebrochene Flasche Asbach, zwischen leeren Kaffeetassen, einem angebissenen Stück Torte, Schnapsgläsern. Paule lag auf der Bettumrandung unter den Fußteilen aus Eichenholz, reiche Drechselarbeiten hingen wie braune Eiszapfen über ihm. Sein Radmantel war um ihn gehüllt, auf eine Weise, daß Paule wie zerbrochen aussah. Nur seine Mütze saß unverrückt fest auf dem seitwärts gewendeten Schädel.

Er schnarchte.

Ich stand auf.

Im Hintergrund des Zimmers erleuchtete der matte Schein einer Nachttischlampe mit gelbem Seidenschirm zwei Schläferinnen. Die eine hatte sich oben abgedeckt, die andere unten. Aus den beiden sichtbaren Hälften hätte man eine neue Tangotänzerin zusammenschrauben können. Auf jeder Seite des Bettes lag eine Krustazeenschale, Negativform der jeweiligen Schläferin, abgestreift, wodurch die Schalen etwas Selbständiges bekamen. Ich bückte mich. In der Schale, die meinen Augen nahe war, sah ich eingestickt die Marke: *Triumph*. Leise ging ich um das Bett herum, trat über den Schlafenden im Mantel, bückte mich zur anderen Schale. *Wegena* las ich. Ein Dadaisten-Stück, Wegena und Triumphia, die Nereiden von Walterchens Ballhaus? Nestroy ginge auch. Bleibt allerhand hängen, wenn man in der Buchhandlung gearbeitet hat.

Ich rüttelte Paule. Er scheuchte mit der Hand unsichtbare Fliegen weg. Endlich wachte er auf. Sah mich mit einem Auge an. Das andere behielt er zu. Er nickte. Ich half ihm auf. Er warf einen Blick auf die Schläferinnen, dann auf den Bernhardiner. Goß sich einen Asbach ein. Überlegte dann und setzte die Flasche an. Trank dem Bernhardiner zu. Dann bückte er sich über einen der abgestreiften Harnische, der im zunehmenden Tageslicht Farbe gewann. Es war der Wegena-Panzer. Paule nickte wieder. Wir gingen zur Tür.

»Wenn wa schon uff de Beene sind könn wa ooch 'n Tach jenießen«, sagte Paule auf der Treppe. »Wat für 'n Tach ham wa?«

Sonntag.

Im Bahnhof Zoo fanden wir einen Frisör, der uns rasierte. Ich rief Friedrich an und teilte ihm mit, daß wir in der Stadt seien. »So früh?« wunderte sich Friedrich.

Ich verkniff mir eine Erklärung.

Im Kaffee Schilling stießen wir in ein Nest von Kaffeetanten. Ihre Hütchen auf dem Kopf, saßen sie wahrscheinlich seit 1923 an den Marmortischen. Wir bestellten Rührei, es sah aus wie zu Blockadezeiten, doch der Kaffee war »eine Wolke«, wie Paule sich ausdrückte.

In einer Bude an der Ecke Uhlandstraße verkauften sie Lose fürs Rote Kreuz. Wir nahmen jeder drei. *Gewinn* stand auf einem meiner Lose. »Schon wieder ein Hauptgewinn«, rief der Losverkäufer ins Mikrofon. Über Lautsprecher war er weithin zu vernehmen. Ein paar Frühbummler blieben stehen. »Komm Se auf den Balkong, junger Mann.«

Ich ging in das Innere des Loshäuschens, eine Art Hühnerleiter führte nach oben. Wir traten auf einen winzigen Balkon hinaus. »Was meinen Sie, was sie gewonnen haben?« fragte der Losverkäufer und streckte mir das Mikrofon hin. Ich zuckte die Achseln. »Sag doch wat«, schrie Paule von unten. »Einen Kinderwagen?« fragte ich. Die Leute unten lachten. »Nein, nein«, sagte der Losverkäufer. »Einen Damenmantel.« Er griff hinter sich ins Dunkel der Hütte, wo ihm inzwischen ein Helfer das gewonnene Objekt bereitgestellt hatte. »Ein modischer Damenmantel. Applaus!«

Die Leute unten katschten.

Ich nahm das gute Stück in Empfang, eine blaugraue Hülse, auf Taille geschnitten, unten glockig. Am Kragen zwei Zentimeter Kaninchen. Ich zeigte den Gewinn den Leuten. »Schmeiß runter«, rief Schnüffelpaule. Ich ließ den Mantel segeln. Paule fing ihn auf. Das Publikum klatsche wieder. Der Losverkäufer sah mich an. Dann komplimentierte er mich hinunter.

Paule hielt den Damenmantel über beiden Armen, als habe er ihn frisch aus der Reinigung geholt. Er starrte auf die Kaninchen-Verbrämung. »Wie 'ne Krankheit«, sagte er. »Was machen wir mit det jute Stück?«

»Ich weiß nicht.«

»Haste keene Mulle, der de den schenken kannst? Paßt jut zu rote Haare. Wat is 'n mit deine Gigi?«

Während wir weitergingen, weihte ich ihn in den neuesten Stand der Dinge ein. Paule wunderte sich. »Jut. In Hannover isse. Bei 'ne Freundin wohnt se, sacht se? Haste die jesehn, die Freundin? Haste nich. Jeht dir keen Licht uff? Vielleicht wohnt se bei 'n Kerl.«

»Du spinnst.«

»Wieso? Meenste, die Zibben warten druff, bis een jewisser Kalle Kaiser se jeigt? Valleicht hatte se dir über? Mann, wenn die von Freundinnen reden, weeß Paule doch, wohin det Perpendikel schwenkt. Aber ick sehe, det paßt Euer Liebden nich, lassen wer det. Se wohnt bei 'ne Freundin, basta. Hoffentlich nich bei 'ne Lesbe. Die solln det ja äußerst pingelich machen, die Freundinnen sind janz beglückt. Jedenfalls in de erste Zeit. Nee, ick sehe, Lesbe paßt dir ooch nich. Wat war denn für 'n Name draußen an de Tür? Weeßte nich mehr? Haste zu Hause uffn Zettel? Machste rejen Jebrauch davon? Schreibste ihr? Dreimal de Woche? So. Hat se sich verbeten. Mann, wat allet unter dem Namen Liebe läuft. Det verblüfft noch son altet Kroki wie Paule.

Also den Mantel nich. Trotz de passende Farbe. Wat nu?«

244

»Wie werden wir den los?«

»Ick hab 'ne Idee. Weißer Mohr.«

»Was?«

»Die Kneipe Ecke Joachimsthaler. Da jehn jetzt die Zu-
hälter frühstücken, wat ihre Pferdchens loofen ham in
de Lietzenburjer Straße. Möchte sein, eener schätzt 'n
jutet Angebot.«

Zehn Minuten später waren wir den Mantel los, für
siebzig Mark. Der Käufer lud uns zum zweiten Frühstück ein. Bouletten. Weiße mit Sekt. »Phänomenal«,
sagte anerkennend Paule, »von Ihnen kann ma wat lernen.«

Der Mann, ein Mittdreißiger mit Koteletten, Sonnen-
brille und links und rechts Schlitzen in der Jacke, betonte: »Dieset trinke ick jeden Morjen. Seit nunmehro
zwanzig Jahren.«

»Seit so lange. Det imponiert mir. Da ham Se jewisser-
maßen früh anjefangen. Niemand hat Se jestört?«

»Einmal geriet ick hinter schwedische Gardinen. War
aber unschuldig. Habe durch Bestechung der Wärter erreicht, daß mir jeden Morjen mein Trunk ...«

»Det imponiert mir würklich. Brauchen Se zufällig 'n
Pferd? 'n richtijet? Mit vier Beene? Erfolgreicher Traber.«

Der Mantelkäufer verneinte. Fühlte sich aber verpflich-
tet, uns einigen Freunden vorzustellen sowie noch eine
Runde zu bezahlen, »wegen des guten Kaufes«.

Wir quirlten mit Strohhalmen in der Weiße, füllten mit
Sekt auf. »Prost!«

Allmählich fand Paule, dieses feine Morgengetränk zu labbrig. So führte er seine Kunststück mit fünzehn Korn vor, die er »Linie« trank. Ich erweckte ihn mit glimmendem Bierdeckel. Die Begeisterung schlug Wellen. Ein Taxifahrer meinte, wir sollten ihm unsere Adressen geben, er würde uns gratis befördern, wenn wir aus den Latschen kippten. Paule saß wie 'ne Eins an unserem Tisch, die Ellbogen auf der Platte, der Mantellude bestellte jetzt zur Feier des Tages Sekt ohne Weißbier. Paule meinte, ob wir bei den Walterchen-Hummern vorbeischauen sollten, inzwischen seien sie sicher aufgewacht. »Paule«, warnte ich, »jetzt ist es ganz hell. Ob die uns noch gefallen?«

»Haste recht. Det hab ick nich bedacht. Siehste, darum jeh ick nich jerne int Theater, weil se da die Weiber so hell anleuchten, und denn is de janze Illon flöten ...«

»Die was?«

»Ick meene Illullion. Du weeßt doch, wat ick meene.«

Der Mantelkäufer schlug vor, uns in ein erotisches Theater einzuladen, aber Paule wollte nicht, die Puppen darf man nicht anfassen, meinte er, da fehle ihm was. Außerdem sei es doch hier gemütlich.

Allmählich kamen die ersten Mädchen, schlafbrüchig, Make-up über Pusteln, Gesichter wie Lampions mit erloschenen Kerzen. Ihre Macker ließen Scherze los. »Ooch schon auf? Du latschst, als ob de in 'ne feuchte Semmel jetreten bist.« — »Mach dir nich ins Hemde«, war die Antwort.

Die meisten Mädchen frühstückten Bier mit Sekt.

Diejenige, für die der Mantel bestimmt war, zeigte sich nicht. Der Kotelettenheini wurde nervös. Wir merkten, wie die Stimmung verdampfte. »Nu machen wir 'ne Flieje«, schlug Paule vor. »Behüt euch Jott, et wär so schön jewesen ... Komm, Kalle, für det restliche Jeld koofen wa bei Rollenhagen Bücklinge. Oder 'n Spickaal? Wat magste lieber? Mir isset wurscht. Nee, wurscht nich, mir isset Räucherfisch.«

Mit unseren Paketen kamen wir wieder an der Losbude vorbei. »Unsere Glückpilze«, rief der Losverkäufer. »Versuchen Sie noch einmal Ihr Glück.«

Paule blieb stehen.

Dann entschloß er sich weiterzugehen. »Zwee Damenmäntel an een Tach verträcht meine Leba nich.«

Ich träumte, ich sei in einem prachtvollen, weitläufigen Haus, im ersten Stock befand sich ein Berliner Zimmer, saalgroß. Auf einem Sofa vor einem kleinen Tisch saßen zwei Damen und betrachteten ein Kunstblatt. Die eine, mit kurzen Haaren, kannte ich anscheinend, sie war, wußte ich, mit den Krupp verwandt, Begründung dafür, daß sie sich das Haus leisten konnte. Die andere trug einen riesigen Hut, ihre üppige Figur lagerte in einer Ecke des Sofas, das mit goldbraunem Samt überzogen war. Sie schien die Ältere zu sein, sagte wenig, ließ sich von der mit den kurzen Haaren erklären, daß sie soeben ein Farbkreide-Blatt eines berühmten Illustrators erworben habe, hier ... »Vorsicht, die Farbe verwischt sich«, sagte die Üppige. Die andere meinte: »Es ist fixiert.« Ein befreundetes Ehepaar traf ein, Ärzte beide, sie Forscherin, er Waidmann von Passion, ich machte alle miteinander bekannt, bat, den Freunden das Haus zeigen zu dürfen. »Auch das Treppenhaus«, sagte die mit den kurzen Haaren. Am Ende des Berliner Zimmers öffnete sich ein Durchgang zu diesem Treppenhaus, oval, aufs reichste in einer Art sarazenischem Stil verziert, in fast brutaler Farbigkeit klebten die Stuckornamente an der Decke, zu Häupten der Betrachter. Die Treppe führte ins Nichts, ganz oben befand sich eine Plattform, es gab auch keine Anzeichen, daß die Treppe früher einen Zweck erfüllt hatte. In halber Höhe führte eine in die Rundung der Wand eingepaßte unauffällige Tür auf eine Art Dachboden, von dessen Balken, wir sahen es mit einem Blick durch den Türspalt, Taue und undefinierbare Gegenstände herabhingen, wie auf dem Schnürboden eines Theaters. Hier gab es jedoch keine Öffnung nach unten, die der Vermutung Raum gegeben hätte, ein Theater befinde sich im Gebäude, eine Bühne unterhalb des Bodens.

Wir gingen zurück, an den Damen vorbei. Hinten rechts befand sich eine gläserne Schwingtür. Sie führte in einen lichten Saal, der für Ausstellungen gebraucht wurde, im Augenblick standen darin aber nur Schaufensterpuppen aus Plexiglas, ihre durchsichtigen Körper und Gliedmaßen waren mit Packpapierbogen teilweise verhüllt. Eine Treppe führte hinunter in ein Caféhaus ähnlich dem neuen Münchener Café Luitpold. Es befand sich bereits im Nebenhaus. Vorher kamen wir jedoch durch einen kleineren, üppig mit rotem Samt ausgeschlagenen Saal, venezianische Leuchter hingen von der – ebenfalls roten – Decke, Messing glänzte, man saß in Nischen auf roten Sofas, die in Längsrichtung halbierten Badewannen glichen, alles weich gepolstert, luxuriös. Wir gingen weiter, durch diesen Raum hindurch, in das eigentliche Café, und während wir das taten, glaubte ich, in einer der Nischen Gigi zu entdecken. Ich sah genauer hin, aber ich war einer Täuschung aufgesessen: Der Platz war leer. Auch sonst nirgends eine Spur von Gigi.

Ich wachte auf. Schaute durchs Fenster. Dunkle Wolken zogen am Himmel, doch leuchtete zwischen diesen Wolken und der Erde am Horizont ein goldener Streifen. Über dieses Gold schwirrte ein Schwarm kleiner Vögel, die schwarz erschienen. Auf dem feuchten Pappdach des Würmer-Hauses verdampfte der Tau.

Unglaublich schien es mir, daß Gigi die Kolonie Tausendschön verlassen hatte, *unsere* Kolonie, durchaus zu bezeichnen mit dem Begriff *Heimat,* Schnüffelpaule irrte sich, wenn er meinte, woanders könne jemand Fuß fassen, der hier aufgewachsen ist, ich, Karl Kaiser, als Buchhändler, meine Eltern als Eigenheimbesitzer. Hatte sich nicht immer wieder herausgestellt, daß es uns zurückwarf in die Pappdach-Gefilde, die Vorortlandschaft, diese Hütten-Ansammlung? Wobei ich meine, daß *zurückwarf* nicht die richtige Bezeichnung ist. Hier war Leben. Hier und heute war ich überzeugt, daß ich nicht tauschen wollte mit den Menschen in der Stadt. In Erdgeschossen von Ruinen lebten sie, in Brandmauern stehengebliebener Mietskasernen brachen sie Fensterchen, aus denen sie, sich rasierend, auf dem Klo, Zigaretten rauchend, im Süppchen rührend hinabschauten auf die gelb-roten S-Bahn-Züge, die im Zwanzig-Minuten-Abstand vorbeiratterten auf den Stadtbahngleisen. Ein neues Erlebnis, aus den frischen Luken auf die Bahn zu schauen, die ihnen, gingen sie in die gute Stube, vor der Nase schepperte, das Vertiko zum Erzittern, die Sammeltassen zum Klirren brachte. – Oder die stehengebliebenen Mietskasernen um den Schlesischen Bahnhof. Mit Ingeborg bin ich hingefahren, wir erwarteten einen Verwandten aus dem Osten, der nicht kam. Höfe und nochmal Höfe, rauchiges Halbdämmer, es roch, wie Ingeborg sich ausdrückte, »nach plattgedrückten Wanzen«. Ich weiß nicht, wie sie riechen, plattgedrückt oder nicht, einmal wurden Wanzen in Onkel Huberts Wohnung festgestellt, sie saßen unter der Tapete, dort, wo sich an Lichtleitungen – über dem Putz verlegt – Hohlräume bildeten, Wanzentunnels. Die Familie lebte drei Tage in der Laube, weil der Kammerjäger die Wohnung versiegelte, Türen und Fenster mit Klebstreifen abdichtete und die Tapetenflundern mit Gas ausräucherte. Die Küchenschaben gingen gleich mit drauf, eine wirtschaftliche Methode.

Die drei Tage in der Laube genügten, daß Onkel Hubert begann, Überlegungen anzustellen, ob sie nicht ganz übersiedeln könnten, raus aus der Stadt, aus dem miefigen Mietshaus, vierter Stock, abgelatschte Treppenstufen, das gedrechselte Holzgeländer mit einer schwärzlichen Schicht belegt, daß man sich ekelte, mit der Hand den Lauf zu berühren.

Gigi in Hannover?

Gigi mit mir in Kanada?

Hier gehörte sie her.

Unabhängig von ihren Beziehungen zu Karl Kaiser. Haut doch ab, ihr Klugscheißer, die ihr uns locken wollt mit den Errungenschaften des Wohnungsbaus nach dem Krieg.

Für die Internationale Bau-Ausstellung gossen Scharoun und Gropius ihre Wohnmaschinen aus Sichtbeton. Zu gleicher Zeit bemühte sich Buseberg, vor seine Wohnlauben-Fassade eine Attrappe aus falschem Fachwerk zu kleben. Ein Banause? Danach war es wärmer in Busebergs Laube. Einen Sommer darauf rankte sich wilder Wein an den weißen Flächen zwischen dunklem Balkenwerk.

Karl Kaisers Gedanken-Slalom. Eigentlich dachte ich nur eins:

Gigi.

Sie fehlte mir.

Ich begann, mit Friedrich über seine Schwester zu sprechen. Was meinte er? Würde sie zurückkommen?

»Wegen so 'nem nebulösen Freund wie du es bist wahrscheinlich nicht. Wenn ich Gigi wäre ...«

»Was dann?«

»Nichts. Ich kann mich nicht in sie hineindenken. Sie ist zwar meine Schwester. Doch wie verschieden können Geschwister sein, wie unterschiedlich können sie empfinden. Man müßte seine Ahnen kennen. Fünf Generationen zurück. Wie die Bibel sagt: Bis ins fünfte Glied.«

Jetzt kam er mit der Bibel! Vielleicht mit dem Ahnenpaß? »Habt ihr eure Ahnen zusammenbekommen? In der Nazizeit? Für den Arischen Nachweis?«

»Gerade so. Wer hat sich früher darum gekümmert? Sie waren verteilt zwischen Bromberg und Ludwigshafen. Schließlich gab es allerlei Völkerwanderungen, die letzten tausend Jahre. Nach Ostland geht unser Ritt.« Er lachte. »Geritten werden sie nicht sein. Ich denke, Urgroßvater und Urgroßmutter sind mit einem Bündel auf dem Ast nach Osten gemacht. Land war ihnen versprochen. Daß nichts drauf wuchs konnten sie nicht wissen.«

Er spitzte, in unserem Büro, einen Bleistift. Mit dem Taschenmesser. Bleistift-Anspitzer verschmähte Friedrich.

»Ich wollte damit sagen: In allen von uns stecken Eigenschaften, die wir nicht kennen. Durch Generationen vererbt. In der selben Familie schlagen bei dem einen diese Eigenschaften durch, beim anderen jene. Wie soll ein Bruder seine Schwester kennen? Gigi hält nicht einmal den Löffel wie ich.« Er sah auf sein Taschenmesser. »Und sie liebt Bleistift-Anspitzer. Als Kind besaß sie eine Sammlung, einer sah aus wie das Hexenhaus bei

Hänsel und Gretel, einer war eine Weltkugel. Den Eiffelturm gab es zweimal, in Schwarz und in Silber. Jedesmal, wenn die Eltern mit uns zu Woolworth gingen, oder zu Epa in der Schloßstraße, mußten sie Gigi einen Bleianspitzer kaufen. Deshalb mag ich keine. Es waren zu viele.«

Während ich Eichelkraut, der jetzt neben seinem Kesselwagen einen Anderthalbtonner Opel Blitz laufen hatte, eine Liste schrieb, wo er Abfälle abholen sollte, die wir zu Würmerfutter verarbeiteten, dachte ich an meinen Traum. Das prächtige Haus, von dem ich wußte, daß ich es niemals wirklich erblickt hatte: Bedeutete es nicht, daß mein Unterbewußtsein verglich, daß ein Teil von mir Laubenkolonie und Wurmkulturen entrinnen wollte? Welche Rolle spielte Gigi in dem Traum, die ich glaubte, gesehen zu haben, und doch nicht fand? Vielleicht hieß es: Auch in die geträumte Pracht gehörte Gigi nicht? Aber: Gehörte sie durchaus nicht dorthin oder nur meiner Meinung nach?
Vielleicht sollte ich Friedrich den Traum erzählen.
Ich zögerte.
Gewiß hätte er eine seiner unverbindlichen Antworten parat. Man wisse nicht . . . es sei ungewiß . . .
Mit wem sprechen?
Wen fragen?

Die Hanomag-Zugmaschine mit ihrem Anhänger für den Transport von zwei Pferden stand seit Kriegszeiten in einem abgelegenen Stallgebäude des Gutshofes. Ich erinnerte mich an das Gefährt, das ich gesehen hatte, als mein Vater, einem Veterinär-Hilfsdienst zugeordnet, etliche Monate auf diesem Gut Dienst geschoben hatte, im alten sogenannten Kavaliershaus, erbaut vom ersten Besitzer, der das Land jenen Pasewaldt abtauschte, die an der Potsdamer Chaussee den Ausspann betrieben, auf dem Weg von Berlin nach Potsdam. Am Gutshaus, im ländlichen Tudor-Stil errichtet, erinnert eine Tafel an jene Zeiten, als Prinz Friedrich Karl von Preußen, Sieger auf den Düppeler Schanzen im Krieg gegen Dänemark, das Gut erwarb:

Durch die Gnade Wilhelms I. ward diesem vom Prinzen Friedrich Karl von Preußen gekauften Bauerngut Neu-Zehlendorf auf Antrag der Teltower Kreisstände, in Anerkennung seiner Siege gegen Dänemark, die Rittergutsqualität laut Patent vom 13. Januar 1865 verliehen.

Es ist nicht mehr die Original-Tafel aus Marmor, sie verschwand in den ersten Friedenstagen. In jüngster Zeit, als die veterinärmedizinische Fakultät der Freien Universität Berlin sich auf dem Gelände eingerichtet hatte, wurde eine hölzerne Replik der alten Tafel am Haus angebracht.

Die alte Hanomag-Zugmaschine fand sich wieder, selbst die Russen hatten das etwas vorsintflutliche Transportmittel verschmäht, oder es war ihnen nicht gelungen, den altmodischen Diesel – Vorglühzeit zwei Minuten – anzuwerfen. Sternchen Siegel und Schnüffelpaule fanden einen Weg, den mit Wehrmachts-Kennzeichen versehenen Schlepper neu für den Straßenverkehr zuzulassen, obwohl Papiere nicht aufzutreiben waren. Die Eigentumsverhältnisse legalisierten sie, indem sie unseren Mistlieferanten vom US-Horse-Platoon baten, die Maschine zu beschlagnahmen und gleich wieder für den Zivilgebrauch freizugeben – ein Trick, der gelang, weil Agathe Fanselow wieder einmal ein vertrauliches Gespräch mit Leutnant Brown führte.

»What the hell are you doing with the worms?« fragte Ltd. Brown seine Gesprächspartnerin, der er galant einige Packungen Strumpfhosen, made in USA, überreichte. Agathe versuchte, es ihm zu erklären, aber das Wurm-Thema erwies sich als abstrakt. »Why don't you come visit our worm-farm?« lud sie den Leutnant ein.

Eines Morgens, Friedrich versuchte gerade, von seiner Schrippe so abzubeißen, daß die Marmelade nicht auf seine Finger tropfte, hielt ein Jeep vor unserer Büro-Laube. Ltd. Brown, in Begleitung eines Sergeanten, marschierte durchs Gartentor. Friedrich verbarg seine Marmeladenschrippe unter Akten. Wir gingen den Besuchern entgegen. »Where are the worms?« fragte der Leutnant. »And where is Frau Agathe?«
Die Würmer hatten wir parat. Agathe mußten wir holen, sie kam nach einer Viertelstunde, wie üblich im

schwarzen Kleidchen, auf dem Sozius von Gustavchens Motorrad.

»Here you have her«, sagte Gustavchen. Der Leutnant verbeugte sich.

Agathe führte die Amerikaner durch die Tennessee-Wiggler-Anlagen. Eine lange Führung. Fast auf jeder Parzelle befand sich ja ein Teilbetrieb. Einen immer länger werdenden Kometenschweif von Genossenschaftlern zogen Agathe und die Amis hinter sich her. Friedrich trennte seine Schrippe von einer Rechnung, an der sie klebte, und verzehrte sie, die Schrippe. Wir machten ein bißchen Ordnung. Stellten Gläser bereit. Tranken Amerikaner Korn? Was anderes hatten wir nicht. Ganz Berlin soff Whisky, nur die Kolonie Tausendschön nicht. In Getränkefragen blieben wir einer gewissen Tradition treu, nicht einmal Puvogel führte Whisky in seinem Kramladen. »Schmeckt wie olle Schuhsohlen«, hatte Willi Reh konstatiert. »Da lobe ick mir 'n anständigen Klaren.« Agathe, in der *Beknackten Maus,* schenkte Whisky aus. Ein Renner war er da auch nicht. Um diese Zeit war die Kolonie-Budike noch geschlossen. Also war es auch nicht möglich, von dorther Whisky zu beschaffen.

»Bleibt's bei Korn?«

»Sicher.«

Ltd. Brown zuckte mit keiner Wimper, als er den ersten Doppelten hinuntergoß. Dann meinte er, ob wir Coca-Cola hätten, um zu mixen. Wir hatten. Agathe machte ihm einen hübschen Starter zurecht, halb Coca, halb Korn. Auch sein Fahrer, der Sergeant, fand den Drink »not so bad«.

»In America you prefer Whisky?« fragte Friedrich. Der Leutnant schilderte, wie viele Whiskysorten es gab im Land der unbegrenzten Möglichkeiten, Scotch Whisky, Burbon, den man »Whiskey« schriebe, mit e-y hinten, das sei der echte amerikanische Whisky, im Lande fabriziert, immer noch gebe es Schwarzbrenner, zum Beispiel in den Hügeln von Kentucky, für die Behörden sei es schwierig, die Schwarzbrenner aufzustöbern in den unzugänglichen Tälern. Moonshiners nenne man sie, ein Überbleibsel seien sie aus den Tagen der Prohibition, als es in Amerika verboten war, einen einzigen Tropfen Alkohol auszuschenken.

»Bier ooch nich?«

»Mr. Reh means if there was no beer either.«

»Nein, nein, no beer. Nothing. Es gab keinen beer.«

»Furchtbaret Land«, sagte Willi betroffen.

»Inzwischen kann man wieder allet haben, hörste doch«, berichtete Agathe.

»Yes, indeed. Even Malt Whisky.«

»Sogar Malz-Whisky.«

»Det is kühn. Is det wie Malzbier?«

»Ick wer dir mal 'ne Nachhilfestunde jeben, Willi. In de *Beknackte Maus*. Derart unterbelichtet kannste nicht durch Leben loofen. Is ja schlimmer als de Polizei erlaubt.«

»The police was very strict with the moonshiners. Sehr streng. Shot them when sie geleisteten Gegenstand.«

»Widerstand.«

»Oh, yes. Widderstand. They took their guns and ...«

»Det hab ick im Film jesehn.«

»Right so. There are many movies ...«

Leutnant Brown handelte sein zweites Lieblingsthema ab: Amerikanische Gangsterfilme. Agathe übersetzte. Die Amerikaner tranken ihre Halb- und Halb-Mischung. Willi Reh meinte, so einen Magen möchte er haben, schon Coca ohne Korn würde ihm Löcher in die Kehle ätzen. »Coca is not the only thing we have«, scherzte der Ami. Er lobte den Pferdemist, den das Horse Platoon produzierte.

»Indeed, gewaltig«, stimmte Friedrich zu. »You have seen the worms.«

»Marvellous! Wonderful worms. You shall have all the dung. And the Zug-Mäschin.« Er deutete auf die Papiere für den Hanomag, die er auf den Tisch gelegt hatte.

»Det is reizend von Ihnen«, sagte Willi Reh. »Wenn wa Ihnen ooch 'n Jefallen tun können. Vielleicht 'n paar Würmer ...«

Agathe übersetzte das nicht. Mit Taktgefühl steuerte sie die beiden Amis, die ihr drittes Glas geleert hatten, aus der Laube. Jenseits des Gartenzauns stand Minnamartha mit der Katze. Beide sahen unbewegten Gesichts dem Abmarsch der Besucher zu. Die Amis stiegen in ihren Jeep, zickzackten den Weg entlang, verschwanden hinter Puvogels Laden, tauchten beim Großen Tor wieder auf, bogen in die Bertholdzeile ein. Der Jeep schleppte eine gelbe Staubwolke nach.

Als ich mich umdrehte, waren Minnamartha und die Katze verschwunden.

In der Laube gossen Friedrich und Willi sich noch einmal ein. »Korn ohne Coca!« sagte Friedrich. Und zu Willi gewendet: »Was meinst du – passen Gigi und Karl zusammen?«

Ich setzte mich. War verblüfft. Wie das auf einmal?

Willi, ein waschechter Vorstadt-Philosoph, konstatierte:

»Manchmal passen se zusamm', manchmal nich.«

»Was willst du damit sagen?«

»Et jibt 'n Sprichwort, wat streng klingt, det heeßt: ›Pack schlägt sich – Pack verträgt sich.‹ Momang, damit et keene Mißverständnisse jibt, erkläre ick hiermit feierlichst, det ick euch nich für Pack halte. Aber generell trifft det zu, se fauchen sich an und se lieben sich. Die zwee, meene ick. Wat soll 'n Fremder sagen? Stecken wa drin in de Haut von die? Außerdem sind se von mich aus jesehn quasi Jugendliche. Een jutet Steak, da frag mal Justavchen, schmeckt erst, wenn et 'ne Zeitlang abjehangen ist.«

Friedrich lachte.

Agathe kam auch wieder in die Laube. »Friedrich, hab ick deine scheppernde Lache vernommen? Ick darf fragen, woruff det zurückzuführen is?«

»Auf eine Bemerkung von Willi. Er hat Frauen mit Steaks verglichen.«

Agathe sah ihn an unter ihren langen Wimpern. »Mit Steaks. Orijinell. Da will ick lieber nich weiter frajen.«

»Kannste ruhig«, sagte Willi. »Vergleichsweise möchte ick damit festjestellt haben, det ma Frauen und Steaks in zu frischem Zustand vermeidet.«

»Kannst dir ja 'ne Jroßmutter neu polieren lassen.«

»Siehste, man muß allet zweemal erklären, oder die Flappe halten. Mißverständnisse. Wie ick det hasse.«

Friedrich vermittelte: »Es geht darum, ob Karl und meine Schwester zueinanderpassen. Ich habe das Thema aufs Tapet gebracht. Entschuldigt.«

»Vielleicht darf ich dazu als Betroffener auch was sagen?« warf ich ein.

»Darfste.«

»Lasset lieber.«

»Mach schon.«

»Gigi und ich: Das geht euch einen feuchten Dung an.«

»Schon wieder Dung. Der Leutnant quatscht von Dung, jeden Tach hör ick von Dung, den man für die Würmer beschaffen muß, und nu schon wieder Dung!«

»Kannst auch Kehricht sagen. Müll. Jedenfalls meine ich, daß es Gigis und meine Angelegenheit ist. Und wenn es euch interessiert, war es Gigi, die abgedampft ist.

Agathe fragte: »Würde es dich freuen, wenn sie wiederkäme?«

Ich errötete. »Ja.«

»Trotz flotter Witwen?«

»Was weißt du davon?«

»Stell dich mal hinter die Bar in der *Beknackten Maus.* Denn hörste die Hamster pfeifen.«

»So. Haben dir die Hamster was gepfiffen? Noch was?«

»Unbedeutend. Mit Schnüffelpaule sollste 'ne dufte Sause jemacht haben.«

»Hast du das von Schnuddel?«

»Betriebsjeheimnis.« Agathe klapperte mit ihren Wimpern.

Willi sah ihr fasziniert zu. »Haste noch keen Anjebot von Walt Disney?«

»Werd nich keß, Kleener. Sonst stipp ick dir mit 'n Finger in die Seite det de aus dein Westwallhusten nicht rauskommst.«

»Laßt das«, unterbrach ich. »Jetzt möchte ich hören, daß Gigi und ich als Thema beendet sind.«

Friedrich griente. »Für heute. Weil du deinen empfindlichen Tag hast.«

Am Nachmittag ging ich zu Minnamartha hinüber, weil ich ihr einen Krankenschein ausfüllen sollte.

»Gigi hat mir wieder geschrieben«, berichtete sie. »Menschlein, glaub mir, sie ist die Frau, die zu dir paßt. Hoffen und Harren hält manchen zum Narren.«

Wie meinte sie das? Ich fragte nicht. Warum sprach mich heute jeder auf Gigi an? Ich überlegte, was ich tun sollte. Aus Gigis Perspektive betrachtet: Eine Attrak-

tion war ich kaum für sie. »Was ist Ihr Verlobter?« –
»Sekretär einer Lauben-Regenwurmzüchter-Genossen-
schaft.«

Die Gesichter!

Spielte Schnüffelpaule darauf an, wenn er durchblicken
ließ, daß ich lieber beim Buchhandel hätte bleiben sollen?

Vielleicht war das ein sekundäres Problem. Vielleicht
dachte ich darüber nach, um mich von dem eigentlichen
Problem zu distanzieren, das in Kurzfassung hieß: Gab
es einen gemeinsamen Weg für Gigi und mich?

Die Antwort lag verborgen hinter all den scheinbar min-
deren Problemen, als da waren: Beruf, Neigung, will sie
mich oder will sie mich nicht? Will – wollte – ich sie?
Oder war ich bereits so weit Eigenbrödler, daß Partner-
schaften nicht in Frage kamen? Ringsumher machten sie
mir das ja vor. Schnüffelpaule, der Wanderer zwischen
Westen und Westsektoren. Omme Heringsbändiger, der
sich bisher hütete, meine Kusine Ingeborg aufzufordern,
ihn zu heiraten. Sternchen mit seiner Lebensgefährtin
Agathe, bei denen man sah, daß jeder von ihnen Wert
darauf legte, sich seine Selbständigkeit zu erhalten. In
Maßen, aber immerhin. Friedrich. Keine Braut in Sicht,
obwohl er seine Hinkerei überwunden hatte. Die Wit-
wer: Puvogel. Onkel Hubert. Keiner von ihnen dachte
daran, sich wieder zu verheiraten. Xylander Puvogel, der
mit seiner zersägten Jungfrau eine Zweckgemeinschaft
bildete. Als junges Glück glänzten einzig Siegfried und
Wanda, die beiden Riesen.

Ihr Paddelboot-Wrack lag immer noch auf Xylanders Grundstück. Ich mußte Adrian bitten, es zu reparieren.

Adrian und Pompetzki! Die beiden waren glücklich auf ihrem Brause-Dampfer, ohne Partnerinnen. Wahrscheinlich schleppten sie gelegentlich Mäuse ab, zu Aalsuppe, Linie-Aquavit und Folgendem. Feste Bindungen? Anker – fallen? Nicht die Bohne.

Wieso dachten sie alle, Gigi und ich ... Sollten wir traute Zweisamkeit für sie erfüllen? Stellvertretend?

Wenn Gigi will, kann sie kommen, dachte ich. Da sie nicht will, kommt sie nicht.

Gleichzeitig sagte eine Stimme in mir: Mach es dir nicht zu einfach, Karl. Hast du irgend etwas unternommen, um sie zurückzuholen?

Ich bin ihr nachgereist. Habe es geschafft, sie in den Käselaster zu setzen. War es meine Schuld, daß der Karren umkippte? Das war Schicksal!

Nein, Karl. Du machst es dir zu einfach. In jenen frühen Tagen nach Gigis Flucht gab es vielleicht keine Lösung. Wäre der Lastwagen nicht umgekippt, hätte sie aus eigenem Entschluß wieder die Flucht ergriffen.

Vielleicht.

Wahrscheinlich.

Was soll ich daraus häkeln? Soll ich wieder nach Hannover fahren?

Schreib erst mal einen Brief.

Ach, Briefe ... Mit Briefen fangen alle Mißverständnisse an. Du schreibst A und sie versteht B.

Menschlein, du bist nicht auf den Kopf gefallen. Darf man erwarten, daß du ein paar Sätze formulierst, die verständlich sind?

Normalerweise ja. Aber es kann doch sein, daß Gigi mißverstehen will. Daß sie von vorneherein sagt: Was, der schreibt mir? Auf einmal? Langweilt sich in Berlin. Die Witwe ist ihm abgedampft. Röhrt als einsamer Hirsch im Machnower Busch. Wer fällt ihm ein? Ich, Gigi. Die treue Jugendfreundin. Ich eile an seine Brust! Kuchen!

Es muß nicht so sein. Möglich, daß der erste Brief so wirkt. Aber der zweite oder dritte ...

Noch mehr Briefe?

Es geht um etwas, was von Dauer sein soll. Hundert Briefe sind nicht zuviel.

Du liebe Güte! Weshalb bin ich nicht als Sohn eines Stadtschreibers zur Welt gekommen? Fräulein Glasenapp, die Schönschreib-Lehrerin, hat mir in der ersten Stunde ein Mangelhaft verpaßt.

Wegen deiner Sauklaue. Doch nicht wegen deinem Stil. Erinnerst du dich, daß du für deinen ersten Aufsatz ein sehr gut bekommen hast?

Lang ist es her. Außerdem war das eine gute Geschichte. Wie unsere Katze den Kanarienvogel gefressen hat. Ich hab dem Vogel Futter gegeben. Habe das Bauer aufgelassen. Der Vogel ist raus und ist auf dem Teppich gehüpft. Die Katze ...

Genug. Fällt dir was auf? Wenn du willst, kannst du.

Wenn es sich um Kanarienvögel handelt ...

264

Ich nahm einen Kugelschreiber aus der Schublade. Setzte mich an den Tisch. Legte mir ein Blatt Papier zurecht.

Schrieb.

Liebe Gigi.

Wie weiter? Ich bin dein Kanarienvogel, du bist die Katze, komm und friß mich?

Es war schwer.

Auf den ersten Brief kommt es nicht an, hatte mir die innere Stimme gesagt. Ich fuhr fort: Alle sagen hier, wir passen zusammen, und du sollst zurückkommen.

Käse.

Noch einmal.

Ich denke Tag und Nacht an dich ...

Kitsch.

Kann ich auch nicht schreiben.

Wie wär's, wenn Friedrich, der Schlaumeier, schriebe? Immerhin handelte es sich um seine Schwester. Er könnte schreiben, liebes Kamel, siehst du nicht, was Karl für ein dufter Knochen ist? Ich weiß, ihr liebt euch, jetzt ist es an dir, den nächsten Schritt zu tun, komm zurück. Komm wieder nach Berlin, in die Laubenkolonie.

Auch Scheibenkleister. Vielleicht wollte sie gar nicht nach Berlin zurück? Dachte an eine Zukunft in Westdeutschland? Falls gar mit mir – wie sollte die aussehen?

Neue Perspektiven.

Ich könnte die westdeutschen Regenwurmzüchter anschreiben und fragen, ob eine Stelle frei sei für einen wurmerprobten Sekretär, der alles beherrschte, außer was man suchte bei Büro-Angestellten:

Schreibmaschine.

Buchhaltung.

Wir könnten auswandern nach Kanada. Angenommen, es gelang mir, Tante Lisa zu finden, die vor dem Krieg über den großen Teich gemacht war. Vielleicht gab sie uns ein Affidavit. Ein Affidavit war so etwas wie eine finanzielle und moralische Garantie-Übernahme. Ohne solchen Schrieb ließen sie Deutsche nicht ins Land. Jedenfalls niemand ohne Berufsausbildung.

Jedoch: Wollte Gigi auswandern? Hand in Hand mit Karl Kaiser in eine ungewisse Zukunft schreiten?

Ich legte den Kugelschreiber wieder in die Schublade. Verschob den Brief. Auf morgen.

Minnamarthas Spruch klang mir im Ohr:

»Was du heute kannst besorgen – das verschiebe nicht auf morgen.«

Gut reden hatte meine Mutter. Ihr quollen die Worte, die Sätze, Absätze nur so aus der Feder. Gewiß schrieb sie auch weiterhin seitenlange Briefe an Gigi. Berichtete, was für ein Tölpel ich sei.

Oder lobte sie mich inzwischen? Um mich zu verkuppeln?

Ich nahm das Fahrrad und fuhr zu Adrian und Pompetzki.

Blitzblank geputzt parkten Zugmaschine und Anhänger vor dem Stall, mit neuen Nummernschildern. Heinrich, der alte Pferdepfleger, ich kannte ihn aus jenen Zeiten, als mein Vetter Millie Rennjockei war, saß auf einer Kiste vor dem Stall. Es roch wie damals, nach Heu, nach Pferden. Ein Ami in Reithosen stellte sich in die Tür, machte eine einladende Handbewegung. »Schaut sie euch an«, sagte Heinrich. »Schöne Pferde haben sie, die Besatzer.«

»Nato-Verbündete«, korrigierte Paule, »du mußt Nato-Verbündete sagen.«

Heinrich lachte, während er uns in den Stall führte. »Ick hab hier 'ne Menge Uniformen kommen und gehen sehen«, sagte er. »Über zwanzig Jahre bin ick hier. Der Kronprinz hat mir jeden Weihnachten 'ne Flasche Schnaps jeschenkt. Zu Neujahr zwanzich Emmchen. Und immer vornehmet Satteljeld.«

Wir schauten in die Box. »Springpferde. Manche ham se von Amerika injeflogen. Aber kiekt mal: der Braune in de Ecke. Fällt euch wat uff? Betrachtet mal det Brandzeichen.«

Die Elchschaufeln! Trakehner. Wie hatte sich ein Trakehner hierher verirrt, zu den Amerikanern?

»Exchange«, sagte der Ami. Erklärte uns mit Heinrichs Hilfe: Sie hatten das Pferd von den Engländern eingetauscht, nach der Evakuierung des Gestüts waren einige Trakehner nach Holstein – Britische Besatzungszone – gelangt. »In Trakehnen bin ick mal jewesen«, berichtete Heinrich, »war ick jung, hat er mir mitjenommen,

Oberleutnant v. Mirbach, vastehste? Wie wir Remonten jekauft haben für Crampnitz, da war die Reit- und Fahrschule vons Heer. Sind wer von Königsberch Richtung Jumbinnen, Trakehnen liecht im Kreis Stallupönen. Mann, det is'n Jestüt!«

»Gewesen.«

»Bitte. Jewesen. Aber det vajißte nich. Hauptjut und zwölf Vorwerke. Überall Pferdekoppeln. Fuffzehnhundert Pferde hatten sie da.«

»We have one«, sagte der Ami. Er verstand, was Heinrich erzählte.

»And we are very proud, yes.«

Wir gingen nach draußen. »Ick hab die Maschine für euch jeputzt«, meldete Heinrich. »Se hat seit 'n Kriech mang det Heu jestanden, de Russen ham se nich anjekriecht. Denn ham se Hühner in 'n Stall jehalten, die ham allet volljeschissen, det Vehikel hat ausjesehn wie 'ne Guano-Insel.«

»Nach der Menge der Hühnerscheiße richtet sich det Trinkjeld«, sagte Schnüffelpaule. »Heinrich, det Vaterland dankt.«

Er überreichte Heinrich einen zusammengerollten Zwanziger.

Heinrich führte die Hand an die Mütze. »Jern jeschehn.«

Nach zwei Minuten Vorglühen sprang der Diesel wirklich an.

Heinrich und der Ami standen in der Stalltür, sahen uns nach, als wir vom Platz rumpelten.

»Hast du mit Heringsbändiger vereinbart, daß wir sein Pferd mitbringen?«

»Jewiß doch. Hier. Alle Papiere. Hab ick in meine Tasche. Ooch 'n Propusk vom Alliierten Kontrollrat, Sonderjenehmijung. Mit roten Balken quer rüber. Willste sehen?«

»Laß nur. Ich glaube dir. Aber interessieren würde mich doch, wo du die Papiere her hast.«

»Sage ick doch! Vom Kontrollrat!«

»Der tagt ohne die Russen.«

»Det hab ick jespannt. Deswejen hat mir een lieber Freund von de russische Kommandantura Stempelchen besorgt. Kyrillisch. Sieht jut aus. Nachher zeig ick dir det Dokument. Doch globe Paule, et wäre nich nötich jewesen. Unsere Jäule sind nämlich vorüberjehend Amerikaner. Nur zur Vorsicht, weeßte? Da könn se sich mit 'n Korkenzieher in de Neese popeln, mit die Papiere krieg ick 'n Elefanten aus de Zone.«

Auf dem löcherigen Kopfsteinpflaster der Königstraße hüpften Zugmaschine und Anhänger, daß wir uns fast die Köpfe einschlugen am Kabinendach. »Det wird glatter in de Berliner Straße«, prophezeihte Paule. Wir bogen rechts ein, Richtung Steglitz. Der Asphalt wies Brandbombenlöcher auf, provisorisch geflickt, aber besser fuhr es sich.

Unter den Eichen zockelten wir entlang, vorbei am Ami-Hospital am Botanischen Garten. Steglitz, Friedenau. Potsdamer Brücke.

Kontrollen fanden nicht statt.

Wiederum war ich mit Schnüffelpaule in der zerstörten Innenstadt unterwegs.

Doch diesmal sah ich nicht die Schuttgefilde, den Führerbau, die Reste von Nazi-Ministerien im wilhelminischen, im hohenzollerschen, im Friedrich-Vorstadt-Stil, ich sah, während wir holperten und hüpften, Schnüffelpaule an, seine Bartstoppeln, die Kappe, schräg auf dem Scheitel, noch schräger die Zigarette im Mundwinkel, an der lange Asche sich bildete, bis sie bei einer Erschütterung der Hanomag-Zugmaschine abfiel, auf Jacke oder Weste. Unbeachtet. Der Havelock hing an einem Haken in der Kabinenecke, er trug dieses Jackett mit den ausgestopften Schultern, holzhaltiger Nachkriegsstoff, ein schwerer Stoff an einem so warmen Tag. Aber er schwitzte nicht. Aufmerksam musterten seine Augen die Straße vor uns.

Er belehrte mich, was eine *Kunde* sei.

An der Kunde nämlich, nicht einfach am Abnutzungsgrad der Zähne, ließe sich das Alter eines Pferdes feststellen. »Nur einem jeschenkten Jaul schaut man nich ins Maul«, witzelte Paule, auch dieses Sprichwort war mir bekannt, wer Minnamartha zur Mutter hat, der kennt sich aus im Schatzkästlein deutscher Sprichwörter.

Die Kunde, lernte ich, ist eine von einem weißen Schmelzring umgebene schwärzliche Vertiefung in den Schneidezähnen der Pferde, zwölf Millimeter tief in den oberen, sechs in den unteren. Die Zähne reiben sich im Jahr um etwa zwei Millimeter ab. »Wenn de annimmst«, erklärte Paule, »det son Jaul mit fünf Jahre alle Zähne hat, müssen mit acht die Kunden unten verschwunden sein, und mit elf bis zwölf die oben ooch. Klar?«

Es war klar. Auch begriff ich, daß man sich bei der Beurteilung höheren Alters nach der Form der Schneidflächen richtete, der Zahn schiebt sich beim Pferd von der Wurzel her nach, ob das beim Menschen genau so stattfindet, wußte Paule nicht zu beantworten, nahm aber an, eher nicht, er habe nie gehört, daß ein Menschenzahn sich von der Wurzel her … dann würden die verdammten Hauer einem ja nicht ausfallen! Es gab jetzt eine amerikanische Zahnpasta, die der Paradentose vorbeugte, rote und weiße Streifen quollen aus der Tube, wenn man das Zahnputzmittel herausdrückte. Die Behörden erwogen, dem Trinkwasser Fluor zuzusetzen. Schwarz malten Statistiker die Zukunft unserer weißen Zähne. Bei Schulkindern bewiesen Reihenuntersuchungen, daß der Zahnverfall früh begann.

Ich dachte an Schnuddel Meiers Vater, der mit langsamem Bohrer in Gebissen brandenburgischer Zahnkranker wühlte.

Ich hörte, wie Paule konstatierte: Zwölf bis vierzehn Jahre: Rundliche Schneidflächen. Fünfzehn bis siebzehn: dreieckig. Achtzehn bis zwanzig: dreieckig, aber von vorn nach hinten länger. Über zwanzig: Längsoval.

Kein Pferdehändler würde mir was vormachen können in Zukunft, mochte er die Rosse anpinseln, ihnen Feuer unter dem Hintern machen, Belladonna in die Augen träufeln.

Während ich Paules Ausführungen zuhörte, während wir weiter zum Stadtzentrum rumpelten und Gedanken an Paradentose-Zahnpaste nebenherliefen, dachte ich zutiefst und eigentlich:
Was war's denn, was mich an Paule zum Beispiel band? Mich immer wieder mit ihm zusammenführte? Woher er kam, wußte ich nicht. Was er tat, gerade tat, ungefähr: Das war alles. Ich wußte auch auf seine wichtigen Worte zu hören, wußte, daß er meinte, ich sollte Buchhändler werden. Hauptberuflich. Er, der sein Leben lang improvisiert hatte! Wiederum überlegte ich mir, wozu ich bestimmt sei – Schule und Familie, sogar ein Mann wie Schnüffelpaule bemühte sich, mir beizubringen, daß ich nicht auf der Welt sei »für nichts und wieder nichts«, sondern daß mein Leben bestimmt sei, irgendwo hinzuführen, einzumünden in ein Ziel. »An das Ziel muß man glauben.« Leicht gesagt, wenn man es nicht vor Augen sah. »Den Weg muß man erkennen.« Wo war dieser Weg? Niemand hatte ihn mir gezeigt bis heute, und es sah nicht so aus, als ob ich ihn alleine finden würde. Andere suchten sich einen Ersatz-Vater, einen geistigen Vater, einen Guru (damals kannten wir das Wort nicht, aber darauf lief es hinaus), der den Weg wies. Buchhändler Blüte war das für mich gewesen. Aber ich hatte ihn verlassen, bevor er an mir hatte wirken können. Wesentlich wirken. Daß einige Kenntnisse

hängen blieben, war nicht zu vermeiden gewesen, selbst nicht bei einem verbohrten Hornochsen aus der Laubenkolonie wie mir.

Wieder Gigi. Während ich lauschte, wie üble Roßtäuschertricks zu durchschauen seien, fragte ich mich auch, wie denn Gigi in dies Bild – ein Bild totaler Leere, eine Schneelandschaft in billigem Rahmen – paßte. War sie – welch großes Wort – für mich bestimmt? War ich für sie bestimmt?

»Scheiße.«

Ich hatte es laut ausgesprochen. »Da haste recht«, brummelte Paule. »Det is wirklich Scheiße, wat die allet mit die Ferde anstellen.«

Er sagte »Ferde«, das »P« spricht kein Berliner, er lebt mit Flaumenkuchen und Fützen und Faffen und Fahlbauten, beim ersten Diktat in der Schule schrieb ich Pflaume mit F, war verwundert, einen Lacherfolg einzuheimsen, alle andern schienen zu wissen, daß P-F richtig war;

woher wußten sie das? Ihre Eltern berlinerten genauso wie meine, im Gegenteil war Minnamartha bemüht, mir ein »einwandfreies Hochdeutsch«, wie sie es nannte, beizubringen. An P-F hatte sie nicht gedacht. Oder war es ihr peinlich, so weit zu gehen in der Laubenkolonie?

Hoppegarten: Das ist weit draußen, fast am östlichen Autobahnring. Quer durch die Riesenstadt fuhren wir, vorbei am Alten Rathaus, Alexanderplatz, Jannowitz-

brücke: »Berlin, wie haste dir verändert!« Trümmer-
wüsten überall, dazwischen Spuren des »Aufbauwillens
des deutschen Volkes«, an der Stalinallee, früher Frankfurter Allee, werkelten Ostberliner Maurerbrigaden,
Mörtelkästen auf den Schultern, ließen die Prachtallee
im Neo-Sowjetischen Stil entstehen, immerhin eine ar-
chitektonische Variante, sie hatten ihre Schnörkelbu-
den, wir unser Hansaviertel. »Ick stehe, kieke, wunder
mir«, ließ der erwähnte Berliner Dichter Glasbrenner
seinen Helden sagen, und damit hat er die Haupteigen-
schaft der Berliner umrissen: Sie wundern sich. Aus der
Rolle fallen sie selten. 1848 das letzte Mal mit ein bißchen Revolution. Sie haben sich »jewundert« über
Adolf, jetzt wundern sie sich über Russen und Amerikaner gleichermaßen und deren Segnungen, spucken in
die Hände wie befohlen, sind praktisch: Wenn der Anschluß ans Fernheizwerk fehlt, tut's auch eine ausran-
gierte Lokomotive. Was die Kumpels vom VEB Braun-
kohle bei Bitterfeld in die Loren laden, heizt ihren Kollegen aus Berlin-Ost die Bude.
Friedrichshain. Friedrichsfelde. Das Schloß steht noch,
Prinz Louis Ferdinand wurde darin geboren, ein sächsi-
scher König war zu Gast. Jetzt entstand im Schloßpark
der neue Zoologische Garten, Stolz der Ostberliner, das
Raubtiergehege wird das größte der Welt stand in der
Zeitung. Nun haben sie ihre Extra-Löwen. Sind nicht
mehr angewiesen auf »unseren« Zoo in der Budapester
Straße.
Wir rumpeln weiter auf der Straße Richtung Dahl-

witz-Rüdersdorf, ich versuche, am Horizont die Kalk-
berge auszumachen, frage Paule, er belehrt mich: So
hoch sind sie nicht, daß wir sie sehen würden, was bei
uns Berge heißt, wird anderswo nicht mal auf dem
Heimat-Atlas hervorgehoben. Schade. Die Kalkplatten
für Gartenwege bei Villenbesitzern kamen früher aus
Rüdersdorf. Was jetzt damit geschieht, weiß ich nicht;
weiß Paule nicht.

»Irjendwer wird se sich kommen lassen für'n jepflech-
ten Jarten«, meint er, »eener von de Bonzen.« Außerdem wird da Zement hergestellt. Und der paßt in jede
Volkswirtschaft. »Die Lust am Bauen – ist nich zu über-
schauen.« Hier wie dort. Hüben und drüben. Ein paar
Millionen Wohnungen fehlen seit Bombenteppich- und
Flächenbrand-Zeiten.

»Ach, Mensch, aussteigen. Zeit haben.«
Würden wir rechts abbiegen, wären wir in zwanzig Minuten am Müggelsee, am Langen See, in Schmöckwitz
und Schulzendorf. »Klingelt nischt bei dir?« – Ein bißchen schon. Schul-Ausflug. Zu wenig. Die andere Seite
kenne ich genau, Havel, Wannsee, Werder, Potsdam.
Hierher bin ich wenige Male gekommen, ich versuche,
mich zu erinnern, am Müggelsee, weiß ich, legte der
Dampfer bei einem Strandrestaurant an ... Rübezahl-
Baude? Vergessen, ausgelöscht die Namen, die Gesichter der Menschen. »Hier können Familien Kaffee kochen.« Das gewiß, weil sie es überall konnten, damals,
Geschirr und Heißwasser wurden vom Restaurant gestellt, gegen fünf oder zehn Pfennige Gebühr. Kaffee

brachte Oma mit, gemahlen, ihren geliebten Kathrei-
ner, angereichert mit ein paar »echten« Bohnen. Mehr
nicht. »Damit es die Kinder nicht aufregt, nachher
schlafen sie nicht ein.«

Eine Ausrede, nehme ich an, sparsam waren sie, die Berliner, überdies hätten die anderen Gäste geschaut, wenn
ihnen die Düfte »reinen Bohnenkaffees« in die Nasen
gestiegen wären. Oma hatte Streuselkuchen gebacken
und Bienenstich, alles mit echter Butter, das sah man
nicht, roch man nicht, an Butter wurde nie gespart,
wenn es sie zu kaufen gab. Margarine, meinte Oma,
würde aus Preßkohlen hergestellt. Sie sagte: »Aus Bri-
ketts!« Alle lachten, niemand ahnte, wie ziemlich genau
Großmutter einen Produktionsablauf der Petro-Che-
mie – höchst vereinfacht – darstellte. *Rama im Blau-
band* aus Preßkohlen? Wir wieherten. Widersprachen
aber nicht. Butter war uns lieber als Margarine, vom
Geschmack her. Im Krieg – und auch in Friedenszeiten,
bei Schulfreunden, deren Eltern sparten, hatte es Margarine aufs Brot gegeben. Die Kunst der Hersteller war
damals noch nicht so weit fortgeschritten, daß Margarine – fast – wie Butter schmeckte.

»Was hältst du von Margarinestullen?«

Paule schüttelte sich. »Soll jut zum Abnehmen sein.«

Ich glaube, auf den Rama-Kartons war ein Schwan abgebildet. Ich möchte, daß einer mir erklärt wieso ausgerechnet ein Schwan.

»Ick nehme an wejen det weiße Jefieder«, vermutete
Schnüffelpaule.

»Marjarine so weiß wie Schwanenfedern. Is det nüscht?«

»Damit ließ sich Margarine verkaufen?«

»Früher.«

Hoppegarten. Zwei Vopos standen vor ihrem Streifenwagen, Ost-BMW, sahen uns nach. Sie trugen weiße Koppel und weiße Schulterriemen. Schwanenweiß.

»Hier jeht's ab.«

Wir bogen ein zur Rennbahn.

Bei den Ställen, als wir Zugmaschine und Transport-Anhänger geparkt hatten, teilte Paule die Herumwandelnden in Leute mit Pferdeverstand *(Ferdeverstand)* und Leute ohne Pferdeverstand ein. Die zierliche Blonde an zierlichen Krücken besaß ihn, meinte Paule, aber einmal habe eine Kracke seine Artgenossen gerächt und sei auf das Mädchen gestürzt. Bei der letzten Hubertusjagd. Komplizierter Beckenbruch. War ein paar Monate her. »Heilt das so langsam?«

»Da kannste Jift drauf nehmen. Se soll dir mal ihre Röntgenbilder zeigen.«

Ich kannte das Mädchen nicht, hätte nicht gewußt wie sie ansprechen, wenn es um Harmloseres gegangen wäre als um solche Intimfotos. Schließlich handelte es sich um die Innenansicht einer Reiterin.

Der Bildhauer Brumminger, ähnlich gekleidet wie Schnüffelpaule, nur alles deutlich auf teuer, englische Stoffe, sah aufmerksam zu, wie die Fahrer ihre Trai-

ningsrunden drehten, sie hockten wie der von Schnüffelpaule erwähnte Jockeilehrling wahrhaftig gleich Affen auf dem Plättbrett hinter den Pferdeschwänzen, auf
ihren gebrechlichen zweirädrigen Gefährten, den Sul-
kys, die Pferde warfen ihnen mit den Hufen Dreck ins
Gesicht, furzten, äpfelten. Dabei liefen sie wie Maschinen, mit langen Schritten, in nicht störbarem Rhyth-
mus. Gefürchtet waren Bildhauer Brummingers Wett-
Prognosen, am Totalisator wußten sie: Mehr als achtzig
Prozent seiner Voraussagen hauten hin.
Brumminger liebte es, im Tribünen-Restaurant Mengen
von Speiseeis in sich hineinzustopfen, aber weil er sich
genierte, klappte er dabei den Rock- oder Mantelkragen hoch und zog die Schiebermütze tief ins Gesicht.
»Det mußte jesehen haben«, kommentierte Paule.
Ich sah es diesmal nicht, weder Brumminger noch wir
betraten die Tribüne, wir schauten zu beim Training,
fanden weitere Berühmtheiten mit »Ferdeverstand«,
unter ihnen Offiziere der Besatzungsarmeen, auch Russen in Feldblusen mit Ziehharmonikastiefeln, sie gewiß
besaßen durchweg Pferdeverstand, die Kosaken sogar
so viel, daß Brumminger sich Rat bei ihnen holte, russisch radebrechend, seit einem Großauftrag, die Ver-
edelung des Botschaftsgebäudes Unter den Linden betreffend, hatte er Russisch gelernt, beherrschte aber,
wie Paule mich belehrte, nur zwei Themenbereiche:
Kunst am Bau und Hippologisches. Alles andere interessierte Brumminger nicht, schon gar nicht in einer
fremden Sprache. Russisch war gewiß eine fremde

Sprache, nicht bloß eine andere. Von Brumminger stammte der Spruch: »Uff kyrillisch muß ick langsamer denken.« Ein Wunder war's, daß man ihm den Auftrag zugeschanzt hatte, unter den Nazis entartet, war seine teil-abstrakte Richtung auch nicht das, was unsere östlichen Besatzer suchten.

Paule führte die Auftragserteilung auf Rennplatz-Bekanntschaften des Künstlers zurück. Brummingers Spitzname klebte fest, *Proleten-Schlüter* nannten ihn seine Kollegen von der Akademie. Schmerzte es ihn? »Watt denn, watt denn«, sagte Paule. »Den schmerzt nisch.« Und schilderte den jungen, zu Ruhm gekommenen Künstler der Vor-Nazizeit, wie er in seine Heimatstadt Mittenwalde gerollt war, im selbstverdienten Achtzylinder-Horch, vor dem Hotel Yorck geparkt und sich neben den Schlitten gestellt hatte, ausrufend: »Kommt! Hier seht ihr, was aus dem Sohn dieser Heimat jeworden ist!«

Lange hatte er nicht angehalten, der Ruhm des großen Sohnes von Mittenwalde, die Zeiten waren dagegen. Doch die Musen waren gerecht, nun ließen sie ihn wieder wohlleben, den zwischendurch entartet Gewesenen, seine schwarze Tatra-Limousine parkte unweit unserer Zugmaschine.

Während Paule sich um die Pferde kümmerte, seins und Heringsbändigers, las ich das *Neue Deutschland,* die größte in Ostberlin erscheinende Tageszeitung. Ein Bericht stand drin über das neue Teltow, mit den einst weltweit begehrten Teltower Rübchen schien es fast vorbei zu sein, zwar stürzten sich Bauer Reibe und die Brüder Lehmann mutig in das Abenteuer LPG, Landwirtschaftliche Produktions-Genossenschaft, aber die Teltower trauten den Rübchen nicht, sie wollten Industrie. Schrien nach Plasten und Elasten, den vielversprechenden Werkstoffen unserer Zeit, nach Kunstfaserfabriken, in denen Fäden gesponnen werden sollten für Akrylnitril und Kaprolaktam. Bruderwerke in der Sowjetunion hatten ihre Hilfe zugesagt. Polen war auch bereit zur Zusammenarbeit auf dem Gebiet der Elektronik.

Teltow strebte auf, wie damals, 1900, als Landrat Stubenrauch die Idylle an der Bäke beendete durch den ersten Spatenstich zum Teltowkanal. Mit dem Kanal war nicht mehr viel Staat zu machen, gesprengt die Brücken, schief im Schlamm lagen die Schleusentore. Mitten auf der einzigen heilen Brücke bei Dreilinden stand das Schild: *You are leaving the American Sector*. Daneben ein gummikauender Plattfuß-Indianer aus Minnesota oder Atlanta, den Fuß gestützt durch den serienmäßigen Knubbel im GI-Stiefel. Ihm gegenüber der russische Posten verbarg sich im Schilderhaus. Zu kontrollieren hatten sie beide nichts, denn über diese Brücke schritt niemand, keiner ging hinein nach Teltow oder gar in umgekehrter Richtung nach Berlin: Das war verboten, nicht Ostberlin mehr war's, sondern »Zone«, dann DDR (was der Brücke einen weiteren Wachtposten einbrachte, Volkspolizei).

Dahinter: Teltow. Die Rübchenstadt. Mammutknochen fanden sie bei den Ausschacht-Arbeiten weiter unten, die Kanalbauer, in Klein-Machnow.

Bald nach Berlin wurde Teltow gegründet, im 13. Jahrhundert. Daß so viel weniger draus wurde, lag vielleicht daran, daß alle Widersacher und Verheerer über die Bäke kamen, durch die Furt, und Teltow brandschatzten und plünderten. Ich entnahm dem *Neuen Deutschland,* daß binnen zweihundert Jahren Teltow fünfmal geplündert wurde, siebenmal abbrannte, fünfmal von der Pest heimgesucht wurde. Da soll mal eine Stadt versuchen, Reichshauptstadt zu werden!

Den letzten Teltower Märtyrer erschossen aufgehetzte Schützengildler 1925. Ein Gedenkstein, schreibt das *Neue Deutschland,* erinnert an Kurt Spotaczik.

Kein germanischer Name. Wo mochten seine Vorfahren herstammen? Ich nahm an, aus jenen Gegenden, aus denen die meisten Berliner kamen, aus slawischen Siedlungsgebieten zwischen Ostsee und Spreewald. Im dritten Reich war es Mode geworden, feine Unterschiede zu machen. Zum achthundertjährigen Bestehen Berlins, 1938, schenkte die Stadt uns Schulkindern eine Broschüre mit der kurzgefaßten Geschichte Spree-Athens. Oberbürgermeister Lippert legte in seinem Nachwort Wert auf die Tatsache, daß Slawen nie auf dem Gebiet von Berlin und Cölln gesiedelt hätten, den Fischerdörfern an der Spree. Recht hatten sie! Feucht und ungesund war's dort, und wenn nicht der Flußübergang gewesen wäre, günstig gelegen an einer West-Ost-Handelsstraße, hätte vielleicht Teltow doch seine Chance bekommen. Hier an der Bäke saßen sie, die Slawen. Feine Unterschiede. Jedoch neueren Datums: Noch Meyers Konversationslexikon von 1906 zählt alles, was nicht Schlitzaugen oder schwarze Haut hat zur kaukasischen Rasse, offizielle feine Unterschiede stammen von später, trotz aller Bemühungen deutscher Amateur-Rassenforscher, diesen Zeitpunkt vorzuverlegen.

Ich legte das *Neue Deutschland* auf den Kühler von Bildhauer Brummingers Tatra. Unsere Pferde wurden herangeführt, weigerten sich, auf die Anhängerrampe zu gehen.

Paule redete ihnen gut zu, beruhigte sie. Zwei Braune. Ich fühlte mich versucht, gleich meine neuen Kenntnisse nachzuprüfen über die *Kunde,* den Pferden ins Maul zu schauen, aber dies war nicht der Augenblick. Mit lieblicher Stimme redete Paule den »Ferden« zu: »Du Aas, nu loof mal, rin hier, verdammte Kracke. So is jut. Wat zierste dir, Kanallje? Reiß den Arsch außnanda, Mistbock. So is lieb. Und nu Klappe zu und ab durch die Mitte.«

Im Zwanzig-Kilometer-Tempo zockelten wir vom Platz. Brumminger sah uns düster nach unter seinem Mützenschirm.

Paules reich gestempelte Propuske halfen uns durch die Kontrolle an der Grenze. Der Vopo sah voll Hochachtung die Dokumente an. Woher kannte Paule, überlegte ich, die Lebensläufe seiner »Ferde«-Freunde? Bloß aus Erzählungen? Oder aus seinem Vorkriegs-Leben? Was hatte Paule gemacht bevor er in der Laubenkolonie asylierte?

Nichts wußte ich.

Mir fiel ein, daß ich nie in Sternchen Siegels Wohnung war, ich wußte nicht einmal seine private Adresse, nie hatte Agathe Fanselow vom Heim ihres Gefährten erzählt.

Wohnte er überhaupt? Für geschäftliche Besprechungen kam Sternchen in die Laubenkolonie, oder wir trafen uns bei Heringsbändiger oder in seiner Buchhaltungsfirma in Friedenau.

Niemand wäre auf die Idee gekommen, Siegel entsprechende Fragen zu stellen. Oder Schnüffelpaule anzuhauen, er möge berichten, woher er käme, was er sonst noch triebe. Mit den Pferden allein würde es ja seine Bewandtnis nicht haben.

Wieder sah ich Paule von der Seite an. Er schien vergnügt. War froh, daß er die Pferde heraushatte.

Ob er die Entwicklung nicht zu pessimistisch sah? Klar. Kalter Krieg. Wiedervereinigung erst mal verschoben. Die Westdeutschen richteten sich in Bonn ein. Hauptstadt von Deutschland: Bonn am Rhein. Das »am Rhein« mußten sie dazusetzen, sonst wußte niemand, wo man sie suchen sollte, die Minister, den Kanzler. Der war schuld. Gut, Berlin nicht. Doch wenigstens Frankfurt?

Bonn! Weil Adenauer in der Nähe in Rhöndorf wohnte. Außerdem soll er ein Linksrhein-Fan sein, der Alte, denkt an die Wiedererrichtung eines Karolingerreiches.

Der sollte mal mit Xylander Puvogel nach Frohnau gehen, zu den französischen Besatzern. Was die von Deutschland hielten ... Amaryllis nahmen sie aus bei ihrer Abneigung gegen die *Boches,* »Mais, Mademoiselle!« Im übrigen pfiffen sie auf uns. Das konnte auch Adenauer nicht ändern.

»Was hältst du von Adenauer?«

»Wie kommst'n auf den?«

»Nur so.«

»Entzieht sich meiner Beurteilung. Boccia spielt er jut.«

Paule meinte jene Illustriertenfotos, die den Kanzler am Comer See zeigten, dort mietete Adenauer eine Villa für die Ferien, lud sich Eingeborene aus dem Dorf ein zum Bocciaspielen, den Lebensmittelhändler, den Bäcker. Einen zerknüllten irischen Hut auf dem Indianerschädel, schob der Alte aus Rhöndorf für ein paar Urlaubswochen, was man eine ruhige Kugel nennt. Italiener entführten damals noch keine Staatsmänner. Wenn Adenauer durch Canobbio schritt oder wie immer das Kaff hieß über dem blauen See, dem *Lago,* trat ihm nicht unbedingt ein Leibwächter in die Schlapfen. Besucher aus Deutschland vermieden es, mit Old Adi zu spielen: Nicht nur beim Werfen der Kugel war er ihnen überlegen.

»Da hab ick jemerkt, det wa wieder wat sind«, meinte Schnüffelpaule.

»Wobei?«

Es stellte sich heraus, daß er ähnliches gedacht hatte:

»Wenn wa 'n Kanzler zu die Makkaronis schicken in de Ferien. Is det nischt?«

Er sah mich von der Seite her an unter seiner Mütze, ein bißchen unrasiert wie immer: wenn er lachte, verzog sich der Kaktus seines Kinns seit- und kragenwärts. Ich erwartete, den goldenen Kragenknopf blitzen zu sehen, aber auch das war Äonen her, gehörte zu einer früheren Lebensepoche. Auch Paule trug nun bügelfrei, Hemd hellblau, in sich gestreift, fast ganz frisch, und einen Schlips, der allerdings mit einem Schnürsenkel verwandt schien: Was Dünnes, Kurzes. Kälberstrick war geprahlt – eben Senkel. Schmückte ihn. Machte zwar keinen neuen Kerl aus ihm, aber der alte Paule glänzte frisch aufgemöbelt. Dazu die Zugstiefeletten! Verstohlen sah ich hinunter, wo sein Fuß den Gashebel des Diesels trat. Hellbraunes Leder. Das Hosenbein war hochgerutscht. Zum Trost für mich trug er weiße Wollsokken. Aber der Stiefel! Edles Chevraux. Spitz, modisch. Ein Modell, von dem Paule sagte: »Wenn ick dir damit in'n Arsch trete, bleibt der Stiebel stecken.«

Hinter uns schlenkerte der Anhänger mit den beiden Gäulen, ich konnte mir vorstellen, wie sie die Augen verdrehten in ihrem fahrbaren Verlies. Zwar waren Fenster eingeschnitten, damit die Pferde hinausschauen konnten nach vorne.

Haben Pferde was davon?

Der Transport ist nicht zu vermeiden. Dem nahenden verschärften Ost-West-Konflikt (so Paule recht behielt) konnten sie nur entgehen durch diese Reise von Ost-Ost nach Ost und dann nach Ost-West: Bis nach Berlin (West).

Den Pferden wäre es möglicherweise lieber gewesen, wir hätten sie in Hoppegarten gelassen. Ich hatte nicht den Eindruck, daß sie unter dem Pankower System, wie die DDR-Regierung hieß (selbstverständlich erkannten »wir« sie nicht an), litten. Lorenz, lieber Professor Lorenz! Der Verhaltensforscher schwieg sich hier ebenso aus, niemand weiß bis heute: Sind Traber glücklich? Mögen sie traben? Leben sie lieber im Westen als im Osten?

Letztendlich lief es darauf hinaus, daß irgend jemand Kohle machte mit ihnen, unter Benutzung ihrer angezüchteten Eigenschaften. Hätten sie keinen Wert dargestellt, wären Paule und Heringsbändiger nicht auf die Idee gekommen, die beiden Kracken in den Westen zu schaffen.

Ein gewisser Herr, genannt Klarscheiben-Otto, ahnte nicht, daß schwere Zeiten auf ihn zukamen. Er verdankte dies unserem letzten Umtrunk in der *Beknackten Maus* vor Schnüffelpaules Abreise. Paules Aufgabe war erfüllt, der Traber befand sich, zusammen mit Heringsbändigers »Ferd«, in Mariendorf. Heringsbändiger hatte sich bemüht, einen erstklassigen Pferdepfleger zu finden, auch daran gedacht, Heinrich für die Zwecke abzuwerben, aber Heinrich wollte nicht: »Wissen Se, hier auf det Jut bin ick jroßjeworden, ick hab die Russen

überlebt und nu die Amis, wenn es bei die wat zu überleben jiebt, se spendieren Whisky und Lullen, wat will
ick mehr? Dajejen so 'n Rennstallbetrieb – nee, nich bei
Heinrich. Nischt für unjut, aber lassen Se mir man hier.
'n ollen Baum soll man nich ausruppen und woanders
hinstelln.« Schließlich fand sich jemand in Mariendorf,
Arthur, siebzehn Jahre alt, der gerade seine Lehre beendet hatte. Arthurs Kopf war in Breitformat geschnitzt,
wie ein Rugby-Ball, dazu besaß er Absteh-Ohren, seine
Kollegen spotteten: »Für dich müssen se links und
rechts Kerben in'n Türrahmen hacken, damit de durch-
kommst.« Aber Pferdeverstand schien er zu besitzen,
der Arthur. Sein Vater war Milchkutscher bei Bolle gewesen, arbeitete jetzt auch auf der Rennbahn.
Arthur war eingeladen. Er saß an unserem Tisch. Ein
langer Tisch, zwei normale zusammengestellt, denn
Sternchen war da, Ingeborg an Heringsbändigers Seite,
Stinker Eichelkraut in einem großkarierten amerikanischen Jackett, Siegfried, die Brüder Puvogel, Wanda;
Onkel Hubert. Schnuddel Meier. Willi Reh mit seinem
Westwall-Husten. Buseberg. Friedrich der Einzelkämpfer; Gustavchen, der eine Riesenplatte mit Bouletten
stiftete.
Nur Gigi fehlte.
Die positive Regenwurm-Bilanz erlaubte uns Aus-
schweifungen: »Bring paar Pullen Schampus«, sagte
Heringsbändiger zu Agathe. Kommentare allerseits,
»hallo«, rief meine Kusine Ingeborg. Agathe begnügte
sich mit einem »Oho!« Sie brachte ihr Staatsstück, ei-

nen Sektkühler in Form eines umgedrehten Zylinderhutes. Gustavchen hackte Eis. »Deinhard lila, darf's sein?« – »Bitte doch!«

Mir fiel, ich weiß nicht wieso, in diesem Augenblick Klarscheiben-Otto ein. Sternchen und Schnüffelpaule kannten die Geschichte vom Besuch des Tierschutz-Beauftragten noch nicht. »Friedrich, erzähl mal«, sagte ich, in der Meinung, daß Friedrich sachlicher berichten würde.

Friedrich schilderte Klarscheiben-Ottos Besuch bei uns. Je weiter er fortschritt, desto unruhiger wurde Paule, bis er schließlich unterbrach: »Moment mal! Willste behaupten, der hat jesacht der Tierschutz-Verein hat ihn jeschickt?«

»So ist es.« Friedrich steckte sich eine *North State* an, er liebte es, schicke, neue Sorten zu rauchen. »Ausdrücklich hat er gesagt es liege eine Beschwerde vor, der nachzugehen er beauftragt sei. Nur« – er sah uns die Reihe herum an – »geschehen ist seitdem nichts. Ich habe den Eindruck, irgendwas stimmt da nicht.«

»Da kannste einen drauf lassen«, sagte Paule brüsk. »Wenn mir mein Jedächtnis nich im Stich läßt schildert Friedrich detailjenau jrade eenen alten Freund von mir. Er muß et sin, det Monokel stimmt, und er hat damals wirklich so 'n ähnlichen Spitznamen jehabt, wat mit Klarscheibe, oder Herr Rittmeester nannten wa'n ooch. Logisch, uff Klarscheibe muß ma kommn, wa? Is 'n Saftheini. Uff 'n Schwarzen Markt war der, beit Brandenburger Tor, immer bißchen uff de Beschiß-Masche, nie janz und jar, nur so 'n kleen etwat. Also, wenn det mit 'n Tierschutz stimmt, freß ick 'n Besen, mit Mostrich und alle Zutaten.«

Schnüffelpaule schilderte, zur Erheiterung der Tischrunde, wie die Polente einmal ihn und Klarscheiben-Otto geschnappt hatte beim Schwarzmarkt-Handel. Sie seien eifrig am Tauschen gewesen, Zigaretten gegen Nylons, Nylons gegen Butter, als die Polente kam. Schupos in Bereitschaftswagen, Tschako auf den Köpfen, Gummiknüppel. Eine Nacht im »Alex« war die Folge, dem roten Ziegelbau, damals wie vor dem Krieg und während des Krieges Hauptquartier der Berliner Schutzpolizei. Bekannt und gefürchtet war das Präsidium am Alexanderplatz.

Die Bullen hatten die meisten laufen gelassen, ein paar, wegen Verdachts krimineller Handlungen, und einige wenige, die keine oder schwer durchschaubare Ausweise zeigten, wie Schnüffelpaule mit seinen Displaced-Person-Papieren, hatten sie dabehalten. Auch Klarscheiben-Otto, der zur Kategorie *ohne Papiere angetroffen* gehörte. Er hatte versucht, sich aus der Affäre zu ziehen: »Verdächtigen Sie einen ehemaligen deutschen Offizier ungesetzlicher Handlungen?« Es nützte nichts, Offiziersehre war gerade nicht gefragt.

So kam es, daß Paule und Klarscheiben-Otto eine Zelle im Alex teilten, zusammen mit einem Pferdedieb, einem Handtaschen-Räuber, zwei falschen Kriminalbeamten und zwei Kumpels, die sich auf das Abladen von Lastwagen spezialisiert hatten, wenn die Fahrzeuge im

Kriechgang Steigungen bewältigten: Sie arbeiteten an entsprechenden Strecken im Mittelgebirge und verhökerten die Sore in Berlin, München, Hamburg auf den Schwarzmärkten.

»Et war 'ne interesssante Nacht«, bemerkte Paule. »Die Jungs ham ihre Memoirn erzählt. Konnste wat lernen. Profis. Wir ham uns die Nacht solchermaßen jestaltet, weil die Zellen am Alex wirken direkt unjemütlich. Platte Strohsäcke, olle Eisenbetten, dreistöckig, Klo in de Ecke, und det Abflußrohr von oben an de Wand lang. Alle paar Minuten haste jedacht du bist bei de Niagarafälle.«

»Du sagst doch selbst, daß Klarscheiben-Otto sich auf seine Offiziersehre berufen hat. Wie kommst du darauf, daß diese Geschichte mit dem Tierschutz-Verein was nicht stimmt?«

»Det war 'ne Masche von ihm. Jibt doch viele, die nich wieder Fuß jefaßt ham, nachdem Mütterchen Wehrmacht ihnen verreckt is. Zu die jehört der. Aber ick kann det rausfinden. Ick flieje erst morjen Mittag. Falls Siegfried mir morjens bejleitet? Wenn Klarscheiben-Otto in Berlin is, finde ick ihn.«

»Abgemacht.«

»Trinken wir auf die Damens.«

»Auf die Damen.«

»Und nu een Schluck auf die Rejenwürmer.«

»Und einen auf Paule, der uns wieder verläßt.«

»Nich uff ewich.«

»Prost.« – »Haut den Lukas, daß die Fetzen fliegen.« –

»Agathe, noch ne Pulle!« — »Dies ist meine Runde.« —
»O.k., o.k.« — »Darauf einen Dujardin!« — »Haste
een?« — »Klar!« — »Ne Runde!« — »Is jebucht!«
Amaryllis trat ein.
»Waaauuuh!« — »Du kriegst die Tür nicht zu!« —
»Noch einmal möcht ick an der Reling stehn!«
»Ihr seid ja betrunken!«
»Ach wo!«
Weil kein Stuhl frei war, setzte Amaryllis sich mittels
flinkem Linkswedler ihres Gewölbes auf Xylanders
Knie. Ihr Rock rutschte hoch, so daß man die Strapse
sah. Paule richtete seinen Blick dorthin. Fragte: »Spielt
jemand Balaleika?«
Amaryllis schlug mit der Hand nach ihm. »Sie sind mir
einer!« Sie machte keinen Versuch, ihren Rock hinab-
zuziehen. Trank aus Xylanders Glas. Dann aus Stern-
chen Siegels. Dann aus Wandas. Dann aus Busebergs.
»Magst du ein Glas für dich allein?« fragte Agathe Fanselow. Amaryllis winkte ab. »Danke, ich trinke
nicht.«
Als letzte trafen Adrian und Pompetzki ein, beide in
Seemannspäckchen. »Ahoi!«
»Was trinkt ihr denn für 'n Schlabber?« entsetzte sich
Adrian. »Agathe, 'ne Lage Köhm!« Es ging wieder mal
an die harten Sachen.
Amaryllis befand sich seit einigen Monaten auf dem
Emanzen-Trip. »Es geht doch nicht, daß ich mich von
Xylander zersägen lasse, bis an mein Lebensende, und
dafür ernährt er mich? Außerdem, kommt erst das Al-

ter, sucht er sich 'ne neue Jungfrau, und dann steh ich
da.«

»Scheiße«, sagte Agathe.

»Siehste. Deshalb mach ich nun Schauspielschule und
Tanz und Gesang und Pantomime.«

»Ooch Karate?«

»Oller Dussel.«

»Keine Zwischenrufe, bitte!«

»Außerdem arbeite ich in Valeska Haakes Gemüsekeller. Habt ihr davon gehört? Nich? Also, des ist ein Restaurant unten im Keller von einem ehemaligen Laden,
da machen wir alle mit im Programm, auch die Bedie-
nungen.«

Valeska Haakes Gemüsekeller! Dort hatte einst mein
Freund Othmar ein Gedicht von der Gurke im Spreewald vorgetragen, Verfasser ein gewisser Müller-Bee-
litz: »Grüß, große Gurke, den Spreewald!« Und einen
Lacherfolg erzielt. Niemals würde ich den Abend vergessen. Und jetzt Amaryllis!

»Bitteschön, tanzte? Singste?« wollte Sternchen Siegel
wissen.

»Alles. Einer hat mir ein Lied geschrieben ...«

»Was?« erregte sich Xylander Puvogel, »wer schreibt
dir Lieder? Unerhört!«

»Reg dich ab. Ist ein Freund von Valeska. Herr Buseberg, haben Sie Ihre Quetsche?«

Das Schifferklavier befand sich hinter dem Tresen.

Ein ausgeklügeltes Hebelsystem gestattete Buseberg,
die Bässe mit seiner Holzhand zu bedienen.

»Es ist eine ganz einfache Melodie. Passen Sie auf!«
Buseberg begriff schnell. Dann sang Amaryllis:

Mein Freund war Lehrling beim Elektromeister
                                          Karger
war kein ganz schlimmer und auch kein ganz arger.
Er wollte nur, daß man janz schnell kapiert;
wer nischt bejriff, war bei ihm anjeschmiert.

Worum dreht sich's auf dieser Welt?
Was ist's, das sie zusammenhält?
Wenn der Stecker in die Dose paßt,
wenn der Stecker in die Dose paßt ...

Bravo! Hervorragend! Die Maus hat Talent! Braucht
sich nicht nur auf ihre Strapse verlassen!
Xylander der Zauberer fragte: »So was Erotisches
singst du?«
Buseberg nahm die Melodie wieder auf. Alle sangen:
»Wenn der Stecker in die Dose paßt, wenn der Stecker
in die Dose paßt ...«
Ich blinzelte Ingeborg zu. Sie erinnerte sich an Valeskas
Gemüsekeller, an unseren Besuch, auch Gigi war dabei,
als Othmar seinen Armleuchter ins grinsende Publikum
geschleudert hatte. »Weißt du noch, wie Othmar durch
die Wand segelte? Der Gipsstaub?«
»Was bitte wird mit der Zaubernummer?« erkundigte
sich Sternchen.

»Die läuft weiter«, sagte rasch Xylander. »Amaryllis wird zersägt.«

Arthur, der Pferdepfleger, fragte: »Darf ick da mal mit?«

Amaryllis tätschelte seinen Rugbyball-Kopf: »Alles, was du willst, Kleiner.«

Arthur grinste. Schnüffelpaule schmierte ihm eine. Blitzschnell. Quer über den Tisch.

»Nur wejen die Ordnung«, sagte Paule. »Immer hinten anstellen.«

Buseberg spielte auf seiner Quetsche *Und denn ziehn wa mit Jesang – in det nächste Restaurant,* ein Lied, das Eichelkraut und Willi Reh inbrünstig mitsangen, Willi Reh verzierte die Melodie mit kurzen, hellen Hustern. Aber fürs nächste Restaurant war es zu spät: »Kiek mal, et wird schon helle«, sagte Gustavchen, der am Türpfosten lehnte und sich eine seiner Bouletten zwischen die Zähne schob; »Frühstück!«

Agathe und Ingeborg erboten sich, Kaffee zu kochen, Puvogel wollte seinen Laden eröffnen, Brot, Wurst und Speck herbeischaffen, aber die Stimmen der Vernunft wollte keiner hören: »Wat fehlt, is 'ne anständije Weiße«, sagte Xylander Puvogel, »und zwar 'ne Weiße mit Schuß.«

»Mit Himbeersaft? Pfui Deibel!«

»Mit Schampus, du Hirsch!«

Das gefiel uns, mit den Gläsern in den Händen traten wir vor die Baracke, eine dicke runde Sonne ging rot auf über den Dächern der Eigenheim-Kolonie, die ziegelrot

und golden leuchteten, von Osten wehte ein frischer Wind, der uns die Gesichter fächelte, uns erfrischte, Buseberg spielte *In der Heimat, in der Heimat, da gibt's ein Wiedersehn.* Heringsbändiger und Ingeborg sangen die zweite Stimme, Wanda verdrehte die Augen, Agathe fror in ihrem schwarzen Fetzen, Sternchen hängte ihr seine Jacke um die Schultern, er trug Hosenträger, die gemustert waren wie die amerikanische Flagge, mit Sternen und roten und blauen Streifen, wir zogen hinter Buseberg her durch die Stille der Kolonie, links und rechts die Pagodenbauten, in denen Millionen von Tennessee Wigglern sich durch Kompost und fein zerkleinerte Abfälle bohrten, ich sah mich um, ganz hinten pinkelte Siegfried einen dampfenden Strahl mitten auf den Weg, neben ihm stand wartend, einer Säule gleich, Wanda, über ihrem Kopf schwebte der Sonnenball, der von Minute zu Minute heller wurde, gleißender, die Sonne stieg so schnell hoch am Himmel, daß die Schatten der Wurmpagoden schrumpften; hier und dort trat einer vor die Laube, sah unserem Zug nach und sagte: »Du liebe Güte ...« Oder: »Immer dieselben.«
Frau Buseberg ereilte das Schicksal, Eier in die Pfanne hauen zu müssen, im Morgenrock, ein Tuch um den Kopf gebunden, hantierte sie am Herd, blies das Feuer an. Glut von der Nacht war noch da, Preßkohlen und Holz lagen gestapelt im Kohlenkasten. Buseberg schnitt Speck, die Speckseite nagelte er mit seiner Holzhand auf dem Brett fest, die andere handhabte das Messer. Dann nahm er die Quetschkommode wieder auf, er spielte

– ein bißchen falsch – *Das kann doch einen Seemann nicht erschüttern* und dann *Leonore, klapp mir doch bitte den Sargdeckel zu.* Ingeborg mahlte Kaffee, richtigen, echten, Schnüffelpaule saß auf der Chaiselongue in der Ecke zwischen Amaryllis und Agathe, über ihnen auf einem Wandbrett stand Busebergs neuer Radioapparat, *Loewe Opta,* mit Kurzwellen-Teil, stand auch das Marine-Ehrenmal von Laboe, zwanzig Zentimeter hoch, detailgenau, aus Bronze, und stand das Modell des Kreuzers, auf dem Buseberg gefahren war als Mariner im Kriege, ein Pappmodell, vom Sohn Harald Buseberg konstruiert, Ausschneidebogen dafür hatte es im Krieg gegeben. Buseberg sah meinen Blick: »Hat er jut gemacht, der Harald, wat?« Ich nickte.

»Wo ist er?«

»Cuxhaven. Beim Übersee-Passagierdienst. Arbeitet für die Amis.«

Von Cuxhaven war unsere Kusine Mathilde abgedampft nach Amerika, auf einem Liberty-Schiff, als sie ihren US-Leutnant geheiratet hatte. Den mit den Würstchenbuden. Oder rollenden Imbißbuden. »Hast du was von Mathilde gehört?« fragte ich Onkel Hubert, der verkehrt herum auf einem Küchenstuhl saß, gähnte und sich unter der blauen Schirmmütze den Kopf kratzte. »Sie schreibt regelmäßig«, berichtete Onkel Hubert. »Aber nischt Neues. Der ewige Trott. Die Schwiegereltern hacken auf ihr herum. Kinder ham se noch nicht, das junge Paar, wer weeß, woher det nu wieder kommt.«

»Wie konnte sie auch nach Amerika heiraten?« sagte
Frau Buseberg.

»Wie konnte sie?« Buseberg entrüstete sich. »Weil sie
rauswollte aus der Scheiße. Deshalb.«

An der Wand hing auch hier der dicke Schultheiß mit
der Ratsherren-Kette, besser erhalten als das Reklame-
schild in der *Beknackten Maus,* nur wenige Fliegen-
schisse zierten – oder verunstalteten – sein Antlitz, ein
besonders großer war darunter, auf der linken Backe,
wie ein Schönheitspflästerchen. Der Schulze bildete die
Halterung für einen Kalenderblock.

Ich stand auf und riß ein Blatt ab.

Für den angebrochenen Tag las ich als Kalenderspruch:

> »Schnell eilt dahin mit Rosenwangen
> der junge Lenz im Blumenkranz.
> Es schaut mit Sehnsucht und Verlangen
> der Landmann auf der Saaten Glanz,
> die in der schönsten Blüte stehn,
> worüber heiße Lüfte wehn.«

Großmutters Kalender! In ihrem Zimmer bewahrte sie
Stapel davon auf, *Des Lahrer hinkenden Boten,* den
Neuen Leitmeritzer. Zog sie zu Rate, die alten, und die
neuen, die sie sich kommen ließ von überallher, zu er-
kunden, ob es günstig war zu pflanzen im Garten:
Buschbohnen legte man nicht bei Schütze, dann spros-
sen sie in die Höhe und setzten nicht an, Salat, bei Krebs
gepflanzt, kräuselte die Blätter, blieb mickerig. Radies-

chen, bei Fische gesät, bekamen zu viel Feuchtigkeit, wuchsen groß, mit wäßrigem Fleisch, schmeckten nach nichts. In den alten Kalendern schrieben sie Juni noch mit Y am Ende, also Juny, erwähnten auch den deutschen Namen, Brachmonat, eine Marotte, die, von den Nazis aufgegriffen, uns einen Sprachschatz aufzwang, daß wir uns unterhielten wie Harald Blauzahn und seine Mannen. Wiking-Gröhlen statt Fremdwort-Tümelei.

Des Kalenders Weisheiten! Nicht bloß Sprüche wie hier an Schultheißens Brust, auf dem Abreiß-Block! An einige Weisheiten aus einem alten Kalender erinnerte ich mich:

»Entstehen des Morgens Donnerwetter, so dauern diese gemeiniglich kürzere Zeit als diejenigen, welche Nachts kommen.« Oder »Nordwind im Juni weht Korn ins Land.« – »Wenn kalt und naß der Juni war, verdirbt meist das ganze Jahr.« – Muß man sich merken. Neu merken. Auch die Kalender-Erkenntnisse hatte ich verloren, wie mein Wissen über Amsel, Drossel, Fink und Star. Was half mir, daß ich wußte: Nach einem Marsch von zehn Tagen schlug Cäsar ein Lager auf und umgab es mit Wall und Graben?

Onkel Hubert schüttete sich den heißen Kaffee schlückchenweise in die Untertasse, schlürfte. »Bißchen Zucker noch, Frau Buseberg, wenn's recht ist«, verlangte er.

Schnüffelpaule und Harald begleiteten mich in die Laube. Paule suchte seine Sachen zusammen. »Siegfried, biste munter?« fragte er. Siegfried nickte. »Denn los. Parole: Klarscheiben-Otto. Karlemann, mach dir nich ins Hemde, Paule kommt wieder. So jewiß wie der Halleysche Komet. Kannste dir druff verlassen.«

Ich sah sie von der Tür zur Pforte gehen, unter dem Rosen-Bogen hindurch, die Crimson Rambler standen in voller Blüte, dann verschwanden sie, den Weg hinunter, kleiner werdend zwischen den Bauten, die den Tennessee Wiggler beherbergten.

Plötzlich hatte ich das Gefühl, in der Laube sei noch jemand. Ich schaute in die Veranda. Auf dem Feldbett, das Paule soeben geräumt hatte, lag Klein-Arthur und poofte. Gerade noch hatte doch Paule seine Sachen hier zusammengeräumt! Arthur hatte seine Ballonmütze aufbehalten, sie war seitwärts verrutscht, bedeckte halb das Gesicht. Im Schlaf lächelte er.

Ich weckte ihn. »Die Pferde. Du mußt nach Mariendorf, dich um die Pferde kümmern. Es ist spät.«

Arthur rappelte sich auf. »Du liebe Jasanstalt. Meine Birne!«

Ich machte einen Pulverkaffee. Warf ihm zwei Aspirin ein. Arthur schob ab. Klein. Die Hände in den Taschen. Seine zu große Ballonmütze über die Ohren gezogen.

Siegfried kehrte am Nachmittag zurück, ich saß mit Friedrich in der Laube, bereitete den nächsten Versand vor.

»Wie war's?«

Siegfried setzte sich. »Paule is jut weggekommen. Habe ihm bis Tempelhof jebracht.«

»Klarscheiben-Otto?«

»War zuerst borniert. Hat sich aber jejeben.«

»Wo habt ihr ihn gefunden?«

»Paule hat sich erinnert. Da war er auch.«

»Wo?«

»Kreuzberg. Mann, der wohnt vielleicht schnieke. Ledersessel und so.«

»Was sagt er zu der Tierschutzverein-Sache?«

»Er hat zujejeben, det war Erfindung. Eene Olle aus de Eijenheimsiedlung hat ihn bestochen, weil se wat jejen Würmer hat. In Wirklichkeit verkooft er Staubsauger und Heizkissen, und Föhne für die Frauen die Haare zu trocknen, und Saftpressen.«

»Was?«

»Saftpressen. Hatta uns jezeicht. Schmeißte oben allet rin, Mohrrüben und Tomaten und Sellerie, und an de Seite is'n Schnabel, da kommt Saft raus.«

»Spinnste?«

»Wenn ick et euch doch sage! Is wejen Jesundheit. Er sagt, er verkauft et bombig. An Frauens besonders, weil die wolln schön sein.«

»Mit Saft?«

»Ick kenn mir nich aus. Für faltenlose Haut, oder wat er jesacht hat.«

»Na, gut. Wenn du meinst. Ihr scheint euch gut verstanden zu haben.«

»Det war erst nachher. Zuerst jing et holprich, weil

Paule hat ihm anjedroht, det er'n paar an' Bahnhof
kriecht, wenn er so 'ne Sauereien abzieht, Paule hat ihm
jesacht, wenn er weiter ufft Blech haut kriecht er 'n Satz
heiße Ohren, denn hat er ihm prophezeit, det er 'ne Tau-
cherbrille kriecht, und Klarscheiben-Otto hat sich im-
merzu entschuldigt, es war nicht so gemeint, und hat
immer sein Monokel aus det Auge jepolkt und wieder
injesetzt, weil er Schiß hatte, det Paule 'n linken Jraden
uff die Jlasplatte landet, und denn war er janz kleen und
hat immer jestammelt bitte, bitte nich, und Paule sollte
dran denken, wie se einst am Alex jesessen haben zusammen in *eene* Zelle, und Paule sachte det bedauert er
heute noch, lieber wäre er mit dem Handtaschendieb
befreundet, der mit se zusammen injebuchtet war, und
een Wort noch und Klarscheiben-Otto steht im Hemde
und hört die Nachtijallen Hallelujah singen, da hat er
uff eenmal so 'n männlichen Zuch int Jesichte jekriecht,
hat det Monokel wieder rinjeklemmt und hat jesacht,
nu jut, er weeß, det er sich schofel benommen hat, und
er wollte der ollen Frau helfen und se hat ihm 'n Staubsauger abjekauft, da is er uff die Idee jekommen mit den
Tierschutzverein. Und det ihm det leid täte. Paule hat
mir anjekuckt, ick habe jesehn det Bedauern sich uff
sein Antlitz schlich, lieber hätt er dem Würstchen eene
jeplättet, det der Jleitflug jelernt hätte wie Lilienthal.
Ick ooch. Ick hatte mir schon 'n Ärmel hochjekrämpelt
und dachte, wir spieln Medizinball mit der Nulpe, Rollen und Werfen. Aber nu war det verpaßt, 'ne gentle-
man-like Geste schien notwendig jeworden zu sein, ick

sehe also, wie Paule ihm die Hand zur Versöhnung hinstreckt.«

»Und dann?«

»Denn ham wa paar Asbach uralt jekippt, und denn ham wa beinah det Fluchzeuch verpaßt, wenn Klarscheiben-Otto sich nich in sein DKW jeschwungen und uns abjeliefert hätte, wärt nischt jeworden.«

»Und denn?«

»Und denn und denn. Wat wollt ihr wissen? War erledigt. Paule war weg.«

»Vor vier Stunden!«

»Wir sind in de Kneipe, der Monokel-Heini und icke, und ham noch paar zur Brust jenommen. Schließlich isset für diese Jahreszeit unheimlich frisch draußen. Auch war ick übernächtigt von unsre Fete.«

Ich holte zwei weitere Aspirin.

Siegfried blickte auf die Tabletten. Fragte: »Habt ihr nich wat Anständjet jejen Kopfweh? Zum Beispiel 'n Bier?«

Wanda und Adrian? Das Paddelboot, zertrümmert am Strand von Xylander Puvogels Wassergrundstück gelegen, ließ Adrian und die junge Frau Wanda einander näherkommen. Siegfried hatte zu arbeiten. Wie Wanda stellte ich mir die Ureinwohnerinnen märkischer Dörfer vor, nicht so massig möglicherweise, aber kräftig wie Puvogels Tochter, schweigsam, arbeitsam, geschickt im Umgang mit Töpfen und Messern und Kellen und – vielleicht – Spinnrad und Webstuhl. Sie hätte gelebt haben können in jenem Ur-Dorf, das jetzt beim Krummen Fenn ausgegraben wurde.

Aber das ist eine Geschichte.

Der Krieg hatte kaum begonnen, als sich am Krummen Fenn, einer desolaten Gegend längs der Bahnlinie, die wenige hundert Meter von der Kolonie Tausendschön entfernt verlief, eine Flak-Batterie eingrub, zur Verteidigung des Luftraums Berlin. Soldaten im Blaugrau der Luftwaffe schlugen tarnfarbene Zelte auf, protzten ihre Geschütze ab, Acht-acht, von Raupen-Mannschaftswagen in Stellung gebracht. Ich war elf, Siegfried, der in meine Klasse ging, bereits vierzehn, ein Lackel, Haarschnitt *Glatze mit Vorgarten*. Kurzhosig waren wir bisher Könige des Krummen Fenns gewesen, Herren über die in der Senke hausende Fuchsfamilie, Willi Reh schoß uns Krähen mit seinem Tesching, die wir rupften, über heimlich entfachtem Feuer brieten – rauchlosem Feuer, wie von Old Shatterhand gelernt – und die wir dann doch nicht aßen, Krähen sind zäh. Die Müllgrube in der Nähe, brennnesselüberwuchert, diente als Nahrungslieferant für unsere Entenzucht, bei Kriegsanfang drang Großmutter darauf, unser Federvieh durch Enten zu vermehren, Enten sind eßbar, lausige Zeiten, Hungersnöte waren erfahrungsgemäß zu erwarten: »Soll es uns wieder so gehen wie achtzehn?« – »Wie erging es euch achtzehn?« – Es kam die bekannte Steckrüben-Geschichte, Brot aus Sägemehl,

Trockengemüse, »Stacheldrahtverhau« genannt, ich weiß nicht, ob es an *Omas* farbiger Schilderung der Zustände *achtzehn* lag oder daran, daß die Butter bereits seit 1938 rationiert war — im Frieden gab es Buttermarken! Fünfhundert Gramm auf Abschnitt B 1. — Wir begriffen: Futter mußte her für die Enten. Dehnten unsere Märsche aus zur Müllgrube, sichelten Brennesseln ab, die Hände geschützt mit einzelnen Handschuhen, von denen meine Mutter eine Sammlung im Wandschrank des neuen Hauses untergebracht hatte, die Handschuhe waren mit umgezogen, wir waren damals Eigenheimbesitzer, bis uns die Luftmine vom 23. Januar 44 zurückwarf ins Laubenpieper-Dasein. Die Brennesseln stopften wir in Säcke, die wiederum mein Vater aufgehoben hatte im Anbau der Garage »für alle Fälle«, alle Fälle waren eingetreten, die Brennesseln verbrannten unsere Beine, wir schleppten jeder unseren Sack nach Hause, Siegfried in die Kolonie, ich ins Eigenheim.

Die Brennesseln wurden zerstampft, mit einem Eisen in offener Acht-Form, unten geschärft, Großmutter vermischte das grüne Mus mit Kleie, die umständlich besorgt wurde vom Land oder von einem Futterhändler weit draußen im alten Wannsee, falls nicht der Glücksfall eintraf, daß Eichelkraut einen Sack spendete. Die Enten, sie schwammen inzwischen in einem Teich, den ich mit Ede, meinem Vater, und mit Onkel Huberts Hilfe hinter dem Haus zementiert hatte, liebten unser Brennessel- und Kleie-Futter.

Auf diesen Arealen, Abenteuer-Gefilden unserer Kind-

heit, werkten die Flaksoldaten mit ihren roten Kragen-
spiegeln, den silbernen Schwingen auf diesem leuchtenden Rot, sie trugen Stahlhelme, obwohl es im Luftraum
Berlin idyllisch ruhig war in jenem ersten Kriegsjahr
(und noch lange danach). Auf den schimmernden, glän-
zenden Helmen sahen wir links den Luftwaffenadler,
einen Reichsadler, der zu einer Art Sturzflug ansetzte
und zwecks diesem Behuf zusammenknickte, ein bißchen nur, ohne an Würde zu verlieren, deutlich bereit,
sich auf sein Opfer zu stürzen.

Auch die Acht-acht blitzten, wie die Stahlhelme, es
blitzten auch die Läufe der Zwei-zwei Zwillings- und
Vierlingsflak. Alles blitzte in jenen ersten Kriegstagen.
Bis sich herausstellte, daß Lichtreflexe auf Waffen und
Ausrüstungsgegenständen feindlichen Beobachtern die
Stellungen verrieten. Von da an war *stumpf* Vor-
schrift.

Zwei Batterien, eine links von der Bahn, eine rechts.
Zusammen eine Großbatterie, Flakregiment Berlin.
Mittendurch rollten die dampflokgezogenen Waggons
gen Westen. An die Batterie vom Krummen Fenn
grenzte das jetzige *Horse Platoon,* damals Reichs-Rei-
terführerschule der SA, mit ländlichen, weißgestriche-
nen Gebäuden, die oberen Stockwerke holzverkleidet –
nach Gutsherrenart. Ein bißchen auch Ordensburg,
Weihestätte.

Ein Teil des Areals der Reit- und Fahrschule wurde 1940
mit doppeltem Stacheldrahtzaun umgeben, Kriegsge-
fangenenlager für Franzosen. Die ersten trafen zwei

Wochen nach Beginn des Frankreich-Feldzuges ein, in befremdlichen braunen Uniformen; die Schiffchen, die sie auf den Köpfen trugen, endeten in zwei Zipfeln, wie Narrenkappen. Das Lagerleben entwickelte sich vor unseren Augen, an einer Wasser-Anlage in der Mitte des Areals wuschen sie sich und ihre Hemden. Deutsche Posten mit Karabinern umkreisten den Stacheldrahtzaun. Sie sahen weg, wenn wir den Gefangenen Brot und – im Sommer – Maiskolben von einem nahen Feld hinüberwarfen. Das waren keine menschlich-moralischen Handlungen unsererseits, vielmehr machte es uns Spaß die Langmut der deutschen Wächter auszuprobieren und – drüben, hinterm Zaun – die Fremden lachen zu sehen, wenn sie geschickt unsere Wurfgeschosse auffingen.

Ich komme gleich auf das Urdorf und auf Wanda und Adrian. Die Flakmänner gruben ihre Kanonen ein, statt in Zelten wohnten sie fortan in Baracken. Bisher hatten sie die Handreichungen von Knabenrudeln akzeptiert, auch von uns, zur Belohnung gab es manchmal einen Schlag Erbsen aus der Feldküche oder eine Patronenhülse, Messing, blankgeputzt, später Tarngrün. Geschossen wurde nicht, ab und zu zerrten sie ein Geschütz aus der Bettung, transportierten es zu weit entferntem Schießplatz, oben an der Ostsee gab es einen, wo sie auf Schleppscheiben schossen: Ein Schiff oder ein Flugzeug zog eine Scheibe hinter sich her, an langer Leine, auf diese Scheibe ballerten sie mit scharfer Munition.

Nach Dünkirchen wurde die Doppelbatterie abgelöst, felderfahrene Einheiten gruben sich ein, sie sahen feldmarschmäßig aus, lässiger, nicht so blitzblank, die Motoren ihrer erbeuteten englischen Bedford-Lkw summten hoch, wie Nähmaschinen.

Gleich komme ich zum Urdorf:

Die ersten Luftangriffe auf Berlin fanden statt, Lancaster-Bomber flogen von England an, die Flak ballerte, wir saßen in Splittergräben.

An den Tagen nach solchen Angriffen gingen wir übers Feld, zum Krummen Fenn, außerhalb der Stacheldrahtzäune, die Gefangenenlager und Batterien gleichermaßen umgaben (nur war der vom Lager höher und eben *zweifach*), und sammelten Flaksplitter. Die meisten fand mein Freund Bernd Hempe, er besaß, was wir »Parterre-Augen« nannten, Bernd fuhr jahrelang umsonst S-Bahn, weil er ungeknipste S-Bahn-Fahrkarten fand, auch Bargeld, einmal einen Trauring – und also auch die meisten Flaksplitter. Einmal entdeckte er am Krummen Fenn auch ein paar Scherben, Tonscherben, sie sahen aus als sei Oma einer der Krüge zersprungen, in denen sie Gurken oder Eier einlegte, braunglasierte Tonkrüge waren das mit zwei Henkeln, aber die Scherben, die Bernd fand, sahen, schaute man genau hin, *ein bißchen* anders aus.

»Schmeiß sie weg«, sagte ich. Doch Bernd legte die Scherben obenauf in seinen Beutel, in den er die Flaksplitter steckte – besonders beliebt waren Zünder, die Spitzen der Granaten aus Aluminium, mit Gradeinteilung, man fand sie manchmal unversehrt – er steckte die Scherben ein und trug sie nach Hause.

Am nächsten Tag, in der Schule, zeigte er sie unserem Zeichenlehrer. Ich lachte auf Vorschuß, weil ich dachte, Bernd würde sich blamieren vor der Klasse. Aber der Zeichenlehrer, es war jener, der uns Katzenköpfe zuteilte, während er uns Stil-Epochen beizubringen versuchte (»det is Jangermalerei«, womit er Genremalerei meinte), kratzte mit seinen unzeitgemäß langen Fingernägeln an den Scherben, blickte sinnend nach draußen, wo Amsel, Drossel, Fink und Star in Freiheit sangen, uns hadern ließen mit unserem Schüler-Dasein, und sagte – nein, nicht, daß dies Genre-Töpferei sei, oder moderner Mist, er sagte:

»Dürfte achthundert Jahre alt sein. Wo hast du die her?«

Bernd berichtete. Der Zeichenlehrer drehte die Scherben in den Händen. »Es lohnt sich, dem nachzugehen. Läßt du mir die hier?«

Es geschah aber einige Jahre nichts, außer daß die Flak ballerte, wir statt der Flaksplitter (bald gab es mehr, als uns lieb war) Blindgänger von Phosphor-Kanistern sammelten, Bernd Hempe mischte den Inhalt mit Papierspänen und befeuerte damit seine Zentralheizung, niemand dachte mehr an die Scherben und den Zeichenlehrer mit den Katzenköpfen, als wir in den Blockadejahren Bäume fällen gingen im Krummen Fenn, war von den Flakstellungen und vom Gefangenenlager so gut wie nichts mehr zu sehen, sogar den Brennesseldschungel bei der Müllgrube hatten die Amis mit Caterpillars beiseite geschoben. Dann erinnerte sich plötzlich jemand der Funde, Ausgrabungen fanden statt, ein gewisser Professor Adriaan von Müller nahm sich der Sache an, rekonstruierte mit Helfern das Urdorf.

Es steht nun da, ist zu besichtigen. Ein Wanda-Dorf, für Überlebensfähige, wie Puvogels Tochter.

Professor Müllers Dorf schaut aus wie eine Siedlung der Chromagnon-Menschen mit seinen niedrigen Strohdächern. Doch haben so die Ur-Berliner gehaust, zur Zeit, als die Dörfer Berlin und Cölln gegründet wurden, keine zwanzig Kilometer entfernt an der Spree. Nicht anders wird es dort ausgesehen haben, der Wind pfiff durch die Ritzen ihrer Katen. In Rom saßen sie zu dieser Zeit mindestens seit tausend Jahren in geheizten Villen mit Wasserklosetts und Dampfbädern, und die Tontafel-Bibliothek von König Assurbanipal in Ninive war noch ein paar tausend Jahre älter.

Hier am Krummen Fenn sagten noch achthundert Jahre weiter die Füchse einander gute Nacht, das Dorf war vergangen, verloren, und wäre es geblieben, wenn nicht mein Freund Bernd Hempe damals die Tonscherben aufgesammelt,

wenn nicht der Zeichenlehrer erkannt, daß es sich um bedeutende Funde handelte,

wenn nicht Professor Müller mit seinem Team zu graben begonnen hätte.

Und nun vollführte Wanda, die Ur-Wanda, einen Zeitsprung. Sie stürzte sich, die ich in meiner Vorstellung

mit Fellen behängt sah, auf die neuste Mode. Um mit
Adrian das Boot zu reparieren, schaffte Wanda einen –
Bikini an!

»Ich denke, du kriegst die Tür nicht zu«, berichtete
Adrian. »Sie zieht sich aus, in Xylanders Häuschen, und
kommt wieder raus mit dem Ding an! Ringsum Berliner
Luft! Nur uff ihre Müggelberge etwas Textil, und den
Slip dazu. Ich sage Donnerwetter, und drehn Se sich mal
um, gnädige Frau, sie tut es ungeniert wie ein Elefant im
Zirkus Busch, ich dachte schade, daß se nicht auf so
’nem Podest steht. Weißt du, daß sie unheimlich blaß
ist?«

»Wenn sie den ganzen Tag im Laden steht.«

»Direkt käsig.«

»Sie kommt nicht an die Sonne. Puvogel läßt sie
nicht.«

»Xylander?«

»Ernie. Für den Kolonialwarenhändler ist sie eine bil-
lige Arbeitskraft. Ein Wunder, daß er sie ein paar Tage
hinausläßt, das Boot reparieren. Er meint, damit habe
er ihre Ferienansprüche abgegolten. Die sie übrigens nie
geltend gemacht hat. Eins verstehe ich nicht.«

»Was?«

»Daß er sie mit dir hinausläßt. Alleine.«

»Hör mal, Karl, ich halte Bikini immer noch für eine
Koralleninsel. Damit wir uns verstehen.«

»Du meinst atomverseucht und unbewohnbar?«

»Ist noch nicht raus. Ich spreche immer noch von der
Insel, klar?«

»Wieso hat der Badeanzug seinen Namen von dem Atoll?«

»Das mußte Atombomben-Harry fragen und die Amerikaner, die ihre Bomben dahin gepfeffert haben.«

»Atombomben-Harry?«

»Weißte nicht mehr? So nannten sie Truman. Harry S. Truman. Weil er den Befehl gegeben hat, die ersten Atombomben abzuschmeißen. Auf Hiroshima. Und Nagasaki.«

»Ich hatte es vergessen.«

»Interessant. So schnell vergißt der Mensch. Dabei gehe ich jede Wette ein, wenn Westdeutschland in der Nato bleibt, daß sie uns ein paar Atomsprengköpfe schenken.«

»Aufdrängen.«

»Wer weiß? Bei uns gibt's auch Techniker, die gerne mit dem Zeug rumspielen. Ein Wochenende im romantischen Dinkelsbühl. Mit Besichtigung der dort lagernden Atom-Sprengköpfe. Wie wäre das?«

»Du übertreibst. Generell: Freiheit hat ihren Preis.«

»Nachtigall, welch Lied schmetterst du? Ich denke ich höre einem zu, der Apfelmus auf den Sehschlitzen hat. Oder Grünalgen uffs Sehrohr. Hoffentlich ereilt dich die allgemeine Wehrpflicht. Ferien in Hammelburg. Bettbezug sechsunddreißig Karos breit, wehe, der Spieß findet ein Brett am Kopfteil versteckt, mit dem du 'ne scharfe Kante simulierst.«

»Woher weißt du, wie es beim Kommiß zugeht?«

»Marine-HJ.«

Adrian begab sich wiederum an Wandas Seite, sägte aus Sperrholz verstärkte Spanten, baute das Gummibot auf, legte die Konstruktion aus für Wandas Gewicht, damit sie in die Havel stechen konnte, ohne abzusacken. Wanda beschränkte sich, im Bikini, auf Handreichungen, schlug auch in Xylanders Hütte dies und jenes Ei in die Pfanne, briet Kartoffeln goldbraun in Margarine oder Schmalz, manchmal auch in Butter, radelte zur Imbißhütte, schaffte Bier heran, sah täglich mit mehr Bewunderung Adrian zu, wie er, braungebrannt in quergestreifter Badehose, auf dem Kopf ein US-Navy-Käppchen, Tabakpfeife im Mundwinkel, sägte, hobelte und leimte, ausmaß, einpaßte, das Klepperboot herrichtete.

Adrian, wenn er eine Pause machte, fragte Wanda:
»Kannst du Karten spielen? Siebzehn und vier? Schafskopf?«

»Nö.«

»Klaberjas?«

»Nö.«

»Kannst du Schach spielen?«

»Nö.«

»Dame?«

»Nö.«

Schwarzer Peter. Das konnte sie. In Xylanders Laube fand sie ein abgegriffenes Spiel, unerklärlich, wie es dorthin gekommen war. So spielten sie Schwarzer Peter. Wanda freute sich, wenn sie mit angekokeltem Korken Adrian einen Rußstrich auf die Wange, einen schwarzen Punkt auf die Nase malen konnte. Sie gewann fast immer, was weniger an Adrians Großmut lag als an seiner Unfähigkeit, dieses simple Spiel zu begreifen. Von langen Winterabenden auf der *Havelland* war er gewohnt, sich mit Komplizierterem zu beschäftigen, Knobelaufgaben, Schach, das sie stundenlang spielten, Pompetzki und er, Bridge-Probleme. Andere Unterhaltung gab es nicht auf dem Schiff, Radiogedudel wurden sie schnell leid, Fernseh-Apparate, die Sensation auf der Funkausstellung vor ein paar Jahren, liefen zwar in vielen Haushalten, aber sie waren teuer, und das Antennen-Problem war nicht zu lösen an Bord, auf einem Schiff, das sich an seiner Boje drehte. Also Schach, Dame, Schafskopf, neben Köhlers Flottenkalender und neuerdings dem Jahrbuch *Nautilus,* von dem Adrian in einem Antiquariat in der Potsdamer Straße ein paar zerfledderte Bände aufgetrieben hatte, im nachtblauen Einband.

Und Jules Verne las er! Zwanzigtausend Meilen unter dem Meer. Kapitän Nemo in seinem Unterseeboot.

»Kennst du Käp'tn Nemo?« fragte er Wanda.

»Nö.«

Das hieß wieder: Schwarzer Peter.

In den Tagen da draußen allerdings merkte er, wie er mehr und mehr einer sonderbaren Verstrickung verfiel. Wandas weißer Körper in für damalige Verhältnisse knapper Bekleidung, die Art, wie sie sich bewegte, gemächlich, säulenhaft, passiv. Ein Leuchtturm, der lebendig geworden war. Ihre kleinen Augen blinzelten.

Wenn sie beim Kartenspiel Vorteile errang, fuhr sie sich mit der Zungenspitze über die Lippen, wie eine Katze im Vorgeschmack der Maus, die sie in den Krallen hält. Adrian ahnte nicht: Er war die Maus.

Am vierten Tag, das Faltboot nahm bereits seine vom Hersteller erdachte Form an, fuhren Wanda und Adrian hinaus mit Onkel Xylanders Ruderboot, einer stabilen Jolle, geeignet, weit mehr Gewicht als Wandas zu tragen. Adrian pullte, beide Ruderblätter setzte er exakt ein, gerade so tief, daß er optimalen Schub erzielte, leicht hecklastig dümpelte die Jolle, Wanda thronte auf der hinteren Bank und steuerte, ein zerknüllter Strohhut, Eigentum Onkel Xylanders, bedeckte ihr Haupt, zu ihren Füßen stand ein Picknickkorb, von der Art, wie sie früher Radler am Lenker führten bei Ausflügen in den Grunewald, mit zwei Ösen zum Befestigen, durch die zugleich die Halterungen des Deckels liefen, kaltes Huhn war darin, wußte Adrian, Bier, eine Flasche Schnaps, zwei Äpfel, hartgekochte Eier.

Adrian pullte. Blickte auf die runden Knie vor seinen Augen, auf Wandas Bauch, der halb im reichlich geschnittenen Bikini-Unterteil steckte wie das Frühstücksei im Eierbecher, in einem hellblauen Eierbecher mit aufgesticktem Anker, die obere Rundung wölbte sich glatt, fest und weiß: Wanda gehörte zum Typus, der nicht braun wird, auch die vergangenen Tage unter brennender Havelsonne hatten nichts geändert, allenfalls auf den Oberarmen zeigte sich eine leichte Rötung: ein Hauch.

Adrian pullte. In kleinen, festen Fäusten hielt Wanda die Strippen, mit denen sie steuerte, das Boot schoß dahin auf dem Stößensee, schaukelte, wenn ihr Kurs das Heckwasser eines Dampfers schnitt, was Wanda veranlaßte, ihre Zungenspitze über die Lippen zu führen, mit einer kreisförmigen Bewegung.

Adrian ließ die Jolle ins Schilf laufen. Zog die Ruder ein. Wanda beugte sich vor, öffnete den Picknickkorb. Ihre kleinen Hände zerrissen das kalte Huhn, Stück um Stück reichte sie Adrian, sprach selbst dem Huhn zu, damals waren kalte Hühner etwas Köstliches, sie kamen – immer noch – frisch von den Bauern, nicht aus Kühlhäusern, wo Tieffrost ihre Knochen zermürbt, ihr Fleisch müde gemacht hatte, es waren die letzten Tage jener Epoche, als man Röhrenknochen nicht an Hunde verfütterte, weil die Splitter sich ihnen in Speiseröhre und Darm bohrten: Wer hat seitdem einen Hund gesehen, der nicht Tiefkühlknochen behandelt wie Sülze?

Sie tranken Bier und abwechselnd Schnaps aus der Flasche, Wanda wischte sich mit beiden Handrücken den Mund, Hühnerfett glänzte, zwischen ihren Zähnen saß unten rechts ein wenig weißes Hühnerfleisch, Adrian schaute fasziniert darauf, bis Wanda um ein Streichholz bat, es mit den Fingernägeln spitz knippte, den Fleischfetzen herausbohrte, einseitig hochgeraffte Oberlippe, das andere Händchen vor dem Mund, als Tarnung, wie bei feinen Leuten.

Sie spuckte das Fleischfetzlein ins Wasser. Warf das Streichholz hinterher. Dann faßte sie mit beiden Händen nach hinten, öffnete den Verschluß des Bikini-Oberteils, streifte ihn ab. Legte das Textilstück sorgfältig zusammen und schob es unter die Bank. Adrian sah auf das Gebirge fester, weißer Brüste, rührte sich nicht, als sie nun in den Bund des Unterteils griff, sich, mit dem Rücken an der Banklehne abstützend, von der Sitzfläche erhob, und mit einem Ruck auch den Rest des Bikinis abstieß.

Adrian fragte:

»Willst du dich sonnen?«

Wanda sah ihn an, ihre Augen schienen noch kleiner als gewöhnlich, und wieder spielte ihre Zungenspitze über die Lippen.»Nö«, sagte sie.

IV

Es liegt was in der Luft

»Haben Sie nicht 'ne Hose für mich?«
»Mann, hier ham Se 'n Knopf. Lassen Se sich
'ne Hose drannähen.«

»Wenn de denkst, du legst 'n Stück Asbest uff de Herdplatte und denn verbrennste dir 'n Arsch nich, denn irrste.«

Mit diesen Worten umriß Willi Reh, hustend wie immer, Andenken an Lungen-Steckschuß und Westwall-Kasematten, unsere Lage.

Fast alle waren gekommen zur schnell einberufenen Vollversammlung der Tennessee-Wiggler-Genossenschaft in meiner Laube, dem Geschäftslokal. Es ging darum, wie wir den Würmern das Fressen wieder beibrachten. Der Allesverschlinger Tennessee Wiggler zeigte sich kolonieweit kiesätig, verschmähte die schönsten Abfälle, von Buseberg liebevoll zerkleinert auf der ehemaligen Häckselmaschine, angereichert mit Humus aus dem Krummen Fenn und mit Hausmüll erster Sorte, wie ihn Eichelkraut täglich heranführte. Die Würmer sahen gelblich aus, bewegten sich kaum.

»Irgendwo ist der Wurm drin«, sagte Onkel Hubert. Alle lachten.

Sternchen Siegel wurde ungewöhnlich ernst: »Ich bitte mir Ruhe aus! Es gilt, den Grund zu finden. Wenn uns die Würmer verrecken, nebbich, was glauben Se, ist die Folge? Die Kolonie ist pleite. Jahrelange Arbeit umsonst. Schnell ist der Ruf ruiniert. Wir sind nicht die einzige Regenwurm-Farm, im Bundesgebiet haben ein paar tüchtige Kollegen aufgemacht. Schaut euch die Kleinanzeigen an in den Fachblättern. *Mein Grünes Jahr* zum Beispiel. Eine halbe Seite! Wenn wir nicht liefern, dann tun es die anderen. Mit dem bißchen Umsatzsteuer-Rückerstattung aus Berlin-Hilfe-Geldern ist es nicht getan. Wir müssen frische Würmer liefern!«

»Unsere Helden sind müde. Wenn der Wurm nischt frißt, jeht er ein wien Priemeltopp ohne Wasser.«

Heringsbändiger schlug vor: »Wir müssen ausprobieren, woher die Schadstoffe kommen. Bakterien werden es nicht sein, die unsere Würmer so zurichten. Es kann nur am Futter liegen, das sie bekommen. Sie sind alle krank. Bei Bakterien-Befall hätte es irgendwo begonnen, in einem Silo, einem einzigen.«

»Was schlägst du vor?«

»Wir lassen bestimmte Versorgungen weg. Aus den Lauben kommt nischt Giftiges. Wahrscheinlich nicht. Die Erde vom Fenn sollte auch in Ordnung sein. Mist von Horse Platoon, von den Amis? Wenn der giftig wäre, würden die Pferde draufgegangen sein. Bleibt also meiner Meinung nach nur die Eichelkraut-Tour.«

»Ich?« Der Stinker reckte sein Kinn vor. »Ich bin euer Sündenbock, wie? Man behauptet also, ich schleppe das Wurmgift ein.«

»Beruhigen Sie sich, Herr Eichelkraut. Es ist nicht Ihre Schuld. Ich schlage folgendes vor: Wir verzichten im Augenblick auf die Futteranteile der Eichelkraut-Tour.

Was an Futter rumliegt, karren wir aufs Feld zum Verbrennen. Kompost können wir daraus nicht bereiten. Eichelkraut fährt mit einem von uns die Tour ab, vielleicht finden wir die schwache Stelle. Wenn wir Glück haben.«

»Und wenn nicht?«

»Dann müssen wir sehen, ob wir eine andere Tour zusammenbekommen. In einem anderen Stadtteil.«

»Wenn ich nur eine Idee hätte«, sagte Eichelkraut.

»Erst mal versuchen wir es auf gut Glück. Wir können dann immer noch zur Landes-Boden-Versuchsanstalt gehen und Proben analysieren lassen.«

»Was kann es sein?«

Sternchen hob die Hände hoch. »Was weiß e Fremder? Säuren, Desinfektionsmittel, Schwermetalle. Herr Eichelkraut, fällt Ihnen nicht ein, ob Se haben en entsprechenden Betrieb unter de Lieferanten von de Abfälle?«

»Glaube nicht. Früher, als ick Futter hab jesammelt für die Schweine, ick hatte immer paar Schweine stehen für den Eigenbedarf, hab ick stets drauf jeachtet, daß die einwandfreit Futter kriegen. Det is mir in Fleisch und Blut überjejangen. Nur det Beste für die Tiere. Ooch für die Würmer. Schweine und Würmer, überhaupt alle Tiere jedeihn nur, wenn se bestet Futter kriejen. Eenmal 'ne Panne oder falschet Fressen, und das große Sausterben setzt ein.«

»Oder das Würmersterben.«

»Oder det. Aber soweit sind wa noch nich. Die Jungs werden sich schon erholen. Ick weiß 'ne Järtnerei, wat ihren Salat rausschmeißt, davon hole ick gleich paar Fuder. Beste Qualität. Die Würmerchens wern sich freun.«

»Prima. Vergeßt alle nicht, die Situation ist ernst. Herr Eichelkraut, können Sie morgen früh die Tour abfahren?«

»Is jeritzt.«

Als alle gegangen waren, nur Friedrich, Siegel und ich waren zurückgeblieben, sagte Sternchen: »Das erfordert Konsequenzen.«

»Woran denken Sie?«

»Es zeigt sich, daß alles verwundbar ist, was nur steht auf einem Bein. Werden wer finden eine umfassendere Lösung, welche gibt gewisse Garantien.«

Friedrich meinte: »Ich habe auch schon daran gedacht. Nur habe ich wenig einzubringen. Meine Pro-Forma-Geschäftsführung der *Beknackten Maus* wird wenig wert sein.«

»Denken Se das nicht, lieber Friedrich. Denken Se das bloß nicht. Ich sehe, unsere Gedanken gehen in eine Richtung. Wissen Se, was wer werden machen? Wir werden alle nur möglichen Betriebe zusammenlegen.«

Sternchens Augen leuchteten:

»Die Tausendschön-GmbH!«

Wir quittierten den Vorschlag mit gebührendem Schweigen. Hochachtungsvoll. Dann fragte Friedrich:

»Wie denken Sie sich das, Herr Siegel? Verschiedene

Besitzer, unterschiedliche Interessen. Wie soll das zusammengehen?«

»Werden wir sehen. Hat ein gewisser Siegel überall Anteile. Aber zuerst muß die Wurmgeschichte in Ordnung gebracht werden, bitteschön. Wenn Sie beide gütigst mit Eichelkraut würden die Kontrolle machen? Irgendwo ist der Schaden. Gehn Se morgen früh? Gleich morgen früh?«

»Selbstverständlich.«

Ingeborg kam noch einmal vorbei: »Heringsbändiger meint, ob es an seiner Lake liegt? Die Matjes kommen neuerdings in Blechbüchsen, mit Konservierung. Nicht mehr in Holzfässern wie früher.«

»Das kann es nicht sein. Vorsichtshalber schalten wir aber auch die Gefahrenquelle aus. Sag Heringsbändiger, er soll das Zeug wegkippen.«

Eichelkraut holte uns am nächsten Morgen ab. Wir fuhren die Tour mit ihm. Fragten die Leute aus. Als erstes nahmen wir uns das frühere Urban-Krankenhaus vor, jetzt Behring-Krankenhaus. Eichelkraut lotste uns zum Seiteneingang, ein Leichenauto fuhr heraus. »Passender Empfang«, sagte Friedrich.

Der Portier bestritt, daß Schadstoffe in den Abfall geraten könnten: »alles hygienisch und antiseptisch«, meinte er. »Wenn Se hier einem ein Bein absäbeln oder die Mandeln rauspuhlen oder sowat, kommt det sofort in den Ofen.«

»Arzneien? Weggeworfene Tabletten?«

»Wird verbrannt!«

»Verbandsstoffe, Emulsionen, Tropfflüssigkeit?«

»Wird verbrannt!«

Der Mann betonte, daß Eichelkraut lediglich Küchenabfälle bekommen habe, alles sauber, ohne Beimi-
schung.

»Ja denn. Nichts für ungut.«

Wohin nun? Einige Gastwirte, bei denen Eichelkraut
Abfälle zu holen pflegte? Eine Berufsschule mit Kantine?

Überall fragten wir.

Nichts.

»Wo sollen wir noch suchen?«

»Weiß nicht. Das übrige ist aus Privathäusern, alles
Leute, bei denen ich Schweinefutter geholt habe. Seit
vielen Jahren. Da is nischt.«

»Sind Ärzte dabei? Zahnärzte? Labors?«

»Nischt.«

»Besinnen Sie sich doch mal, Herr Eichelkraut«, sagte
Friedrich. »Ich habe das Gefühl, daß Heringsbändiger
auf der richtigen Spur ist. Es muß auf Ihrer Tour liegen.«

»Übrig ist nur noch das Sportlerheim. Kantine und
Gaststätte. Am Fußballplatz. Aber könn Se mir mal sagen, wat für Jift die liefern sollen? 'n uffjeplatzten Fußball? Schweiß aus de Achselhöhlen vom linken Verteidi-
jer?«

Friedrich lachte. »Trotzdem. Fahren wir hin.«

Friedrich umkreiste schnüffelnd die Massiv-Baracke, in

der das Sportlerheim residierte. Klappte die Deckel sämtlicher Mülltonnen hoch.

»Suchen Se wat?«

Es war der Kantinenwirt.

Ich erklärte ihm die Angelegenheit. Er war erstaunt:

»Sie wolln sagen, die Würmer werden gelb und fressen nicht? Sie wollen sagen, Herr Eichelkraut holt die Abfälle für Regenwürmer? Mann, da stimmt doch wat nich! Ick rufe die Polente!«

»Beruhigen Se sich doch«, sagte Eichelkraut. »Schaun Se, die Regenwürmer werden jezüchtet von arme Leute. Aus de Laubenkolonie. Et is ihre Existenz!«

»Das ist alles unglaublich!«

»Es is aber so. Ich fahre die Runde, sammle die Abfälle, die werden zerkleinert und unter den Humus gemischt ...«

»So genau will ick det nich wissen.«

»Hören Sie doch, Herr Eichelkraut, so genau will er das nicht wissen.«

Ich wandte mich an den Wirt:

»Es ist wirklich so. Wir züchten die Würmer in einer Regenwurm-Plantage.«

»Für Angler?«

»Auch. Hauptsächlich aber zur Bodenverbesserung. Es ist wichtig für uns zu erfahren, was ins Futter gekommen ist. Giftstoffe. Ich weiß, die Wahrscheinlichkeit ist gering, daß auf einem Sportplatz ...«

Der Wirt sah mich an. Rollte die Augen. Vorsichtig trat ich einen Schritt zurück. »Komm Se rin«, forderte der

Wirt uns auf. Wir sahen einander an. Folgten ihm in die Kantine.

Er bot uns einen Schnaps an. »Mir schwant was«, sagte er. Setzte sich zu uns. Schnalzte mit den Hosenträgern. Auf seiner Stirn, unter der angeklatschten dunklen Haartolle, bildeten sich winzige Schweißtröpfchen. »War ollet Gras bei die Abfälle?«

Ich blickte Eichelkraut an. Eichelkraut nickte. »Ausjerupptet Gras.«

»Alles klar«, sagte der Wirt. »Unkraut-Vernichtungsmittel.«

»Wie?«

»Anders ist die Aschenbahn nicht sauber zu halten. Sie streuen Unkrautmittel. Dann hacken se aus, wat stehen jeblieben is. Und so weiter.«

Friedrich schien erschüttert. »Das hält kein Wurm aus.«

»Det hält nich mal Ihre Oma aus. Tut mir leid. Aber daran hab ick nich jedacht. Ick dachte nich, dat die Abfälle abjeholt werden. Hab ick jesacht se solln det mit druffschmeißen. Det Jras. Für det Säubern kommen städtische Arbeiter. Da hab ick nischt mit zu tun.«

Sternchen meinte, er sei »außer sich«. – »Das ist ja die Höhe«, rief er. »Einfach hanebüchen. Wollt ihr sagen, Se schmeißen das Gras in de Gegend, mit de Chemie dran?«

»So ist es. Ich weiß nicht, was man dagegen tun kann.«

»Was man tun kann? Dem Magistrat muß man machen
Feuer unterm Hintern. Gesundheitsamt. Sternchen
wird machen. Geh kuck se dir an, de Würmer. Hätten
wer nu gemacht Schweinefutter? Vielleicht hätten se
überlebt, de Schweine. Dann hätten de Menschen se gegessen. Ich nich, sind se nich koscher. Aber de anderen.« Er blinzelte »No, vielleicht Sternchen Siegel auch,
gebe ich zu. Schweinerei große ist das im wahrsten Sinn
des Wortes. Was machen wer mit de Würmer?«

»Sie bekommen anderes Futter. Ich denke, sie werden
sich erholen.«

»Hoffentlich. Hoffentlich. Schau se dir an, de Würmer.
Gelb sind se von vorne bis hinten. Müde sind se, daß
man ihnen möchte ’n Kanapee unterschieben. Ne
schöne Sauerei. Und das alles bei arme Leute, was bedroht sind in de Existenz. Wohin sollen wer liefern de
gelben Würmer? Zu de Chinesen?«

Sternchen blieb nervös, auch in den folgenden Tagen,
lief in den Plantagen umher, stieß mit Stöckchen in die
Erde, kam einmal mit einem Wurm in die Laube, den er
aufgespießt vor sich hertrug: »Was sage ick? Verrecken
tun se. Sterben. Das große Wurmsterben hat begonnen.«

»Es kommt vor, daß mal ein Wurm stirbt. Auch sonst.
Außerdem ist der Wurm nicht gelb.«

»Nicht gelb.«

»Nicht gelb. Was sagen se? Naseweis. Vielleicht hat er
rote Rüben gefressen. Aber hin ist er!«

»Es kommt vor.«

»Wer müssen absuchen de Plantage. Werden wer finden Leichen über Leichen.«

»Bestimmt nicht.«

»Was wetten?«

»Jede Wette.«

»Mögen Se recht behalten. Wer müssen ändern. Tausendschön-GmbH. Ich red mit de Leit.«

Er schmiß den Wurm in meinen Aschenbecher.

Minnamartha besaß, was der Herausgeber von *Mein grünes Jahr* einen grünen Daumen nannte. Inmitten grauer Pappdach-Wüsten unserer Regenwurm-Plantagen und zementierter Arbeitspfade prangte eine blühende, farbenfrohe Oase: Minnamarthas Blumengarten. Mißtrauisch stand sie zwischen Levkojen, Begonien und Geranien, äugte herüber, schnippte mit der Gartenschere trockene Triebe ab. Am Abend, als Friedrich gegangen war, brachte sie mir einen Strauß aus ihrem Garten, das hatte sie noch nie getan.

»Ärger mit den Würmern?«

»Sie haben Gift bekommen. Was Falsches gefressen. Aber wir wissen, was. Ist bereits abgestellt. Sie werden gesund.«

»Menschlein, glaub das nicht. Wer hat dir das eingeredet? Du hörst zu sehr auf andere Leute. Immer habe ich gesagt, du sollst nicht auf andere hören. Glaub mir, sie wollen dir nichts Gutes. Nützen dich aus. Der Jude mit der Mütze. Der andere Kerl, der hier gewohnt hat, bei dir in der Veranda, wochenlang. Sicher hat er dir nichts gezahlt dafür? Sie wollen dich alle ausnützen. Zu deinem Vater habe ich auch immer gesagt, Ede, laß dich nicht ausnützen. Aber er mußte ja seine Taxichauffeure duzen. Was war die Folge? Der alte, den wir Opa nannten, erinnerst du dich? Er hatte einen Unfall. Die besten Kunden weg. War nicht viel passiert, aber die Leute verlieren das Vertrauen. Die Würmer werden auch nicht gesund werden.«

»Kannst du mir sagen, was die Würmer mit Edes Taxen zu tun haben?«

»Ich meine, daß niemand auf mich hört. Warum bist du nicht in der Buchhandlung geblieben? Menschlein, das wäre ein Beruf für dich! Buchhändler! Du hast doch als Kind so gerne gelesen. Mit der Taschenlampe unter der Bettdecke. Du denkst, ich habe es nicht gemerkt! Ich wußte es! Nur Vati meinte, ich spinne. Er liest doch nicht unter der Bettdecke, hat er immer gesagt, Karl nicht! Ich wußte auch, wie spät du das Licht ausgemacht hast. Wenn ich an die Glühbirne gefaßt habe, war sie noch heiß. Damals, als wir im Haus lebten. In der Laube hatten wir ja keinen Strom, zuerst. Petroleumlampen. Das war zu gefährlich. Wir haben dir keine Lampe im Zimmer gelassen. Man las so viel über Laubenbrände. Deshalb die Taschenlampe. Der Buchhändler war nett zu dir. Warum bist du weggegangen? Falsche Freunde! Ich habe immer gesagt, halte dich an Gigi. Sie ist ein anständiges Mädchen. Aber nein! Hast sie vergrault!«

»Höre einmal zu. Ich habe dir hundertmal gesagt, ich

möchte mich nicht mit dir über Gigi unterhalten. Sie ist erwachsen und weiß, was sie tut. Und über Würmer möchte ich mich auch nicht unterhalten. Ich verdiene hier mein Geld.«

»Menschlein, es hat keine Zukunft. Stell die Blumen in die Vase.«

Ich fand keine Vase, brachte einen Milchkrug. Füllte ihn mit Wasser. Minnamartha stellte die Blumen hinein. »Ein schöner Strauß. Könnten alle haben. Statt dessen die Regenwurm-Bunker.«

»Davon leben wir.«

»Falls die Würmer nicht verrecken. Es ist kein solides Geschäft. Die Tochter von Lamprechts, sie stammen aus Dubberow wie wir, hat jetzt geheiratet. Einen sehr netten Jungen. Ihr Vater hat immer noch das Elektrogeschäft. Sie hat mir geschrieben. Zufällig habe ich den Brief bei mir.« Minnamartha griff in die Schürzentasche. »Sie kann sich noch an alles erinnern. Wie es früher war. Soll ich dir vorlesen?«

»Nein.«

»Ich lese dir trotzdem vor. Eine Stelle. Weißt du noch: Als du klein warst, und wir hatten das Batterieradio? Sie schreibt ...«

»Halt!«

»Hör zu, dummer Junge! Sie schreibt:

Die Akkus fürs Radio kamen alle Woche zum Laden, jedenfalls der vierzellige, der Achtzeller machte es etwas länger. In das Elektrogeschäft meines Vaters

kamen sie alle aus der Kolonie, er betrieb eine Lade-
station, an die wurden die Akkus für vierundzwanzig
Stunden angehängt. Vornehme Laubenpieper hatten
zwei Akkus, damit das Radio nicht ausfiel, Haupt-
andrang war Donnerstag-Freitag. Für diese Akkus
waren meist Holzkäfige gebaut worden mit Leder-
riemen zum besseren Tragen; teilweise lackiert. Eine
Ladung kostete dreißig Pfennige für den Vierer. Mit
diesen Einnahmen konnte mein Vater immerhin die
Bewag zahlen, so sagte er immer.«

Sie steckte den Brief in die Schürzentasche.
Ist das nicht lieb?«
»Was soll daran lieb sein?«
»Daß sie sich erinnert. Du erinnerst dich doch auch an
unseren Radioapparat. Wolltest immer die Kinder-
stunde hören.«
»Bist du fertig?«
»Fertig? Was heißt fertig? Menschlein, ich will dich nur
warnen. Deine Freunde – die sogenannten Freunde –
nutzen dich aus. Nachher stehst du auf der Straße. Hast
nichts gelernt. Aber auf mich hörst du ja nicht.«

Auf gar keinen Fall wollte ich auf Minnamartha hören,
besonders deshalb nicht, weil ich wußte: Sie hatte recht.
Gewiß nicht in dem Sinn, daß mich jemand ausnutzte.
Als Regenwurm-Sekretär lebte ich gut. Doch hätte ich
nicht besser Benno Blüte überzeugen sollen, mich in
eine Buchhändler-Lehre zu stecken? Drei Jahre!

Schlimm! Inzwischen waren anderthalb Jahre vergangen. Die Hälfte hätte ich herum gehabt. Weniger Geld zwar, aber mit Aussichten.

Sollte ich zu ihm gehen?

Der Zeitpunkt war verpaßt.

Und Gigi?

Ich setzte mich an den Tisch, den Blumenstrauß vor meiner Nase, begann wieder einmal einen Brief. »Liebe Gigi!«

Nach einer halben Stunde stand immer noch nicht mehr auf dem Papier als diese zwei Wörter.

Ich zerknüllte das Papier.

Ich pumpte das Fahrrad auf, das in der Veranda stand, prüfte, ob der Dynamo funktionierte, und fuhr zur Havel. Zu Adrian und Pompetzki. Die *Havelland* war eine Zuflucht-Stätte für mich. Niemand stellte Fragen.

Ich sah auf die Uhr. Zwei Stunden brauchte ich bis Weinmeisterhöhe. Es würde zehn werden, bis ich ankam.

Macht nichts. Wenn die beiden schliefen, würde ich auch in eine Koje kriechen. Und am Morgen zurückfahren.

Sie schliefen nicht. Längsseits hatte ein Kutter festgemacht. Seetüchtig. Umgebauter Fischkutter. Viel Mahagoni am Deckshaus, wie ich trotz der Dunkelheit erkannte: Lichtschein aus den Bulleyes der *Havelland* fiel auf das fremde Schiff.

In der Kajüte der *Havelland* schien es lebhaft zuzugehen. Ich rief hinüber. Eine Weile dauerte es, bis sie mich hörten. Adrian holte mich mit dem Dingi.

»Habt ihr Besuch?«

»Ein irrer Typ. Kapitän Bubo. Ist von London hierher getuckert mit seinem Bickebucke. Noch jemand ist da. Wirst dich freuen.«

Zuerst sah ich nichts, die Kajüte war voll Rauch. Schließlich löste sich daraus eine Gestalt mit Kapitänsmütze. Ein Hüne. Nahm das eine Sofa an der Back voll ein. Ihm gegenüber saßen Pompetzki und ein Mädchen.

»Karl«, rief das Mädchen. Es sprang auf. Umhalste mich.

Küßte mich.

»Mensch ... Ingrid? Wie kommst du hierher?«

Ingrid aus der Laubenkolonie. Jugendgespielin. Das Lied von der Zitrone und der Banane hatte sie gesungen.

»Düwel nich ees«, brummte der Kapitän. Er hatte sich halb aufgerichtet, höher ging nicht, er stieß an die Decksspanten. Sein Gesicht bestand aus Vollbart. In dem schwarzgrauen Gestrüpp glänzten zwei Augen. Braun. Groß. Goethe-Augen. Aus der Gegend, wo ich den Mund vermutete, ragte ein Knösel. Der gewaltigste, den ich bisher gesehen hatte. Pfeifenkopf zwei Fäuste groß.

Der Hühne streckte mir die Hand hin. Ich versuchte sie zu drücken. War im Schraubstock gefangen. Es erinnerte mich an Händedruck-Erlebnisse bei Onkel Hubert. Mein Onkel, als Bierkutscher bei Schultheiß gewohnt, Fässer zu stemmen, hinterließ nach Begrüßungen Quetschwunden. Innere Verletzungen der Hand. (Der des Grußpartners.)

Sie zerrten mich auf die Bank. Neben Kapitän Bubo waren zwanzig Zentimeter frei. Ich saß unter dem überhängenden Mannsbild. Köhm tranken sie aus Wassergläsern. Fortgeschrittenes Suff-Stadium, sie redeten mit einer Lautstärke, daß es bis zum Kaiser-Wilhelm-Turm zu hören sein mußte.

»Karl, wo kommst du her? Mannometer, ich freue mich!«

»Das sollte ich dich fragen, Ingrid. Wie lange haben wir uns nicht gesehen?«

»Laß mal nachrechnen . . . Mensch, das kann doch nicht wahr sein! Mit Stacks.«

Sie erinnerte sich an Gigis Spitznamen. Stacks nannten wir sie. Weil sie herumstakste mit ihren langen Beinen.

»Wo ist Stacks? Gigi heißt sie, erinnere ich mich richtig?«

»Stimmt. Sie ist in Hannover. Wie kommst du hierher?«

»Lange Geschichte. Kurzfassung gefällig?«

»Mal los.«

»Du weißt, mir ham se noch 'ne Bumskiepe aufs Haupt jedrückt in den letzten Tagen. Blitzmädchen. Fu-M-G-Schnell-Ausbildung.«

»Düwel«, fragte der Kapitän, »was ist Fu-M-G? Chinesisch? Schnellfeuergewehr für Schlitzaugen?«

»Funk-Meßgerät«, erklärte Pompetzki. Adrian fügte hinzu: »Radar.«

»Das haben Mädchen bedient?«

»So war es. Ich saß bei Remagen an dem Ding, als die Amis anrückten. Wir waren fünf Mädchen. Zackiger Batterie-Offizier, hatte den Daumen drauf. Bei Nacht und Nebel sind wir abgehauen. Haben uns Zivilklamotten besorgt. Icke im kühlen März mit jeblümtet Sommerkleid, Kopftuch, Knobelbecher an de Beene.«

»Was ist Knobelbecher?«

Kapitän Bubo schien über deutsche Verhältnisse während des Krieges wenig orientiert. Verklickerten wir ihm also, was Knobelbecher sind. Oder waren. Der Ausdruck gefiel ihm.

Ingeborg beugte sich zu ihm hinüber und küßte das Gestrüpp an seinem Kinn.

»Ihr seid getürmt?«

»Schlankweg. In Düsseldorf hab ick für die Engländer gearbeitet. Dann allerlei Jobs, wie das so ging. Eines abends bin ich mit'm Macker in so 'ne ungarische Julaschkneipe in der Altstadt, da erbebt det Jebäude und er kommt rin.« Sie deutete mit einer Kinnbewegung auf Kapitän Bubo. »Se ham ihm zwei Stühle ranjestellt, mein Macker schien mir irre zerknautscht im Vergleich. Dann brüllte Bubo er is mit 'n Kutter unterwegs nach Berlin. Ick meine Brocken jefaßt und an Bord. Den Macker ham wa verloren. Es fügte sich, det ick zwee Schwestern traf, die von Berlin nach 'm Westen jemacht sind. Die ham 'ne Bude in Neukölln. Kann ick haben.

Stube und Bad. Nich teuer. Da wollte ick eigentlich heute hin. Nu geh ick morgen.«

»Heißt das, du bist einfach an Bord und mitgefahren?«

Ingrid lachte. »Warum nicht? Alle Tage fährt keen Kutter nach Berlin.«

Adrian zog seine Maultrommel heraus, erfand flugs eine Melodie: »Das ist eine gute Zeile! Alle Tage fährt kein Kutter nach Berlin ...«

Bubo lachte dröhnend. Pompetzki schob seine weiße Kaleun-Mütze ins Genick.

»Siehst schnaffte aus«, sagte ich zu Ingeborg. Kurzgeschnitten waren ihre dunklen Haare, das letzte Mal, als wir uns gesehen hatten, trug sie einen Zopf rings um den Kopf. Treudeutsch. Ein bißchen mager schien sie mir. Vielleicht schien das aber nur so in Gegenwart Kapitän Bubos. Der Mann machte uns alle zu Schrumpfgermanen! Adrian in seiner Matrosenbluse wirkte wie ein Schuljunge. Pompetzki sah direkt verhärmt aus, wie Admiral Dönitz beim Nürnberger Prozeß.

Bubo lud uns ein, den Kutter zu besichtigen, Pompetzki und Adrian verzichteten, sie seien bereits drüben gewesen, an Bord der *Chelsea,* wie Bubos Schiff hieß, es lief unter Panama-Flagge, weil Immatrikulation und Versicherungen dort billiger sind. Wir stiegen hinüber, Bubo, Ingrid und ich, Ingrid mit Schwierigkeit, sie trug einen engen Rock, den sie hochkrempelte, aber bevor sie ein Bein über die Reling schwingen konnte, hatte Bubo sie ergriffen, hochgehoben und auf den Planken abgestellt.

Die Kajüte der *Chelsea* war geräumig, an der Wand hing das Foto einer Skulptur, eine kniende Nackte aus Zement blickte auf einen Fluß.

»Was ist das?«

Kapitän Bubo ließ wiederum sein dröhnendes Lachen erklingen, seinen Rotzkocher nahm er aus dem Mund, in seinem Amazonas-Dschungel von Bart öffnete sich eine rosa Höhle, als wenn der Verfasser von »Alice im Wunderland« den Eingang zu ebendiesem selbst entworfen hätte. Aus dieser Tropfsteinhöhle röhrte das Gelächter.

Er klappte den Rachen zu, sog heftig am Knösel und erklärte:

»Ich bin Künstler.«

»Ah.«

»Als Bildhauer schuf ich die Nackte Große Kniende. Vierzig Tonnen Beton. Sie blickte auf die Themse.«

»Ah.«

»Die Flußbehörde schritt ein. Gefährdung der Schiffahrt.«

»Er hat sie ...«

»Oh, Ingrid, *please* ... Die Große Kniende wurde gesprengt. Sie existiert nicht mehr.«

»Das tut mir leid.«

»Macht nichts. Jetzt zeige ich dir das dickste Buch der Welt. Im Eigenverlag erschienen.« Er klappte den Deckel einer Sitzbank hoch und holte einen Riesenschinken heraus, Folioformat, so dick wie drei Telefonbücher.

»Hier!« Er knallte das Buch auf den Tisch.

Ingrid kam mit Gläsern und einer Flasche, sie hielt erschreckt inne.

Ich schlug das Buch auf. Doppelseite zwei und drei: Das Foto eines Hinterns. Seite vier: Ein Hintern, in Öl gemalt, farbig reproduziert. Seite fünf: Zeichnung eines Hinterns. Seite sechs und sieben: Nahaufnahme des Hinterns der Knienden, die Backen ruhten auf ihren Waden.

Ich sah Kapitän Bubo an. Er schmunzelte, was folgendermaßen stattfand: Einzelne Partien der Bartlandschaft, in der Nähe der Mundwinkel, bewegten sich flink nach links und rechts. Der Knösel wanderte in dem Tal, wo sich der Mund vermuten ließ, hin und her, glühende Ascheteile verstreuend. Im Pfeifenkopf gurgelte und rumorte es, Rauchwolken stiegen auf, webten Schwaden unter die kupferne Hängelampe. Ingrid hatte Flasche und Gläser abgestellt, war stehen geblieben. Im Lampenschein war nur ihr Körper zu sehen, mager wie damals, aber mit zwei Händen voll Brust. Ihr Gesicht, oberhalb des Lampenschirms, blieb im Dunkeln.

Ich blätterte weiter. Das Thema Hintern wurde abgehandelt in allen nur möglichen Variationen.

Bubo sagte überflüssigerweise:

»Lauter Ärsche.«

Ich nickte.

»Das Thema interessiert mich. Ingrid, dreh dich um!«

»Ich denke nicht daran.«

Zu mir gewendet: »Ich weiß nicht, warum sie sich

sträubt. Sie hat einen wuchtigen Hintern. Ich habe ihr vorgeschlagen, ihn mit Gips abzuformen. Das Positiv könnten wir dann hier an die Wand hängen.«

»Was heißt wir?« Ingeborg setzte sich, ihr Gesicht kam ins Blickfeld, sie machte ein Raffmündchen. »Wer gibt dir das Recht, Bubo, meinen Arsch an die Wand zu nageln? Da habe ich ein Wörtchen mitzureden.«

Bubo machte eine wegwischende Handbewegung. »Lassen wir das. Vorerst. Schau dir die Fotos hinten im Buch an. Und die Zeitungsartikel. Über meine Weltumseglung.«

»Außerdem war er Leibwächter von Al Capone.«

»Wirklich?«

»Lassen wir das. Als ich jung war. Sie brauchten kräftige Leute.«

»In New York?«

»Ja. Aber ich bin in Berlin aufgewachsen.«

»Er sagt, er war nicht größer als andere Kinder.« Ingrid lachte.

»Das stimmt, das stimmt«, sagte Bubo. »Mein Vater war Tuchhändler am Hausvogteiplatz. Heute würde man sagen Konfektion-Zulieferer. Ich war ein ganz normales Kind. Trug Bleyle-Anzüge, mit einknöpfbarem weißen Kragen. Wir sind ausgewandert, als die Nazis kamen. Nach New York. Der Vater hat gleich wieder angefangen, Sweat-Shop, eine Etage am East River. Hat er Knickerbocker produziert. Damals war's die Mode, jeder trug Knickerbocker. Haben wir gut verkauft, trug ich auch Knickerbocker. Und da fing ich an zu wachsen.

Heimlich aß ich Banana Split. Wie Popeye Spinat, weißt du, Popeye the sailor. Aus dem Comic Strip. Eines Tages merkte mein Vater, daß se für mich Knickerbocker nach Spezialschnitt nähen mußten. Auch Hemden, Konfektion platzte an den Nähten. Sie schleppten mich zu Ärzten, oder gewesenen, Emigranten auch sie, aus Berlin, ihre Diplome wurden in Amerika nicht anerkannt. Durften se nicht praktizieren, aber jeder fragte sie um Rat. Schenkte ihnen ein paar Dollars. Oder einen Truthahn, oder ein Bündel Stockfisch. Die Medizinmänner haben gesagt es ist ganz normal, es gibt auch große Menschen. ›Nicht bei uns‹, hat mein Vater gesagt, ›nicht bei uns.‹ Beschwörungsformel. Es half nichts. Bald mußte er den Kopf nach hinten legen, wenn er mir ins Gesicht schauen wollte, er guckte wie ein Pinguin, hat es gemerkt, in Zukunft sprach er nur zu mir, wenn wir am Tisch saßen. Mutter sagte: ›Wo soll das noch hinführen?‹ – Eines Tages« – er sah Ingrid und mich an – »eines Tages hörte ich zu wachsen auf. Da war ich so groß wie heute.« Er stand auf. Sein oberes Drittel verschwand im Dunkel. Unter der Lampe sahen wir ein breites Koppel, das sich um Bubos Hüftgegend zog. An dem Koppel hingen patronentaschenartige Behälter, eine dieser Taschen, wußte ich bereits, enthielt Tabak, ferner baumelte ein Bowiemesser an der Seite, und in Schlaufen wie für Patronen steckten weitere Tabakspfeifen. Ich dachte, wie in meinem Leben die Riesen sich häuften. Siegfried. Wanda, bisher für unvergleichlich gehalten, nun dieser Kleiderschrank. Zwerge hingegen blieben aus. Gab's mehr Riesen als Zwerge? Es war vermessen, nach drei Riesen eine Statistik aufzubauen. Bubo setzte sich wieder, leicht schwankte der Kutter.

»Mit sechzehn. Ich war sechzehn, als ich zu wachsen aufhörte. Ein Glück. Manche wachsen bis fünfundzwanzig.«

»Und dann?«

»Meine Gestalt war mir von Vorteil. In New York existierten eine Menge jugendliche Banden. Wenn sie mir ans Leder wollten, griff ich mir einen, zog ihn in den nächsten Hausflur, trug ihn in den zweiten oder dritten Stock und hielt ihn am ausgestreckten Arm zum Treppenhausfenster hinaus. Sofort war Ruhe.«

»Und Al Capone?«

»Sie gabelten mich auf. Es gab ein Mafia-Restaurant in der zweiundvierzigsten Straße, ich ging gerne hin, sie machten eine vorzügliche Lasagne. Große Portionen. Als sie merkten ich bin Stammgast wurden die Portionen noch größer. Nette Leute. Manche mit ausgebeulten Jacketts, sie trugen Pistolenhalfter, aber das wußte ich zuerst nicht. Ein paar quatschten mich an, ob ich Geld verdienen wollte. Geld brauchte ich immer. Plötzlich war ich Leibwächter.«

»Und dann?«

»Das erzähle ich euch ein andermal. Außerdem: Ingrid kennt die Geschichte.«

»Sind Sie immer noch Leibwächter?«

»Sag du zu mir, Junge. Nein. Es war fad. Jeden Tag zwei mal vier Stunden im Fahrstuhl, der zu Al Capones Penthouse führte. Besucher filzen. Ich ging zum Boß und erklärte ihm, mir sei langweilig und ich wollte aufhören. Man hört nicht auf, sagte er, bei mir nicht. Außer man hat ein paar nicht abzudichtende Löcher im Leib. Ich sagte, ich würde trotzdem aufhören. Das ist unüblich, sagte er. Wirklich unüblich. Aber dann holte er eine Rolle Eagles aus der Schublade, Silberdollars, gab sie mir und sagte: Arrivederci.

Ich haute ab. Natürlich traute ich dem Frieden nicht, ich dachte er schickt mir ein paar von seinen Knalltüten hinterher, sah mich im Hudson oder im East River, Betonlatschen an den Füßen. Ich kaufte mir diesen Kutter. Ging auf große Tour. Was ich erlebte, schrieb ich auf, verkaufte es an Zeitungen. Von London bin ich dann nach Berlin getuckert. Unterwegs traf ich Ingrid. Weißt du ja schon. Da war ich zwei Jahre alleine an Bord. Ich freute mich, daß sie mitkam.«

»Und die Hintern?«

»Ich bin Künstler. Um die nötigen Modelle kümmere ich mich.« Er blätterte wieder im *größten Buch der Welt,* wie er seinen Folianten bezeichnete. »Hier, das war ein Hintern von einer Negerin auf Tahiti. Ihr Vater soll noch Sklave gewesen sein.«

Bubo schien eine blühende Phantasie zu haben. Er erzählte von seiner Weltumseglung anhand weiterer weiblicher Rückseiten, die er in seinem Buch verewigt hatte. Über Land und Leute erfuhr ich wenig.

»Wie sind Sie ausgerechnet hierher gekommen?«

»Sag du zu mir, Junge! Mein Vater, der Tuchhändler

vom Hausvogteiplatz, besaß eine Wochenend-Laube. Hier in Weinmeisterhöhe. Ich dachte, da kommste mit dem Schiff hin, fang da mal an. Dann sah ich die *Havelland,* sie mußte genügend Tiefgang haben, ich wollte nicht mit dem Kutter auflaufen am seichten Ufer. Ich rief sie an und fragte, ob ich längsseits gehen dürfe ... die Jungs sagten ja, und hier bin ich.«

»Die Welt ist klein«, sagte Ingrid.

Spruchweisheit. Fing auch die Generation nach Minnamartha damit an?

Wir hatten die Flasche geleert, Gilbey's Gin, aber niemand von uns dreien schien betrunken. Ich sah nach draußen. Im Osten überzog ein fahler Schein den Himmel. Auf der *Havelland* waren die Lichter gelöscht. Nur am Topp brannte eine einsame Lampe.

»Schlafen hat keinen Zweck mehr«, sagte ich.

Ingrid meinte, es sei eine Idee, ihr Zimmer zu suchen, in Kreuzberg, ob ich helfen würde, ihr die Plünnen rüberzubringen?

Wie aber? Auf dem Fahrrad?

Bubo meinte, er könne uns mit dem Beiboot zur Heerstraßen-Brücke bringen, dort bekämen wir einen Bus.

So machten wir es. Morgens um sieben standen wir vor dem Haus in Kreuzberg. Es kam mir bekannt vor. Noch bekannter kam es mir vor, als wir das Zimmer betraten: Es war die Bude von den zwei Hummerschwestern aus Walterchens Ballhaus, die Paule und mich zum Kaffee eingeladen hatten!

»Die Welt ist klein«, sagte nun auch ich.

Kapitän Bubo zog sich durch unser Leben. Er besichtigte die Regenwurm-Plantagen, nahm herzlichen Anteil an der fortschreitenden Gesundung der Wiggler, glücklicherweise erholten sie sich von dem Vertilgungsmittel-Schock, Bubo schloß Freundschaft mit Sternchen Siegel und Heringsbändiger, fuhr Buseberg auf dem Kutter spazieren, marinefachsimpelte mit ihm, erfüllte die *Beknackte Maus* mit Leben. Wanda fand er wunderbar, er liebte es, in Puvogels Laden einzukaufen und Wanda mit Komplimenten zu überhäufen. Sie sah ihn dann an wie die Kuh auf der Milchschokolade und ließ ihre rosa Zunge spielen. Zutiefst war sie Siegfried treu, dem kleinsten der Riesen.

Die Hummerfräulein kehrten zurück nach Berlin. Ingrid bekniete Friedrich, ob sie nicht zu ihm in die Laube ziehen könne, in Gigis Zimmer. Eines Morgens räumte Friedrich sein Schlachten-Panorama von Gigis Bett. Ingrid kam, von den Laubenpiepern aufs herzlichste begrüßt: Wieder eine, die zurückgefunden hatte in den Schoß der Kolonie Tausendschön. Sie durchschritt, eine magere, ein wenig schief lächelnde Königin, die Gassen zwischen den Wurmpagoden, blieb an diesem Zaun, an jener Gartenpforte stehen, hinter ihr trabte geduldig Bubo, in jeder Hand einen krachvollen Koffer, den Knösel im Bartgestrüpp.

Ich stellte Friedrich zur Rede: »Was ist in dich gefahren«, fragte ich, »du läßt Ingrid in Gigis Zimmer wohnen? Wenn Gigi zurückkommt?«

»Sie muß das ja nicht wissen. Wenn sie wirklich kommt, schicke ich sie zu dir.« Er bog sich vor Lachen, auch das hatte ich bisher für eine Redensart gehalten, aber er bog sich wirklich, nach links, nach rechts auf seinem Bürostuhl, dann nach vorne, bis er ächzend mit dem Oberkörper halb auf der Tischplatte lag. »Friedrich!« – Er richtete sich auf, sah mich an, Tränen in den Augen. »Was gibt es da zu wiehern?«

»Ich kann nicht mehr. Wenn ich dich ansehe, o Mann! Einer, der nicht weiß, ob er verliebt ist oder nicht. Mann, bist du 'ne Tüte, Karl!«

Ich war solche temperamentvollen Äußerungen nicht gewohnt vom stillen Einzelkämpfer. Heiterte Ingrid ihn derart auf? »Ich hoffe, Ingrid schleppt dir ihren Kapitän in die Laube. Dann mußte anbauen. Kannste dir schon mal überlegen. Oder willste in die Veranda aufs Feldbett?«

Meine harmlosen Worte verursachten bei Friedrich einen neuen Lachanfall, ich sah erst recht nicht ein, was daran nun komisch war. Friedrich wischte sich mit den Handrücken die Augen aus, plierte mich an, immer noch mit verzerrtem Mund. »Ingrid verkraftet zwei«, sagte er.

Mit Ingrid ging ich am Buschgraben spazieren. Wir hatten einander viel zu erzählen. Der Buschgraben, Verlängerung eines Abwässer-Hauptsammlers, in dessen übermannshohe Tunnelröhre wir als Kinder Expeditionen unternommen hatten, die Mut erforderten, floß tief unten zwischen drei Meter hohen Böschungen. Mündete in einen Teich. Der Teich lag inzwischen in der DDR. Quer über den Graben spannte sich Stacheldraht. Dahinter patroullierten Vopos. Früher hatte es hier ein ausgedehntes Haselnußstrauch-Gehölz gegeben. Davon war nicht ein Zweig übriggeblieben. Inseln von trockenem Gras auf märkischem Sand, der in Schuhe und Socken drang. Uns fiel es nicht auf. Wir waren es gewohnt.

Ingrid fragte nach Gigi, nicht ahnend, daß sie bei mir Schleusen öffnete: Ich erzählte ihr »unsere Geschichte«.

Ingrid meinte, es sei keine Geschichte, was ich denn wolle, ob ich mit mir im reinen sei, ob es mir klar sei, was Gigi wolle, außerdem seien wir alle miteinander ziemlich grün, feucht hinter den Ohren (wieder eine Redensart), ob man denn in meinem Alter wisse, was man wirklich wolle, bei Mädchen sei es vielleicht anders, sie zum Beispiel sei sicher, daß sie noch eine Weile ungebunden leben wolle, woraus sie nicht auf andere schließen könne, gewiß nicht, sie habe vielleicht einen Blitzmädchen-Komplex, an zuviel Freiheit sei sie gewöhnt seit einem Alter, in dem der Mensch sich noch prägen ließ (sie sagte wirklich »prägen ließ«, als ob sie aus der Sonntagsbeilage des *Tagesspiegels* vorlas), so sehe es für sie aus. Eltern habe sie auch keine mehr, wie die meisten von uns, ich habe ja noch Minnamartha, doch sei ihr Eindruck, ich verstehe mich nicht besonders mit meiner Mutter? »Eigentlich schade. Einer von uns hat mal 'ne Mutter, und dann lebt er im Kriegszustand mit ihr.«

»Sie ist anders als ich«, sagte ich. »Von unserer Regenwurm-Zucht will sie nichts wissen.«

»Sei doch froh. Schau ihren Garten an. Blumen überall. Es blüht zwischen euren Würmer-Kasernen. Bunte Blumen. Kapitän Bubo ist das aufgefallen. Er geht gerne zu deiner Mutter.«

Ich hatte ihn manchmal sitzen sehen, auf der Bank vor der Laube, sie bog sich durch unter seiner Last, die Katze lag auf seinen Knien, Minnamartha umklapperte den Kapitän in ihren Holzpantinen, kochte Kaffee, goß ihm Schnaps ein. Worüber sie sprachen? Über mich? Hielt ich mich für wichtiger als ich in ihren Augen war? Vielleicht redeten sie über Westpreußen, über Berlin wie es früher war, den Hausvogteiplatz, über die letzten Kriegstage, die Armee Wenck, den sogenannten Heldentod meines Vaters? Ede Kaisers? Vielleicht sprachen sie über Blumen. Einfach über Blumen.

»Was soll ich tun?«

»Dir klar werden, was du willst. Wenn du es weißt, sag es mir. Vielleicht kann ich etwas tun für dich.«

Ingrid sah mich an, lächelte, ein wenig schief:

»Für euch.«

Wir gingen an der anderen Seite des Buschgrabens zurück. Ein Vopo starrte uns durch sein Fernglas nach. Rechts von uns dehnte sich das Gelände der ehemaligen Funkstation. Von den weißroten Gittertürmen, die bei

Gewitter geleuchtet hatten, unwirklich vor dem dunklen Himmel, war nichts mehr zu sehen. Die Russen hatten sie demontiert. Binnen einer Woche nach der Eroberung Berlins seien die Türme verschwunden gewesen, sagten die Leute. Spurlos verschwunden. Nur die Zementsockel sah man noch im hohen vertrockneten Gras, zwischen Brennesseln und Brombeerdickichten.

Der Zaun ringsherum war zerfallen, verrostet. Abkürzungspfade schlängelten sich zwischen Fichten, die auf dem Grundstück wuchsen. Es roch nach Kien, wenn die Sonne auf ihre Stämme brannte.

Träge floß das Wasser im Buschgraben. Dunkler Schlamm. Kein Frosch, keine Kaulquappe. Die alte Frau Kändler schnitt mit der Sichel Gras an der Böschung, für ihre Ziege. Sie hatte die Ziege während des Krieges angeschafft, wegen der Milch. Jetzt war das Tier alt. Gab längst keine Milch mehr. Frau Kändler hing an der Geiß. Mochte sie nicht schlachten, obwohl ihr Willi Reh angeboten hatte, dies Geschäft zu übernehmen: »Frau Kändler, die frißt Ihnen die Haare vom Kopf.« – »Lassen Se man, Herr Reh. Sie hat mir Milch gegeben in schlechten Zeiten. Soll sie Futter haben, bis sie stirbt.«

Manchmal führte sie die Ziege am Strick aufs Feld, band sie an, in der Nähe des Grenzstacheldrahts. Setzte sich auf einen Klapphocker, den sie mitschleppte. Strickte Schals, Strümpfe. Redete auch mit ihrer Ziege.

Die Vopos kannten sie. Keiner richtete das Zeiß-Glas auf Frau Kändler und das Tier.

Rummelplatz der Liebe. »Wolln wir uns det nich ankieken?« Siegfried schlug vor, wir sollten »nach Berlin« fahren, wie wir immer noch sagten, wenn wir uns aus unseren Vorort-Gefilden in die Innenstadt begaben, nichts hatte sich geändert hierin seit Kindertagen, als Minnamartha und ich mit der S-Bahn im durchgehenden *Bankier-Zug* (er hielt bis Potsdamer Platz nur ein einziges Mal, ich glaube in Steglitz) in die Stadt fuhr. Nur machten wir's komplizierter, nahmen den Bus bis Oskar-Helene-Heim, dann die U-Bahn bis Wittenbergplatz, Siegfried, Wanda, Ingrid und ich.
Links das wiedereröffnete KaDeWe, Kaufhaus des Westens, Wanda blieb stehen vor den Schaufenstern, aus denen superschlanke Pappmaché-Mannequins mit blau umringelten Augen und zentimeterlangen Wimpern uns hochmütig anstarrten. Wir zerrten Wanda weiter, dem »Rummelplatz der Liebe« entgegen, Berlins neuem Tauentzien-Palast, dem Super-Kino, in dem dieser Film spielte. Vier von den über fünfhundert Sitzplätzen waren für uns reserviert, telefonisch, Siegfried hatte aus Puvogels Laden angerufen: »Sie haben die Nummer 102.« Wir holten die Karten ab, gingen hinein in den Traumpalast, erstanden am Ort des *Nürnberger Trichters,* das sagte uns wenig, unsere Väter vielleicht hätten dazu einiges zu bemerken gehabt, aber entweder gab es sie nicht mehr, sie waren uns durch Heldentod abhan-

den gekommen, oder sie lebten froh dahin als Kultur-banausen. Wandas Vater, Ernie Puvogel, sonnte sich in kultureller Abstinenz, Fußball interessierte ihn und Politik, das letzte Mal, hatte er uns stolz erzählt, sei er 1938 im Kino gewesen, ein Spionagefilm mit Kirsten Heilberg, an den Titel konnte er sich nicht mehr erinnern. (Es war »Die Spinne«.) Aus der Zeitung wußte Puvogel über den neuen Tauentzien-Palast, daß die Kühlanlage mit Wasser funktionierte, aus palasteigenem Tiefbrunnen gepumpt, achtzig Meter tief. »Als wir damals den Atlantikwall bauten mit der Organisation Todt«, prahlte Puvogel, »legten wir Tiefbrunnen bis dreihundert Meter an.«

Der Atlantik-Wall interessierte uns nicht. Interessierte niemand mehr. Vorbei und vergessen. Für immer, dachten wir.

Aber ein Kino mit Klima-Anlage war neu, amerikanische Errungenschaft, »drüben« sollte ja alles vollklimatisiert sein, Klimaanlagen in Büros, in Autos, in Supermärkten. Gigantische Einkaufszentren, musikberieselt. Das würde es bei uns nie geben, die Käufergewohnheiten hier unterschieden sich von denen der Amerikaner, der Amerikanerinnen vor allem, in Filmen, Wochenschauen, in Illustrierten, neuerdings im Fernsehen betrachteten wir Amerikas Hausfrauen, wie sie ihr Wägelchen schoben, Waren einpackten, sie kauten Kaugummi, das ganze Volk bewegte mahlend die Kiefer, es soll gesund sein für die Zähne, auch in Deutschland gibt es Wrigley's chewing gum, richtig Mode wird's nicht bei uns. Die Hausfrauen tragen Lockenwickler auf den Köpfen in diesen US-Supermärkten, die älteren Ladies haben Brillen auf den Nasen mit Straß- oder Diamantsplittern verziert, eine trug eine Brille in Form der Golden Gate Brücke, San Francisco, wie die aussieht, wußten wir inzwischen, sie überspannt das Goldene Horn, die Bucht... kannte jeder! New York, das war ein weiterentwickeltes Berlin, ein Super-Berlin, europäisch bis in die Fundamente der Wolkenkratzer hinein. So viele Deutsche, die echte Amerikaner, echte New Yorker geworden waren. Immer noch Deutsch sprachen: Deutsche Zeitungen, deutsche Kneipen. Fast wäre die offizielle Sprache Amerikas Deutsch geworden, wieso es dann doch nicht klappte, der Senat sich für Englisch entschied, war mir entfallen. Ein Jammer. Wären die Amerikaner zweimal gegen uns in den Krieg eingetreten, wenn Deutsch ihre Sprache gewesen wäre? – Na bitte!

»Komm mal wieder auf'n Teppich«, sagte Ingrid neben mir. Sie stand vor einem Thermometer im Vestibül, das die Innentemperatur des gekühlten Palastes anzeigte: Achtzehn Grad! Ingrid schauderte, im Ausschnitt zeigte sich Gänsehaut. »Da wollen wir rein? Kann ick mir ja gleich im Kühlschrank Bildchen ansehen.«
»Ist nicht kalt«, sagte Wanda, sah Siegfried an, Siegfried nickte, sah mich an, ich nickte auch, wenn sie ein Kino kühlten, hatten sie Gründe, dies war eine Attraktion. Ich zog meine Jacke aus und hängte sie Ingrid über

die Schulter. Begann sofort zu zittern. Wir kauften Schokolade und Pralinen und gingen hinein, ließen uns gefangennehmen von der kalten Pracht, den Lichtspielen, den Beleuchtungseffekten, dem Bühnenvorhang, der sich sausend öffnete und schloß. Nicht wie vor dem Krieg im *Zeli,* wo ein Helfer den Vorhang auf- und zuzog, ruckweise, kreischend, die Strippen sichtbar.

Rummelplatz der Liebe hieß der erste Film im Tauentzien-Palast. Ich weiß nicht mehr, worum es ging in jenem Streifen, deutsche Nachkriegs-Produktion, weiß nicht, wer mitspielte. Ich erinnere mich nur, daß wir froren, »wie im Krieg«, raunte Siegfried, alle froren außer Wanda, die im eigenen Speck geschützt nichts merkte von diesen Keller-Temperaturen, die als schick galten und deshalb ausgehalten wurden. Erstarrt und taumelnd traten wir zwei Stunden später auf die Nürnberger Straße, nach Wärme lechzend, der Wurstmaxe ging vorbei mit seinem dampfenden blanken Kessel vor dem Bauch, er muß uns für verrückt gehalten haben, wir flehten ihn an, uns schnell mit Würsten zu füttern, nur Wanda wollte keine, wir anderen stopften die brühheißen Bockwürste in uns hinein, verbrannten uns die Münder, Wurstmaxe rettete uns. Wir blickten zurück auf die erleuchtete Fassade des Palastes, haushoch prangte das Filmplakat über dem Eingang mit blitzenden Glastüren, die sich geräuschlos öffneten, als nun die Besucher der letzten Vorstellung hineinströmten, zu dünn angezogen, wie wir registrierten.

Ingrid nieste.

»Wenn ick weiter hinkucke, krieg ick 'ne Lungenentzündung«, sagte sie. »Laß uns 'ne Fliege machen.« Sie schlug vor: »Jetzt könn wa ooch 'n flotten Otto kloppen. Haste nich jesacht euer Rejenwurm-Rembrandt is in 'ne Jazzer-Kapelle?«

In der Tat spielte Schnuddel Meier seit geraumer Zeit als Schlagzeuger in einer Band, wie das jetzt hieß, die allabendlich am Breitenbachplatz Jazz machte, in der *Eierschale*.

Wir gingen zur U-Bahn.

Schnuddels roter Kleinschnittger, von ihm *rasendes Radieschen* genannt, parkte am Bordstein. In der *Eierschale* saß gemischtes Volk, einige immer noch in Anzügen, die wie umgefärbte Militärklamotten aussahen, andere flott aufgemaschelt, gute Mädchen. Schnuddel werkte mit dem Jazzbesen, blinzelte uns zu. Wir setzten uns. Ein paar Tische weiter entdeckte ich Klausimausi, einen der Verehrer der Buchhändlerin und Leutnantswitwe Sylvia Flötotto, ich drehte den Kopf, ob ich auch sie entdeckte, sie war jedoch nicht hier, ich wußte nicht, ob sie Jazz mochte, in die *Eierschale* ging, wußte nicht, ob Klausimausi noch Kontakt zu ihr hatte, sie zu ihm. Es war anzunehmen, denn in Jungbuchhändlerkreisen traf man einander, es gab Arbeitskreise, einer tagte bei Müller & Müller, einem Grossohaus, Verleger aus Ostberlin kamen herüber und hielten Vorträge, der Buchhandel spielte immer noch »es gibt nur ein Berlin« (wie es nur eine deutsche Sprache gibt, argumentierten sie),

Wiedervereinigung war für sie kein Problem, sie waren ja noch vereint.

Meinten sie.

In Wirklichkeit gab es zwei Börsenblätter, eine Ausgabe Ost, eins Ausgabe West, die DDR vertrieb ihre Bücher über den traditionellen Leipziger Platz, die Bundesrepublik, wie sich Westdeutschland nun nannte, von Frankfurt und Stuttgart und Bremen und Hamburg aus, beide Berlin-Teile brieten ihre Extrawürste, die DDR bezog aus dem Westen Fachbücher und Noten, bezahlte mit Druckkapazität, bargeldlos, belletristische Bücher aus dem Westen nahm sie immer weniger ab, sie druckten selbst auf Lizenzbasis, zum Beispiel Erich Kästners *Doppeltes Lottchen,* das soeben erschienen war.

In Leipzig meldete der Portier Besucher an, indem er den »Kollächen Direktor« anrief. In westdeutschen Kapitalistenkreisen, zu denen Buchhändler und Verleger gerechnet wurden, redete man Direktoren immer noch mit Herr an, manchmal sagte auch der Direktor *Herr* sowieso zum Portier.

Rückständig.

Klausimausi grinste einen Gruß herüber, indem er seine Kohlrabifresserzähne entblößte, er starrte Ingrid an, entschloß sich jedoch, Schnuddel Meier und seinen Mannen zuzuhören, die gerade *Tiger Rag* verjammten, eine Jam-Session veranstalteten, was Ingrid respektlos mit *Marmeladen-Sitzung* übersetzte, Wanda konnte nicht folgen, in ihrem Wallekleid saß sie da wie ein resedagrüner Bergfried. Neben ihr der etwas kleinere Riese Siegfried schaute sie liebevoll an.

Ingrid klopfte mir auf den Arm und fragte: »Was denkste?«

Es führte zu weit, ihr das zu erklären, so deutete ich auf Klausimausi und sagte ihr, dies sei ein Buchhändler, den ich kenne, aus meinen eigenen Buchhändler-Zeiten, längst kannte Ingrid alle unsere Erlebnisse aus der Epoche, als sie in Düsseldorf war.

»Was meinste«, flüsterte sie, »habe ich Chancen bei dem?«

Der *Tiger Rag* schwoll zu dröhnender Lautstärke an, Schnuddel werkte an Blech und Pauke. Ich wartete ab, bis der Rag wieder in ruhigeres Fahrwasser geriet, sagte: »Und Kapitän Bubo? Er stampft Klausimausi ungespitzt in den Erdboden.«

Ingrid lachte. »Ich habe«, sagte sie ernst, »keinerlei Verpflichtung Herrn Bubo gegenüber. Damit du klar siehst: Auch nicht Friedrich gegenüber. Ich habe überhaupt keine Verpflichtung.«

Klausimausi hottete am Tisch mit, er hampelte auf seinem Stuhl, klopfte den Takt des Rags auf der Tischplatte, verdrehte die Augen, legte die Zähne bloß, zauste sein Haar.

Es schien ein Endlos-Rag zu werden, die vier Musiker vorne auf der Bühne schafften sich rein, ich sah mich um, Klausimausi war nicht der einzige, den es gepackt hatte. Überall verdrehte Augen.

Wanda fuhr sich mit der Zungenspitze über die Lippen.

Ingrid lachte. »Ich bin froh, daß ich zurückgekommen bin«, sagte sie.

Friedrich hielt Sternchen Siegel einen Wurm vor die Nase. »Rot und gesund. Wie alle Tennessee Wiggler in unserer Anlage.«

Sternchen nahm den Wurm mit zwei Fingern. »Könnte ich küssen. Geschafft. Werde ich euch verraten, ich habe Fachleute beigezogen, mich erkundigt, Herr von Soldau auf Soddelau, ihr erinnert euch von der Grünen Woche, gab mir Ratschläge, aber niemand hat bisher gehört, daß e Regenwurm an Krankheiten leidet. Selbst in den USA de Züchter zeigten sich ratlos, ein Wurm, was nicht findet gesunde Nahrung, gräbt sich tief und tiefer ein bis in sichere Regionen, se haben Würmer drei und vier Meter tief gefunden, natürlich nicht in den Zuchtanlagen, aber in Amerika sind se autark in de Wurmernährung, sammeln nicht Abfälle wie wir, also passiert nichts. Einmaliger Fall bei uns. Verdammte Ackerchemie. Se werden vergiften nich nur de Würmer, sondern eines Tages auch de Menschheit.«

Wir gingen hinüber zur *Beknackten Maus,* wohin wir alle Beteiligten bestellt hatten, zur Gründung der Tausendschön-GmbH. Sie saßen auf Stühlen und Tischen, lehnten an den Wänden, unter dem Schultheiß-Plakat, neben der Juke-Box, der Wurlitzer-Orgel, warteten, was Sternchen Siegel sagen würde. Agathe ließ den Zapfhahn offen, schob ein Glas nach dem anderen drunter; es gab Freibier heute. Sternchen zahlte. »Zuerst«, sagte Sternchen, »möchte ich Sie alle begrüßen und Ihnen danken, daß Se sind so zahlreich erschienen. Ist es ein wichtiges Zukunftsthema, was wer haben zu besprechen. De Regenwurm-Genossenschaft, alle Achtung, hat tadellos funktioniert, jeder einzelne hat gearbeitet . . . wie sagt man? Daß die Schwarte knackt. (Gelächter.) Nu hat sich herausgestellt angesichts der Gelbfärbung von die Wiggler, daß es gibt Gefahren von außerhalb, die nicht abzuwenden sind durch unsere Arbeit. Was, liebe Freunde, wäre geschehen, wärn se verreckt, die Würmchen? Jahrelange Arbeit für die Katz. Hätten wer müssen von vorne anfangen.

Nu sind de Würmer nich so empfindlich wie Nerze, was manche Leute züchten für de Pelze, sie kriegen auch nich Pips wie die Hühner oder Kalkbeine, nich Rotlauf wie de Schweine. Mag sich mancher deshalb sagen, 'ne Panne wird nicht wieder vorkommen, also wurschteln wir weiter.

Aber: Sind wer sicher, daß uns de Würmer nicht bereiten andere Überraschungen? Oder ist mein Freund Heringsbändiger hier« – er deutete auf Heringsbändiger, der an den Tresen gelehnt lauschte – »gewiß, daß ihm nich verderbt a Fischtransport? Daß e Großer versucht, ihn aus dem Markt zu boxen?

Ist unser lieber Freund Eichelkraut« – er sah Eichelkraut an – »gewiß, daß er wird immer de Sickergruben leeren, wo se überall bauen Kanalisation? Mag sein, er wird sich umstellen müssen eines Tages, wie macht er's ohne Kapital?

Was macht unser lieber Kamerad Ernie Puvogel, wenn se ihm bauen en amerikanischen Supermarkt vor de Nase gleich drüben? In der Siedlung? Geht nich bei uns? Wer weiß, wer weiß.

Freunde! Ihr habt gesehn, daß Sternchen hat für euch immer ein bißchen weitergedacht. Seit ich hier bin, habe ich mit großem Spaß gefördert alle eure Unternehmungen. Warum? Weil se mir gefallen haben, de Menschen hier. Habe ich nicht getroffen einen einzigen Faschisten, habe mich gefragt wie ham se überlebt ohne Partei, ohne mitzumachen bei de Nazis? Muß was dran sein an de Menschen von der Laubenkolonie. Nu, so war's. Ich möchte euch noch einmal danken, daß ihr mich aufgenommen habt bei euch, als wenn ich hätte gelebt zwischen euch all die Jahre.«

»Hört, hört!« rief Gustavchen. »Bravo«, sagte Heringsbändiger.

Alle klatschten. Sternchen fuhr fort:

»Nu habe ich de letzten Wochen geredet mit alle, einzeln, in Gruppen, was jeder denkt, wenn wer legen de Betriebe zusammen, machen e große Tausendschön-GmbH, verteilen de Risiken, wird es ein Unternehmen an dem alle sind beteiligt, jeder hat Mindestlohn, Versicherung, Altersversorgung.«

Puvogel meldet sich: »Entschuldigung. Aber det klingt wie Kommunismus. Jeder gleichberechtigt. Was ist, wenn einer nicht arbeitet? Wenn zum Beispiel ich meinen Laden vergammeln lasse? Das bezahlen dann die anderen. Sehe ich das richtig?«

»Jawohl«, sagte Buseberg. »Ostzonen-Modell, was Sie da vorschlagen. Das wollen wir nicht.«

Heringsbändiger stand auf: »Moment, Freunde. Ich glaube, ihr seht das falsch. Wir werden einen Geschäftsführer haben, den wir wählen, dem wir vertrauen. Der Geschäftsführer ist verantwortlich, wie es das Gesetz vorschreibt. Er wird sich also drum kümmern müssen, daß alle Zweige optimal laufen.«

»Da kann man mich aus dem Laden setzen, wenn es nicht funktioniert?« Puvogel war empört.

Sternchen sagte: »Freunde. Durch die Regenwurm-Genossenschaft haben wir Erfahrung. Keiner hat den anderen hängen lassen, obwohl es im ersten Jahr düster aussah, kein Gewinn, nur Investition. Hat einer den Schwanz eingekniffen? Hat ein einziger bekommen kalte Füße? Alle haben mitgemacht. Ist das nicht eine Garantie?«

Einige schrien Bravo, jawohl, recht hat Herr Siegel. Puvogel schaute bös.

Sternchen fuhr fort: »Ich nehme an, es ist recht, wenn wir eine Abstimmung vornehmen.«

»Halt.« Willi Reh ging auf Sternchen zu. »Erst wollen wir wissen, wie jeder beteiligt ist.«

»Gute Frage. Jeder, der mitarbeitet, bekommt gleiche GmbH-Anteile. Als Grundvermögen lassen wir eintragen de vorhandenen Werte, Zuchtanlagen, Grundstücke, soweit nicht Pacht, Fahrzeuge und so weiter. Se gehören allen zu gleichen Teilen, wenn Besitzabtretungen erfolgen, wird der Abtretende entschädigt. So wird Heringsbändiger Grundstück und Haus einbringen, auch Eichelkraut sein Grundstück, beide lassen ihre Entschädigung stehen als niedrig verzinsbares Darlehen. Schon deshalb, weil wir gar nicht verfügen über das Bargeld zum Auszahlen. Noch nicht.«

»Klingt wie im Märchen.«

»Ist harte Realität. Wird viel Arbeit geben. Verstehe ich durchaus, wenn sich jemand wird sträuben.« Er sah Puvogel an. »Wollen wir jetzt generell abstimmen?«

»Klar.« – »Abstimmung.« – »Genug Zeit vertrödelt.«

Laubenpieper besitzen einen Rest von Bauernschläue. Die meisten sahen ein, daß es gut und richtig war, mitzufahren auf dem Dampfer, den ihnen Sternchen vor der Nase am Pier der Kolonie vertäut hatte. Wie anders »aus dem Dreck herauskommen?« – »Menschlein«, predigte Minnamartha mir, »du mußt versuchen, aus dem Dreck herauszukommen. Dein Vater hat sein ganzes Leben schwer gearbeitet, um das zu erreichen.«

Es war nicht gelungen. Der Krieg.

Von meiner Art, aus dem Dreck herauszukommen, mittels Tennessee Wigglern, hielt Minnamartha nichts.

Aus dem Dreck herauskommen – das bedeutete für Minnamartha eine soziale Position, bedeutete, anerkannt sein, wie mein Vater anerkannt war als Taxibesitzer, zwischendurch als Bauherr des Siedlungshauses in der Bärlappstraße. Als Buchhändler wäre ich anerkannt worden. Ihr Sohn ist Buchhändler? Gratuliere! Ein guter Beruf! Beinahe niemand hatte eine Ahnung vom Berufsbild des Buchhändlers. Aber sie hätten ähnliches gesagt! Sie hätten Minnamartha gegenüber durchblicken lassen: Alle Achtung, Frau Kaiser, Ihr Sohn ist was geworden. Vielleicht zwischen den Worten: Wer hätte das gedacht! – Das auszusprechen hätten sie allerdings nicht gewagt, und wer ist gezwungen herauszuhören, was die Leute verschweigen? – Regenwurm-Sekretär hingegen war nichts. Möglich, daß mit Regenwürmern Geschäfte zu machen waren. Gesellschaftliche Anerkennung heimste keiner damit ein. Es gab, hörte ich, einen Millionär, der mit Klopapier sein Geld verdiente. Er stiftete große Summen für kulturelle Zwecke. Niemand erwähnte ihn; keine Zeitung, kein Rundfunkreporter. Ein Mann, der Klopapier herstellte, konnte so reich sein, wie er wollte: Die Öffentlichkeit scheute den Umgang mit ihm.

Würmer?

Halb hörte ich hin, wie sie immer noch diskutierten, mehr wissen wollten, zunehmend aber ihre Bereitschaft verkündeten mitzumachen. Ein gemischtes, großes Unternehmen würde entstehen, sehr groß für Laubenbewohner-Verhältnisse. Wir würden teilnehmen am Wirtschaftswunder, auch wir, endlich, uns Autos kaufen und Fernseh-Apparate und Duffle-Coats. Welchen Preis zahlten wir? Daß graue Kästen unsere Gärten einnahmen, in denen einst die Blumen geblüht hatten in Hülle und Fülle (was immer die Hülle sein mochte), so wie jetzt noch auf Minnamarthas Parzelle. Bei den anderen blühte hier und da ein Rosenstock, wie die Crimson Rambler, die an meinem Torbogen rankte. War es wert, das aufzugeben, damit wir Geld bekamen für die *Eierschale,* für die *Badewanne,* das sagenhafte Lokal in der Nürnberger Straße, unweit vom unterkühlten Tauentzien-Palast, wo Camaro und Werner Held, berühmte Maler, Pariser Cabaret vorführten? Wo der Jungschauspieler Klaus Kinsky allabendlich Gläser zerschmiß? – Geld für ein Paddelboot, ein Segelboot auf dem Wannsee?

War es das alles wert?

»Wir stimmen ab«, rief Sternchen Siegel.

Alle waren für die große Lösung. Auch Puvogel. Sein Zögern, nahm ich an, war Taktik gewesen, er wollte Garantien. Und bekam sie auch.

Wie sich erwies, wuchs sein Unternehmensteil am schnellsten. Einzelkämpfer Friedrich, Heringsbändiger und ich wurden zu Geschäftsführern bestellt. Die Regenwurm-Farmer wählten Buseberg als Vertrauensmann, übertrugen ihm Vollmachten, so daß er für alle die Unterschrift beim Notar vollzog, als die GmbH nun auch offiziell gegründet wurde. Buseberg trug einen blauen Anzug, die Jacke gut erhalten, während die Hose an den Knien blank schimmerte, seine Sonntagshand roch nach Urbin oder Erdal, er hatte sie mit Schuhwichse auf Hochglanz gebracht. Sternchen Siegel hatte sich für die feierliche Handlung von seiner Ballonmütze getrennt und trug einen grauen Filzhut mit supermodernem schmalen Rand und schmalem Band, die Mode war gerade erst aufgekommen und nur in wenigen Geschäften auf dem Kudamm fand man solche Hüte, für sündteures Geld. Heringsbändiger trug zu weinrotem Sakko ein weißes, gebördeltes Hemd, wie Gary Cooper in *High Noon,* und als Krawatte einen schwarzen Ledersenkel, der durch einen silbernen Indianerkopf geführt wurde, wie ein Hitlerjungen-Fahrtentuch durch den Lederknoten. Ich schaute mich um, ob er irgendwo einen breitrandigen schwarzen Sombrero à la Gary Cooper deponiert hatte, aber das schien nicht der Fall zu sein.

Der Notar muffelte berufsbedingt vor sich hin, beachtete uns kaum, musterte uns jedoch gründlich, als Buseberg, Friedrich und ich unsere Adresse genannt hatten: Kolonie Tausendschön. Es geschah wohl selten, daß Laubenpieper bei GmbH-Gründungen anwesend waren.

Die Gesellschaft wurde gegründet mit dem Geschäftszweck »Handel mit Waren aller Art«. Der Notar erwähnte, daß noch vor kurzer Zeit eine solche Beschreibung des Geschäftszweckes nicht eintragbar gewesen wäre, die Alliierten, die Sieger, wollten alles genau wissen, damals – er sagte »vor kurzer Zeit« und »damals« – hätte man anführen müssen: Bürsten, Schreibwaren, Waschmittel, Kekse, Hosenträger und so weiter. Aber, glücklicherweise, die Zeiten seien vorbei, man sei wieder wer. Siegel starrte ihn an und drehte den neuen Hut in den Händen. Ruckweise. Ziemlich schnell. Der Notar verschanzte sich wieder hinter sein Muffeln und vollzog den Vertrag, indem er seine Unterschrift, mit einem Schnörkel über die ganze Länge, unter die Urkunde setzte, das Siegel anbrachte und dann jeden einzelnen von uns aufforderte zu unterschreiben, zuerst Sternchen Siegel und Buseberg, die per Vollmachten Halter der GmbH-Anteile waren, treuhänderisch, dann Friedrich, Heringsbändiger und ich als bestellte Geschäftsführer. Buseberg legte seine schwere, nach Schuhputz duftende Holzhand auf die Papiere, während er mit der anderen unterzeichnete. Wir benutzten die Feder des Notars, nur Sternchen Siegel zog einen eigenen, silberschimmernden *Parker 51* aus der Innentasche seines Jacketts.

Sternchen hatte in aller Stille weitergewirkt, arbeitete daran, eine krisensichere Gruppe von Kleinunternehmern zusammenzukriegen.

Zu Onkel Hubert war er in die Laube gekommen, hatte gesagt: »Was sehe ich, Se lesen gern?« Stolz zeigte ihm Onkel Hubert seine Sammlung von Schnellheftern mit den ausgeschnittenen Zeitungsromanen. Sie unterhielten sich, eine Stunde vielleicht, dann verabschiedete sich Sternchen. Am nächsten Abend kam er wieder und verkündete Onkel Hubert, er habe eine Idee. Zufällig könne er billig den Namen eines früher beliebten Lesezirkels kaufen, *Bei uns zu Hause,* »sie wissen schon, was die Illustrierten in de Wohnung schickt jede Woche. Wäre das nichts für sie?«

Onkel Hubert war begeistert (als er es mir erzählte, sagte er: »Ich war Feuer und Flamme«), er begann, obwohl die Nachbarn meckerten, in seiner Laube. Liefer-Dreiräder trieb Heringsbändiger auf, nagelneu, zum Sonderpreis, Schüler und Studenten verdienten sich ein Zubrot, indem sie einmal wöchentlich zu den Abonnenten fuhren und die Mappen austauschten. Am Montag nahm Onkel Hubert die alten Hefte heraus und klammerte die neuen in die Mappen. Am Dienstag wurden sie ausgetauscht. Den Rest der Woche schwang sich Onkel Hubert aufs Fahrrad, Hosenklammern an den Manchesterhosen, und warb Kunden. Er hatte tollen Erfolg, weil er alten Tanten erzählte, was für schöne Romane in den Heften seien. Und so viel über Soraya und Hans Albers und Heinz Rühmann. Auch über den Kronprinzen schrieben sie wieder, und in einem Blatt liefe eine Serie über Königin Friederike von Griechenland, die eine Deutsche sei, »erinnern Sie sich?«

Niemand wollte zurückstehen. Onkel Hubert fragte Heringsbändiger, ob er noch ein paar Fahrräder besorgen könne.

Puvogel arbeitete mit Sonderangeboten, gewann die Hausfrauen der Eigenheimsiedlung, die früher die Bärlappstraße hinunter, ins »Dorf« einkaufen gegangen waren. Er lieferte auch frei Haus, nahm telefonische Bestellungen entgegen, Siegfried fuhr die Ware mit einem Tempo-Dreiradwagen aus.

Eines Morgens standen Sternchen und Puvogel draußen vor dem Laden. Sternchen deutete aufs Geschäft, sagte: »De Fassade. Nee, mein Lieber. Wo Se jetzt die feinen Naziwitwen aus der Siedlung zu Kundinnen haben, müßten wer de Fassade neu gestalten. Was denken Se?«

Puvogel war – wieder mal – nicht sofort dafür. Er hing an seinem Schild mit der Inschrift *Kolonialwarenhandlung*, meinte, bisher sei es gut gelaufen in der Baracke, wozu Neuerungen?

»Weil das Publikum es will«, sagte Sternchen. »Wir werden es gleich richtig machen und es innen verwandeln zum Supermarkt. Alles Selbstbedienung. Fast alles. Aufschnitt wird weiter jeschnitten, klar.«

»Sie versprechen sich was davon?«

»Und ob.«

Ein paar Tage später berichtete Siegel, er habe einen kleinen Handel mit der Baubehörde gemacht, sie würden uns bestrafen wegen Schwarzbau, wenn wir der Baracke eine massive Fassade vorklebten, denn Massivbau sei verboten auf dem Gelände, die bekannten Gründe: Lauben seien nicht für die Ewigkeit geplant.

»Nebbich, der Mensch auch nicht«, sagte Sternchen. »Habe ich ausgerechnet, se werden uns strafen mit finfhundert Mark auf jeden Fall, kostet aber die Genehmigung sieben blaue Lappen, also zwei gespart. Fast das Material für e kleene Erweiterung, was sich Sternchen hat ausgedacht. Braucht dein Onkel Hubert 'nen Raum für den Lesezirkel *Bei uns zu Hause*. Bauen wir an. Basta. No, und euer Büro hier? Ist nichts für de große Firma. Bauen wir auch an!«

»Alles für dieselbe Strafe?« fragte Friedrich.

»Gestraft is gestraft.«

Wir sahen, wie Puvogel muffelnd sein Kolonialwaren-Schild abnahm und es in seine Laube trug.

Wir sahen, daß Eichelkraut Zement und Steine anfuhr, mit ein paar Helfern, die wir nicht kannten, Verschalungen für die erweiterten Fundamente anbrachte.

Den Rest erledigten wir wieder selbst nach bewährter Manier:

Zementmischen.

Mauern.

Verputzen.

Den Dachvorsprung verlängern.

Gustavchen meinte, wir sollten die Fassade verlängern, auch der *Beknackten Maus* ihren Anteil zukommen lassen. Das taten wir. Bauten sogar einen Windfang an. Buseberg setzte falsches Fachwerk. Zwischen den Balken verputzten wir. Das Dach wurde vorne mit Holz verkleidet.

Die Baracke sah aus wie ein langgestrecktes Gutshaus.

Jedenfalls von vorne.

Hinten stießen neue Massivmauer und alte Holzkonstruktion grausam aneinander.

»Später«, sagte Sternchen. »Geduld.«

Puvogels Laden besaß zwei große Schaufenster. Durch die rechte Hälfte der Doppeltür traten die Kunden ein, nahmen einen Einkaufskorb. Gingen von Regal zu Regal. Strömten an der Kasse vorbei und zur anderen Hälfte der Doppeltür wieder heraus. Es funktionierte auf Anhieb. Den alten Muttchen, die sich nicht zurechtfanden, half Puvogel in bewährter Art: »Was darf's denn sein, Muttchen? Kaffee? Suche ich Ihnen sofort. Idee Kaffee? Haben wir. Ist doch klar wie dicke Tinte, gnädige Frau. Ein halbes Pfund gemahlen! Ein Pfund ist billiger! Nehmen Sie ein Pfund.«

Das Muttchen nahm gewöhnlich ein Pfund.

Das Kolonialwaren-Schild war auf der Strecke geblieben. In den Gutshausstil integriert, schmiedeeiserne Umrandung, braun auf weißem Milchglas, las ich: *PB-Supermarkt*. Und klein darunter: »Alles frisch nach Gutsherren-Art.« Das war ein bißchen geklaut, aber Freiherr von Palleske würde kaum dahinterkommen, daß ein Barackenladen in der Laubenkolonie seinen Slogan benutzte.

Neben Puvogels Laden schloß sich der Raum für den Lesezirkel *Bei uns zu Hause* an. Hier residierte nun Onkel Hubert, ehemals Bierfahrer und – in Blockadezeiten – Fabrikant künstlicher Leberwurst, nahm die Lieferungen der Zeitschriftengrossisten entgegen, füllte Mappen (bald schon mit Helfern), fertigte die Radler ab, deren Dreiräder seitwärts unter einer Art verkleinertem Scheunendach – im Stil passend – parkten, grüne Räder, mit goldener Aufschrift auf den Blechkästen vor den Fahrern, in denen sie die Mappen verstauten. Bis nach Schönow und Schlachtensee und Wannsee fuhren sie nun schon, es war Zeit, an eine eigene Filiale zu denken für die westlichsten Lieferbezirke.

In das Eckzimmer des Neubaus zog unser GmbH-Büro, das alle Unternehmen betreute, nicht nur die Regenwurmfarm. Zweimal die Woche nahm Siegels Buchhalter hier Platz, um diesen Teil des Unternehmens aufs laufende zu bringen, Friedrich und ich ärgerten uns mit Einkauf und Versand, mit Rechnungen, Lieferscheinen, Frachtbriefen, Spesen-Aufstellungen.

Es war der ersehnte große Betrieb. Die Tausendschönchen hatten es geschafft. (Die Strafe für den Schwarzbau war bezahlt.) Neue Unternehmungen kamen hinzu. Mir fiel der kleine Laden in der Bärlappstraße ein, wo wir Gummibärchen gekauft hatten als Kinder, wo die Rolle im Keller stand. Ich erwähnte Sternchen Siegel gegenüber diesen Laden.

»Ausgezeichnet«, sagte Sternchen, »werde ich verhandeln. Damit hätten wir das andere Ende der Bärlappstraße auch. Für zwei Läden können wir billiger einkaufen. Habe ich mir sowieso gedacht, wir machen aus den PB-Läden eine Ladenkette.«

»Was heißt eigentlich PB?«

»Puvogels Bazare.«

Sternchen sagte es, ohne zu grinsen.

Sternchen schaute jetzt jeden Tag herein, inzwischen fuhr er einen Mercedes 170, den Opel hatte er Pompetzki und Adrian zur Verfügung gestellt. Auch Heringsbändiger, in seiner Eigenschaft als Mit-Geschäftsführer, kam täglich. Ingrid arbeitete für uns als Sekretärin. Gewöhnlich gingen wir alle miteinander nach Büroschluß in die *Beknackte Maus* hinüber und besprachen das Notwendige. In regelmäßigen Abständen fiel der Satz: »Es ist nicht mehr zu schaffen.« Einmal fragte Sternchen: »Was ist mit Gigi?«

Ingrid sagte: »Sie würde kommen. Aber der Athlet hier« – sie deutete auf mich – »liegt ihr quer im Magen.«

Heringsbändiger sagte: »Karl, irgendwat mußte falsch gemacht haben.« Er benutzte die Gelegenheit, wieder einmal anzukündigen, daß meine Kusine Ingeborg und er bald heiraten würden, das tat er neuerdings öfter, »nun aber würklich«. Ingeborg warf ihrem Ersatz-Cowboy anhimmelnde Blicke zu und kuschelte sich an ihn. Sie roch immer noch nicht nach Fisch, obwohl sie täglich neun bis zehn Stunden in der *Dogger Bank* arbeitete.

Schnuddel Meier brachte in unserem Büro eine Übersichtstafel an, auf der wir den Stand unserer jeweiligen Firmen-Verflechtungen ablesen konnten. Im Augenblick waren wir angelangt bei

> Tennessee Wiggler Farm Tausendschön
> PB-Laden eins
> PB-Laden zwei
> Coca- und Partyschiff Havelland
> Fischhandlung Dogger Bank
> Sickergruben-Entleerungs- und
> Fuhrunternehmen Eichelkraut
> Lesezirkel Bei uns zu Hause
> Gastwirtschaft Zur beknackten Maus

Sternchen Siegel trug wieder seine Bommelmütze. Als er die Tafel zum erstenmal sah, sagte er: »Für heute hätte ich den Hut aufsetzen sollen.« Er war sehr beeindruckt. Sämtliche Unternehmen verdienten Geld, alle GmbH-Mitglieder waren kranken- und sozialversichert und holten sich in unserem Büro steigende Löhne und Gehälter.

Mann, ging es uns gut! Ein Regenwurm-Teilhaber fuhr in den Ferien nach Rimini. Mit Familie. Buseberg wollte mit seiner Frau nach Dänemark, ihr Skagerrak zeigen. Obwohl sie sagte »da ist ja nur Wasser«, verwirklichte er seinen Plan. Wanda und Siegfried reisten nach Jugoslawien. »Sind alle verrückt geworden?« fragte Minnamartha. »Größenwahn. Das wird bös enden!«

Ich träumte, wir feierten eine Hochzeit, es war nicht klar ersichtlich, ob es Heringsbändigers und Ingeborgs Hochzeit war. Auch Friedrich erschien mir in diesem Traum als Bräutigam, mit einem blonden Mädchen, das ich noch nie gesehen hatte, seltsam war, daß sie einen Stahlhelm trug, an dem der Brautschleier befestigt war, er bauschte sich im Wind, in Zeitlupe, wie es manchmal die Filmfritzen drehten in den neuen Filmen, mit Ba-ba-ba-Musik drunter, viel Hall. Das fand alles auf dem Land statt, in ländlicher Umgebung jedenfalls, obwohl keine Bauernhäuser zu sehen waren oder Kühe auf der Weide oder Schweine am Trog – so ländlich nun doch nicht. Minnamartha hatte sich angeboten, auf dem Coca-Schiff einen Kaffee vorzubereiten, Erdbeertorten, riesige Bleche Streuselkuchen, sagte Adrian, der seinen

Matrosenanzug trug, auch seine Mützenbänder flatterten in Zeitlupe, wir gingen alle zum Ufer, es war fast dunkel, vor uns lag die *Havelland,* Minnamartha winkte vom Achterdeck, doch plötzlich schoß, lautlos, wenn man von einem Zischen absieht wie es aus einer Preßluftflasche kommt, eine Flamme hoch, eine ungeheuere Flamme, sie leckte an den Segeln empor, die sofort wie Zunder brannten, Minnamartha war nicht mehr zu sehen, alle standen erstarrt und schrien.

Etwas schwamm vom brennenden Schiff auf uns zu.

Die schwarze Katze.

Sie kroch an Land. Ihr Fell war angeklebt, der Schwanz sah dünn aus, wie ein Rattenschwanz.

Die Katze würdigte uns keines Blickes. Sie schüttelte sich nicht einmal. Sie ging an uns vorbei und verschwand in der Nacht.

Lieber Herr Professor Freud! Diesen Traum erzählte ich lieber niemandem.

Ingeborg und Ingrid fuhren weg. »Nach Westdeutschland«, sagten sie. Wohin? Das verrieten sie nicht.

Eine Lustreise? Wie Busebergs Skagerrak-Trip? Sie nahmen Heringsbändigers Borgward. Der durfte solange in seinem Fisch-Lieferwagen zum Fußballplatz fahren.

Friedrich meinte: »Ich habe das dumpfe Gefühl, sie fahren zu Gigi.«

»Blödsinn«, sagte ich.

Heringsbändiger lag uns auf der Schnalle mit seinem Gebrabbel wegen der Hochzeit. Ob denn Eichelkraut ihn und Ingeborg in der Kutsche fahren würde? Zum Standesamt? Kirche sei erst mal nicht geplant. Er könnte die beiden Traber nehmen.

»Und woher den Kutschwagen? Ick habe noch'n altet Jauchefaß auf Rädern«, sagte Eichelkraut sarkastisch.

Heringsbändiger ließ sich nicht abweisen: »Irgendwer hat bestimmt 'ne olle Kutsche in de Remise stehen. Die möbeln wer uff, und denn ab durch die Mitte.«

»Vielleicht Harry Mahnke?« sinnierte Eichelkraut.

»Das ist die Idee! Hat der noch seine Reitschule in Wannsee?«

»Klar. Seine Tochter macht's jetzt.«

»Und du meinst er hat eine Kutsche?«

»Jede Menge. Darf's wat besseres sein?«

Eichelkraut bat mich, ihn zu Mahnke zu begleiten, zwecks Besprechung der Kutschenfrage. Ich stieg in sein Jauchemobil, einen Fünftonner-Kesselwagen. Befand sich das Fahrzeug in Bewegung, roch es normal, nach Diesel, Öl und Schmierfett. Hielten wir jedoch vor einem Stopschild, an einer Ampel, wehte der Wind den Odor seiner Bestimmung durch die kleinste Ritze; es nützte nichts, die Fenster zu schließen, es nützte nichts, den Atem anzuhalten, sofort hatte mein Hirn programmiert: Hier stinkt es, hier muß es stinken. Also stank es in meiner Einbildung. Eichelkraut, längst unempfindlich Gerüchen gegenüber, denen er ausgesetzt war – ähnlich, wie ein Gefängniswärter nach einer Weile den Geruch nach Schweiß, altem Brot und billigem Bodenwachs nicht mehr wahrnimmt –, Eichelkraut bemühte sich dennoch, Arbeitshandschuhe und Überkittel vom Fahrerhaus fernzuhalten, dafür gab es eine Blechkiste an der rechten Wagenseite. In Reichweite bewahrte er Thermosflasche und Stullenpaket auf und ein Straßenverzeichnis Westberlins in Zellophan. Die Kabine wirkte aufgeräumt. Von meinem hohen Sitz aus sah ich weit in die Gärten an der Potsdamer Chaussee, die hier Wannseestraße heißt, sie zieht sich fast schnurgerade bis zur Glienicker Brücke, jetzt *Brücke der Einheit,* weshalb sie nicht betreten werden darf, außer wenn West- und Ostmächte einen Spion austauschten. Schilderhaus, Stacheldraht, Barrieren, Posten, Scheinwerfer auf der Mitte der Brücke beugen Mißbrauch vor. In den letzten Kriegstagen gesprengt, lag die Eisenkonstruktion der Glienicker Brücke abgeknickt im Wasser, begehbar nur von Mutigen, zwischendrin galt es, einen Anderthalbmetersprung zu wagen von einem Trägerteil zum anderen. Während wir dahinfuhren, versuchte ich mich zu erinnern, welcher Teil der höhergelegene war, der Wannseer oder der Potsdamer. Ich würde fast wetten, es war der Wannseer. Aber nur fast. Ich unterbreitete Eichelkraut das Problem, er dachte ernsthaft nach, wie ich an seinen Gesichtszügen ablesen konnte, dann sagte er:

»Der Potsdamer.«

Nachprüfen konnten wir es nicht, wegen des Postens

374

auf der wiederhergestellten Brücke. Und überhaupt, weil sie eben nicht mehr im Wasser lag. Absurd wie vieles in Berlin schien mir diese Brücke. Was nützte eine Brücke, die niemand begehen durfte? Die Potsdamer, wenn sie aus Berlin nach Hause wollten, mußten einen riesigen Umweg in Kauf nehmen, ganz und gar um den Süden Berlins herum. Auch aus dem Westen ankommende Züge liefen nicht auf direktem Wege im Bahnhof Zoo ein oder benutzten die Strecke an unserer Kolonie vorbei. Sie wurden ebenfalls um halb Berlin herumgeführt, Reisende hatten für Stunden den Eindruck, der Zug gehe verloren in den brandenburgischen Wäldern, in Heide und Sand und Nuthewiesen.

Wir zockelten am Russenpanzer vorbei, dem Siegerdenkmal, überquerten den Autobahnzubringer nach Dreilinden, in Sicht kam die Bahnunterführung Berlin-Wannsee, links im Wald lag das amerikanische Munitionsdepot, dessen Stacheldrahtzaun Zeuge unserer Liebe geworden war, als ich mit Gigi die Wälder durchstreifte. Jetzt rollten wir über die Brücke, die Großen und Kleinen Wannsee trennt, links, unversehrt, das Ruderheim der Bismarckschule, ein wenig weiter, gerade noch sichtbar, der Anlegesteg von Heinrich Georges Villa, Wallfahrtsort der Fans, die sehen wollten, wo und wie »unser Götz von Berlichingen« wohnte, gewohnt hatte, denn George war gestorben, in einem russischen Lager.

Eichelkraut schaltete herunter, jetzt begannen die Reste des Kilometerberges, einst, bevor die Straßenbauer ihn abtrugen und entschärften, gefürchtete Prüfstrecke für Automobile, mit acht Prozent Steigung ein hartes Stück für Laubfrosch-Opels, Dixies und Hanomag-Kommiß-brote. Der Fünftonner blubberte zügig hinauf, nun waren's keine drei Prozent Steigung mehr. Schon bogen wir rechts ein in den Hof, der als Quartier diente für Harry Mahnkes Reitschule. Wir parkten.

Gerda, Harry Mahnkes Tochter, hörte sich an, was wir wollten. »Dat besprecht man mit Vattern«, sagte sie.

Wir setzten uns auf eine Bank vor dem Stall. Eichelkraut röchelte, schneuzte sich in ein tischdeckengroßes blaues Taschentuch, nahm die Mütze ab, in der er eine Zigarre verborgen hatte, präparierte sie, zündete sie an. »Deine Mutter«, sagte er, »hat ja 'ne gewaltige Katze.« Innerlich zuckte ich zusammen, hatte ich von meinem Traum erzählt? Gewiß nicht. Ich war mir sicher. Absolut sicher. »Wie kommen Sie darauf?« – »Man sieht Frau Kaiser nie ohne die Katze. Ist ja nüscht jejen zu sagen. Bloß, dat et so'n Riesenvieh ist. Wo findet ein Mensch solche Katze?« –

»Mich kann sie nicht leiden.«

Eichelkraut lachte, was sich anhörte, als wenn sich ein Reifenkompressor an der Tankstelle auflud. »Beruht wohl auf Jejenseitigkeit. Die Viecher merken dat. Ick hatte mal 'n Pferd, meine Frau, die damals noch lebte, hatte dem Jaul mal von hinten eine überjebraten. Wat denkste, dat Vieh hat sich det jemerkt. Meine Frau konnte in'n Stall kommen mit den schönsten Hafer, die Kracke hat sich umjedreht und versucht, ihr mit 'n Huf eens zu verplätten. – Nu, daran is se nich jestorben. War Krebs. Unheilbar. Die Katze von deine Mutter. Da war ick stehn jeblieben. Und wat mir uffällt: Wat macht Witwe Kaiser nich mit bei die Würmer?«

»Sie meint, das geht schief. Dafür hat sie schöne Blumen.«

»Damit verdient se nüscht.«

»Sie hat ihre Rente.«

»Wär doch jut, wenn die Zucht det Jrundstück hätte. Ick hab 'ne Idee. Wir entführen die Riesenkatze . . . und . . .«

Glücklicherweise kam Harry Mahnke. Er winkte uns, in die Sattelkammer zu folgen. »Wat sagt Gerda? Ihr sucht eine Kutsche?«

Während Eichelkraut ihm unser Anliegen unterbreitete, sah ich mich um. Harry Mahnke war umgeben von brüchigem Leder. Ein alter Sattel lag auf einer Kiste: Brüchig, die Beschläge schwarz. Von der Decke hingen Steigbügel, Halter und Zaumzeug, brüchig. Stiefel standen an den Wänden entlang, ihr Leder brüchig. Augenscheinlich befanden wir uns in Mahnkes Antiquitätenkammer, es war unwahrscheinlich, daß die hier versammelten Utensilien im praktischen Reitbetrieb Verwendung fanden.

Harry Manke sah meine Blicke. »Altet Zeug«, sagte er, »aber ich hänge dran. Eines Tages bringe ich es in Ordnung. Gleich nach'm Krieg, als et nüscht gab, haben wir das benutzt. Muß man sich vorstellen.«

Er ging zum Anliegen über:

»Is dat euer Ernst mit der Kutsche? Kommt mit in die Remise.«

Wir gingen über den Hof, am Misthaufen vorbei. Vor dem Stall parkte Gerdas Plattenwagen, mit dem sie Futter holte, manchmal auch Reitgäste von der Bushaltestelle. Mahnke öffnete die Schuppentür. Brüchiges Leder!

Kutschen aller Sorten und Arten standen hier versammelt, mit vergammelten Verdecks, staubbedeckt.

»Kiekt rein. Is doch nüscht für die Hochzeit von Heringsbändiger.«

Wir sahen uns um. Kaleschen. Jagdwagen. Eine Berline.

»Die Berline kommt am ehesten in Frage.«

»Wer soll die herrichten?«

»Det machen wir schon«, beruhigte ihn Eichelkraut.

»Da möcht ich dabei sein«, sagte Mahnke. Es war nicht zu entscheiden, ob es sich um eine Redensart handelte oder um ein Angebot. Er fuhr fort:

»Dat hat doch allens keen Sinn. Mietet euch'n Auto, und basta.«

»Nee, nee«, insistierte Eichelkraut. Er fuchelte mit seiner Zigarre vor Mahnkes Gesicht: »Ick kann die verstehn, die jungen Leute. Harry, wir müssen det schaffen!«

Mahnke zuckte mit den Schultern, steckte beide Hände in die Taschen seiner Reithose. »Und die Traber. Am meisten stinkt mir, det ihr die Traber vorspannen wollt. Die sind die Stadt nich jewöhnt. Menschenskinder, die werden nervös, wenn se Stunden zwischen den Verkehr rumhoppen müssen. Nachher kriegen se 'n Schnuppen und verenden. Wat denn? Endstation Abdecker!«

»Det eene Ferd jehört Heringsbändiger, und det andere einem lieben Freund von ihm, der jibt et ihm jerne. Erst neulich ham se, der Freund und Karl hier, die Biester rausjeholt ausn Ostsektor oder aus de Zone, in Hoppejarten warn se.«

Mahnke zog eine Hand wieder aus der Tasche, kratzte sich am Kopf. »Ne, dat mit die Pferde, dat jefällt mir nich. Ich sage dir mal was, Eichelkraut. Ich mach dir die Kutsche zurecht und geb dir zwei Pferde von meine, sind die beeden Jucker mit denen Gerda fährt, die sind es gewohnt vor dem Wagen zu laufen, und den Verkehr kennen se ooch. Da kann nischt schief jehen.«

»Na, jut Harry. Det leuchtet mir ein. Muß ick sehen, wie ick det Heringsbändiger verklickere.«

»Du sagst ihm, anders bekommt er die Kutsche nicht.«

»Klar. So sag ick ihm det. Ick helf dir bei de Kutsche. Sonntag?« »Sonntag. Wann ist die Hochzeit?«

Eichelkraut sah mich an. Ich sah ihn an. »Bald«, sagte ich. »Genaues weiß man nicht. Aber bald.«

»Hoffentlich«, sagte Mahnke. »Nachher ist alle Arbeit für die Katz.« Er strich mit seinem Handballen über das brüchige Leder des Kutschendachs.

Kapitän Bubo deutete auf den Army-Hubschrauber, der über die Laubendächer röhrte: »Sikorsky. Bin ich mit geflogen. Ich war damals Marine-Infanterist ...«

Bubo begann sein Abenteuer-Garn zu spinnen. Ohne ihn, ohne sein Einwirken als Leibwächter, Sonder-Agent, Marine-Infanterist, Schnellboot-Kommandant, Froschmann hätte die Weltgeschichte einen anderen Verlauf genommen. Kapitän Bubos Erzählungen waren geeignet, Bände zu füllen von der Größe seines Arsch-Folianten, sie hätten Illustriertenleser millionenweise gefesselt, Okinawa, die Schlacht am Atlantik-Wall und Stalingrad verblaßten neben seinen Abenteuern. Schlachtenlärm produzierte er mittels verschiedenster Mundgeräusche, den Pulverdampf lieferte sein Knösel, in dem es glühte und schmorte wie im Triebwerk eines Starfighters. Auf geduldige Zuhörer rechnete er, wir enttäuschten ihn nicht, denn als interessantes Spiel bei uns galt, nach dem Körnchen Wahrheit zu fahnden, das in jedem seiner heldischen Panoramen verborgen sein mußte.

Oder war alles pure Phantasie?

Sternchen Siegel riet zur Vorsicht:

»Solange er seine Memoiren erzählt, na gut. Aber laßt euch nicht ein mit ihm, für was durchzuführen. Was Reelles.«

Bubos erster Antrag dieser Art erging an ihn, Sternchen:

»Ich wende mich an Sie höchstpersönlich«, sagte Kapitän Bubo und stieß eine Dampfwolke aus.

»Bitte?«

Bubo entwickelte einen Plan, er habe doch den Kutter, man könne etwas organisieren im Rahmen der Tausendschön-GmbH, er, Bubo bringe seinen Kutter ein, als Einlage, sehr wertvoll das Schiff, vielleicht eine Million?

»Eine Million was?«

»Englische Pfund«, sagte Bubo ungerührt.

»Ost-Mark«, konterte Sternchen.

»Sie wollen sagen, das Schiff ist nichts wert? Schauen Sie sich den Kutter an! Renoviert von Grund auf. Das Mahagoni. Meine Sammlungen an Bord.«

»Ihre Gemälde von de Rückseiten?«

»Viktorianische Schätze. Ein Taucherhelm von der russischen Schwarzmeerflotte. Was meinen Sie, was der Wert ist?«

»Was wollen Se machen. Kaffeefahrten auf der Havel?«

»Warum nicht?«

Minnamartha trippelte samt Katze herbei. »Herr Siegel, lieber Kapitän, wir könnten doch die Hochzeit ausrichten auf dem Dampfer des Herrn Kapitän?«

»Was für eine Hochzeit?«

»Die Hochzeit von Heringsbändiger und meiner Nichte.«

(Richtig, Ingeborg, meine Kusine, war Minnamarthas Nichte.)

»Wer weiß, ob es was wird.«

»Herr Siegel, Se wollen nicht etwa sagen, der Mann hat nicht ernste Absichten meiner Nichte gegenüber?«

»Doch, doch, gewiß«, beeilte Siegel sich zu versichern.

»Aber der Zeitpunkt ...«

»Bald. Denken Sie nach über meinen Vorschlag.«

Sie klapperte in ihren Garten zurück. Die Katze, mit gekrümmtem Buckel, folgte ihr.

»Ich will es mir überlegen«, versprach Siegel. »Sie hören von mir.«

Als Bubo gegangen war, sagte ich: »Herr Siegel, Sie wollen doch nicht Kapitän Bubo in die GmbH aufnehmen?«

Sternchen klopfte mir auf die Schulter. »Dafür seid ihr zuständig. Die Geschäftsführer.«

»Dann sage ich nein. Und ich glaube, Heringsbändiger und Friedrich werden ebenso ablehnen. Wie der seinen Kutter bewertet: Plötzlich gehören ihm sechzig Prozent der Anteile!«

»Aber Kaffeefahrten! Das ist nicht übel. Unser Party-Service könnte ihn versorgen. Ebenso wären Bord-Veranstaltungen möglich auf Bubos Kutter. Irgendwie muß der Mann leben.«

»Er soll Romane schreiben.«

»Ich fürchte, er kann sie nur erzählen. Seemannsgarn. Neulich hat er mir erzählt, wie er vor Messina mit einer Millionärsjacht abgesoffen ist, weil der Mann seine Frau umgelegt und dann die Ventile ... Se kennen de Geschichte, Herr Kaiser?«

Ich seufzte.

»Wissen Sie, daß Bubo gerettet wurde?«

»Es sieht so aus«, grinste Sternchen. »Ich überleg mer was. Onkel Hubert kann besorgen alte Brauerei-Klappstühle fürs Deck. Dann machen wir Kaffeefahrten auf

dem Wannsee. Getrennte Abrechnung. Keine Mitglied-
schaft in der GmbH, klar?«
»Bringt das was?«
»No, hab ich eine Idee ...«

Die Idee war, Bubos *Chelsea* den drei westlichen Stadtkommandanten anzudienen, für Besucher-Fahrten,
stets waren sie in Verlegenheit, was sie mit Nato-Lamet-
tahengsten, Sicherheitsberatern, Mitgliedern der Royal
Family, dem Bürgermeister von Brest anfangen sollten,
wenn solche Leute nach Berlin kamen.

Ist es nötig zu erwähnen, daß Sternchens Idee ein-
schlug? Am Ende der Saison ließen die Russen vorfüh-
len, ob es möglich sei, die *Chelsea* für Tages-Ausflüge zu
chartern. Wodka und Krimsekt würde die Kommandantura zur Verfügung stellen. Sternchen lachte.

Mit Kapitän Bubo rechneten wir streng ab, die Klienten
zahlten an uns, wir zahlten Bubo eine Charter. Außerdem übernahmen wir das *catering,* die Versorgung der
Chelsea mit Proviant und Getränken.
Bubo akzeptierte widerspruchslos unsere Abrechnun-
gen. Weiterhin hoffte er, in die GmbH aufgenommen zu
werden. Wenn er längsseits der *Havelland* lag und auf
den nächsten Auftrag wartete, versäumte er niemals,
Pompetzki und Adrian dahingehend zu instruieren, daß
sie sich für seinen Vorschlag erwärmen und verwenden
sollten. »Man muß es dem Siegel wieder sagen«, meinte

Bubo. »Was ist so exklusiv an seiner Würmer-Gesellschaft?«

Pompetzki und Adrian enthielten sich eines Kommentars, wenn Bubo penetrant wurde, setzten sie die Segel und fuhren ihren Coca-Törn.

In einigen Fällen entstand Zusammenarbeit. So konnten bei Kaffeefahrten die Teilnehmer zusätzlich – gegen einen geringen Aufpreis – eine halbe Stunde oder Stunde an Bord des Seglers buchen, alle, die sich verlokken ließen, schworen, es sei ein Erlebnis, von einem Schiff aufs andere zu wechseln. Bürokratische Hürden beseitigte Sternchen bei seinen regelmäßigen Kontakten mit den Stadtkommandanten oder den zuständigen Offizieren.

Richtig besehen, arbeitete kaum ein Mitglied der Tausendschön-Companie in seinem erlernten Beruf. Was bei Buchhalter Blüte für mich das Ende bedeutet hatte, die Tatsache nämlich, daß ich unausgebildet mit Büchern handelte, spielte hier keine Rolle. Sternchen führte dank seiner Beziehungen fürs gesamte Unternehmen Gewerbefreiheit ein, längst bevor dies Gegenstand einer zeitgemäßen Gesetzgebung wurde. »Papiere«, sagte Sternchen, »was sind Papiere? Ein Mann, was se ausfüllt, ist genauso glücklich wenn er ein, zwei Vorgänge weniger am Tag bearbeitet. Dazu verhelfen wir ihm. Er soll unseren Einfallsreichtum bewundern, ohne daß er das Gefühl hat, er verliert seinen Posten. In der Zeit, die er dank unserer Hilfe, dank unserer Lust an der Vereinfachung der Vorgänge spart, kann er neue Farbe aufs Stempelkissen gießen. Seine Bleistifte spitzen. Aufs Klo gehen. Na?«

War es so einfach, Sternchen Siegel?

Wo blieben die Mädchen? Erst nach einer ganzen Woche kehrten Ingeborg und Ingrid zurück mit Heringsbändigers Borgward, aus dem Westen. Wiederum schwiegen sie sich aus über den Zweck der Reise, Ingrid sagte: »Wir haben mal richtig auf die Pauke gehauen.« Davon verstand sie wahrscheinlich etwas. Überdies war es Ingeborgs erster Besuch im Westen, meine Kusine, vom Land stammend, wollte gerne die Bundesrepublik sehen, verständlich. Vielleicht hatten sie auch Ingeborgs Brautkleid gekauft? Das hätten sie in Berlin leichter haben können!

Sie ließen durchblicken, daß die Reise allerlei zu tun gehabt hätte mit Hochzeitsvorbereitungen, sie seien bis nach Baden-Baden hinuntergefahren, um Schnüffelpaule einzuladen, leider vergeblich. Sie giggelten wie Teenager oder, nach früherem Vokabular, wie Backfische, Geheimnisse! Ich bohrte nicht weiter. Erzählte, daß Minnamartha vorgeschlagen hatte, auf Kapitän Bubos Kutter Hochzeit zu feiern. Wieder Gelächter. Was war daran komisch?

Endlich meldete Heringsbändiger: »Am Dreißigsten!« Er formulierte seine Einladungen so düster, als bitte er zu einer Leichenfeier.

»Heringsbändiger«, sagte ich, »was macht dich so traurig an der Tatsache, daß du Ingeborg heiratest?«

Er sah mich an. Erstaunt. »Nichts. Ich bin glücklich.«

Da kenne sich einer aus. Ich sprach mit Buseberg. »Es ist wie mit seinen Fischen«, sagte Buseberg, »sind die bei ihm im Becken in der Fischhandlung, leben sie wie vorher im Wasser. Ob se aber so glücklich sind wie der sprichwörtliche Fisch im Wasser?«

Heringsbändiger wurde ja nicht gleich verkauft, getötet, ausgenommen, gebraten wie seine Schollen und Makrelen.

Je näher der Termin rückte, desto mehr verdichteten sich die Geheimnisse. Minnamartha polterte auf dem Zementweg ihres Gartens hin und her. Von den Schiffsbesatzungen waren jeweils entweder Pompetzki oder Adrian oder Kapitän Bubo anwesend. Ingrid vernachlässigte ihre Büroarbeiten, weil sie fast täglich gerufen wurde zu wichtiger Erledigung im Haus der *Dogger Bank,* im Brauthaus, hätte man sagen können, aber es war ja auch das Haus des Bräutigams, vielmehr seins ausschließlich, bis zur Legalisierung seiner Partnerschaft mit Kusine Ingeborg.

Alle die teilnahmen an diesem Fest, mit dem die Tausendschön-GmbH den Höhepunkt ihrer Selbstdarstellung erreichte, sagten später in der Erinnerung: So etwas Schönes hätten sie nie vorher und nie nachher erlebt. Harry Mahnkes Kutsche warf spiegelnden Glanz. Gerdas Jucker davor tänzelten, warfen die Köpfe hoch. Die Braut, geleitet von Sternchen Siegel, schritt aus dem Siedlungshaus, in dessen umgebauten Garagen das

Fischgeschäft *Dogger Bank* heute »wegen Hochzeit« geschlossen blieb. Aus den Fenstern der Eigenheime schauten Naziwitwen, Flüchtlinge und Aminutten gleichermaßen auf den prächtigen Zug, der sich formierte: Heringsbändiger kam, von Onkel Hubert geleitet, im Taxi an, die Nacht vor seiner Hochzeit hatte er bei einer Tante verbracht, das heißt den allerletzten Teil dieser Nacht, denn vorher hatten wir Polterabend gefeiert in der *Beknackten Maus,* die nun an ihrer Fassade Spuren trug von porzellanenen Wurfgeschossen, wie die Kolonisten sie reichlich zerschmettert hatten zum Wohl und Glück des jungen Paares.

Das junge Paar nahm Platz in Mahnkes Berline, sofort setzten sich die Pferde in Trab, eine lange Autokolonne rollte hinterher, die Bärlappstraße entlang, Richtung Standesamt. Minnamartha hatte bündelweise Blumen geopfert, die Erzeugnisse ihres Gartens schmückten unsere Autos, Myrthenzweiglein baumelten in den Fenstern der Kutsche, ein Myrthenkranz schmückte die Braut, die mit ihrem mehrere Meter langen Schleier kämpfte. Gegenüber in der Kutsche saßen zwei Nichten Eichelkrauts, sieben und acht Jahre alt, die das Amt des Schleppetragens und Blumenstreuens übertragen bekommen hatten.

Stellvertretend für Ingeborgs Eltern, die aus der *Zone* nicht anreisen konnten, saß Minnamartha im Mercedes neben Sternchen Siegel, in ein schwarzes Kreppkleid mit weißer Paspelierung gehüllt, das sie sich selbst angefertigt hatte zu diesem Anlaß, nach Ullstein-Schnitten (die

vorübergehend Brigitte-Schnitte hießen, weil die Stadt-
kommandantur sich noch nicht schlüssig war, ob der
Name Ullstein wieder geführt werden dürfe; generell
waren Namen früherer Presseerzeugnisse verboten,
niemand hatte berücksichtigt, daß Ullstein ein von den
Nazis enteigneter jüdischer Betrieb war).

Erste Überraschung: Auf der Treppe zum Standesamt
hampelte eine Figur hin und her, die mir trotz seines
würdigen dunklen Anzuges bekannt vorkam.

»Schnüffelpaule!«

Ich umarmte ihn. »Wo kommst du her?«

Verlegen machte Paule sich frei. »Ick bin hier in meiner
Eijenschaft als Trauzeuje, vastehste? Die Dame, det
Fräulein Braut, wat deine Kusine is, hat mir jebeten. Isse
extra uff Baden-Baden jemacht mit ihre Freundin.« Er
deutete mit dem Finger auf Ingrid: »Die da. Die mag-
richte. Wat so niedlich lacht.«

Eines der Geheimnisse von Ingrids und Ingeborgs Reise
war geklärt. Geklärt war auch, weshalb sie nicht damit
rausrückten, wer Trauzeuge war. Eigentlich hatte ich
gedacht ... wenn man einen Vetter hat in Berlin ...
Wer war der zweite Trauzeuge? Ich drängelte mich mit
Paule hinter das Brautpaar, trat fast den beiden Kindern
in die Schlapfen, die Ingeborgs Schleppe trugen.

Wir bogen in die Flurecke, langten an im Vorraum zum
Saal.

Hatte ich es geahnt die ganze Zeit?

Dort stand Gigi! Gigi im langen, taubenblauen Kleid,
die roten Haare über den Scheitel getürmt zu einer Wa-

berlohe-Frisur, wie die Stichflamme, die ich im Traum aufschießen hatte sehen auf der *Havelland*. Erstarrt blieb ich stehen. Gigi gab mit keiner Miene zu verstehen, daß sie mich gesehen hatte, sie ging auf das Brautpaar zu, küßte Ingeborg und Heringsbändiger, aber dann ... flog sie in meine Arme, ihr Blumenbukett fiel zur Erde, ich hielt sie umschlungen, küßte sie, und wieder verschwammen ihre hellen Augen zu einem einzigen großen, ich hatte sie wieder, das wußte ich, im Nebel meiner Gefühle erkannte ich: Nichts sollte uns mehr trennen von nun an.

Gigi, Trauzeuge Nummer zwei, legte ihren Personalausweis vor, unterschrieb die Urkunde, nachdem das frischgetraute Paar diesen Akt vollzogen hatte. Schnüffelpaule setzte als letzter seinen schwungvollen Schnörkel unter das Papier.

Ich erlebte alles wie im Traum. Die Geheimnisse von Ingeborgs und Ingrids Reise waren gelüftet, Gigi war heimgekehrt. Sie preßte mich an sich, als wir auf der Freitreppe des Standesamtes Aufstellung nahmen für die Aufnahme des Fotografen, es war nicht mehr der Mann unter dem schwarzen Tuch, ein flotter Bursche, zwar im dunklen Anzug, aber mit strubbeligem Kinnbart, richtete seine Linhoff auf uns und knipste in kaum mehr als einer Minute sein Pensum. Schon machte das Paar den ersten Schritt in Richtung Kutsche, als links von uns Gesang anhub. Unter Leitung und Mitwirkung des berühmten Tenors Heinrich Beginnus, Ehrenbürger dieses Bezirks, sang der Gemeinde-Chor:

»Rosemarie, sieben Jahre mein Herz nach dir schrie ...«

Woher die Ehre?
Stets hatte, in Notzeiten, Heringsbändiger dem prominenten Sänger ein Fäßchen Hering, ein Pfund Dorsch oder Kabeljau zukommen lassen. »Rosemarie« war der Dank dafür.
Heringsbändiger traten die Tränen in die Augen.

Hupend fuhr die Kolonne durch Berlin, der weißen Kutsche nach. Vor Weinmeisterhöhe lagen die *Chelsea* und die *Havelland* Bord an Bord, für ein Sektfrühstück waren weißgedeckte Tische aufgestellt, die sich bogen unter Krimsekt und Kaviar und Wodka, anscheinend hatte es Sternchen verstanden, die russische Kommandantura auch für dieses größte unserer Feste anzuzapfen. Kapitän Bubo in Paradeuniform mit goldenen Streifen am Ärmel und Pompetzki, weiß schimmernde Kaleun-Mütze, begrüßten die Gesellschaft als Hausherren. Auf dem Achterdeck hatten zwölf Mann der Marine-Veteranenkapelle *Laboe* Aufstellung genommen, im blauen Zivil, sie intonierten Mendelssohns Ouvertüre zum Sommernachtstraum, in stark gekürzter Fassung, schwenkten zu Paul Lincke über, Heringsbändiger und Ingeborg eröffneten mit dem ersten Walzer, dann legten wir alle eine kesse Sohle auf die Planken, Adrians Mützenbänder flogen, Ingeborgs Schleier flatterte, ich spürte, daß Gigi unter ihrem Taubenblauen ein Korselett trug, ich schwenkte sie herum, bis wir durstig einhielten, ein Glas Sekt verlangten.

»Mönsch, Gigi!«

»Oller Esel.«

Es muß wirklich eine sehr schöne Hochzeit gewesen sein, denn für lange Zeiträume fehlt mir die Erinnerung. Ich weiß noch, daß Friedrich, der einst Feldgraue, einen lustigen Vortrag hielt über das Thema »Der Tennessee Wiggler und seine Stellung zum Nordseefisch«, wie Siegfried und Schnüffelpaule das Couplet sangen: »Als vaterloset Zwillingspaar – sind wir ins Lebn jetreten, weil unsre Mutta Waschfrau war, da fehlten die Moneten . . .« Sie gröhlten es mit Claire-Waldorf-Timbre, am Ufer hatten sich Schaulustige versammelt, denen Minnamartha an der Reling gegenüberstand, die Riesenkatze auf der Schulter.

Am späten Nachmittag machten die Schiffe los, die Veteranenkapelle spielte »Muß i denn, muß i denn zu-hum Städtele hinaus«, was Onkel Hubert zum Weinen brachte, denn mit diesem Lied war seine Tochter Mathilde von Cuxhaven in See gestochen, der Neuen Welt und ihrem Imbißbuden-Leutnant entgegen – damals. Wie lang war das her?

In Wannsee erwarteten uns Taxen, brachten uns ins Paradies zurück, in unsere geliebte Laubenkolonie Tausendschön, geschwungen, aus Blech gestanzt stand der Name über dem Haupttor, wir schritten aufs »Guthaus« zu, auf unsere *Beknackte Maus,* davor war unter

Puvogels Leitung die Festtafel errichtet worden, seitwärts hinter den Fahrrädern drehte sich ein Ochse am Spieß, ein ganzer, vollkommener Ochse, so schwer wie ein Auto, der Saft tropfte ins Holzkohlenfeuer. Auf einem Podium nahm die Musik Platz, wechselte sich ab mit einer Gruppe Jugendlicher, teils besetzt aus den Reihen jener, die in der *Beknackten Maus* die Wurlitzer-Orgel umlagerten, teils Fans von Schnuddel Meier aus der *Eierschale:* Mischung aus Skiffle Group und Boogie-Kratzern, einer spielte Mundharmonika mit selbstgebautem Verstärker.

Es wurde dunkel, fünfzig Lampions gingen an, rings um den Festplatz leuchteten Fackeln auf. Unser Mistlieferant, Ltd. Brown vom Horse Platoon, führte eine Glückwunsch-Delegation an, die Amis trugen Paradeuniform mit Schiffchen, überreichten dem Paar eine Magnumflasche Johnny Walker sowie einen symbolischen Pferdeapfel, eingeschweißt in durchsichtigen Plastikblock, als Briefbeschwerer. Humor hatten sie, die Boys aus Texas. Agathe Fanselow, auch heute in Schwarz, bewegte Sternchen Siegel über den Tanzboden, den Buseberg aus gehobelten Tannenbrettern gezimmert hatte, Kapitän Bubo erzählte Schnurren, unterstrich sein Garn, indem er mit abgenagten Ochsenknochen in der Hand durch die Luft wedelte, sein Knösel fiel ihm ab und zu aus dem Mund, jedesmal tauchte Ingrid unter den Tisch, klaubte das Rauchutensil aus märkischem Sand, reinigte es, steckte es dem Kapitän zwischen die Lippen.

392

Adrian in seinem Matrosenanzug saß auf der Musik-
empore, spielte die Maultrommel, welche Kapelle hinter ihm die Grundmelodie dazu angab, schien ihm
wurst zu sein. Minnamarthas Katze umkreiste den
Ochsen, im sicheren Abstand, die Holzkohle, von Gustavchen geschürt, entwickelte Hitze. Schon zeigten
sich auf einer Ochsenseite Rippen und Schulterblatt,
immer neue Portionen säbelte Gustavchen ab, mit Hilfe
einer amerikanischen Machete.
Ich saß neben Gigi. Fütterte sie. Sie fütterte mich.
Als gegen Morgen der Himmel hellblau zu schimmern
begann, vom Ochsen nur das Gerippe übrig war, als Buseberg mit seiner Ziehharmonika und Adrian mit seiner
Maultrommel die einzigen waren, die noch Musik
machten, trat Schnüffelpaule auf uns zu. »Haut doch
endlich ab, ihr zwei«, sagte er.

Wir gingen in meine Laube.
Ringsumher in ihren grauen Gehäusen atmeten Millionen von Tennessee Wigglern.

Am 15. August 1961 gab das Ministerium des Innern
der DDR bekannt: Aufgrund der andauernden Provokationen am Brandenburger Tor, insbesondere wegen
der am Montag in den Mittagsstunden durch Vertreter
des West-Berliner Senats und der Bonner Regierung
durchgeführten Hetzdemonstration sowie der unver-
antwortlichen Aufforderung des Senders »Freies Ber-

lin« und des »Rias«, gewaltsam die Grenze am Brandenburger Tor zu verletzen und andere gefährliche Provokationen vorzubereiten, sieht sich der Minister des Innern veranlaßt, den Übergang am Brandenburger Tor ab 14. August 1961, 14 Uhr, vorübergehend zu schließen.

Von Westberlin aus haben einige gewissenlose Elemente – aufgeputscht von den durch die Maßnahmen der Regierung der DDR empfindlich getroffenen Spionageorganisationen und Menschenhändlern sowie von der Frontstadtpresse – an verschiedenen Stellen versucht, die Sicherungskräfte an der Grenze nach West-Berlin durch feindliche Handlungen zu behindern. Das Ministerium sieht sich daher veranlaßt, mit aller Eindringlichkeit darauf hinzuweisen, daß Befehl erteilt worden ist, solche Angriffe unmittelbar mit Gegenmaßnahmen zu beantworten.

Allen Bürgern West-Berlins wird im Interesse ihrer eigenen Sicherheit empfohlen, sich den Sicherungskräften auf nicht mehr als 100 Meter zu nähern und jeden unnötigen Aufenthalt in ihrer Nähe zu vermeiden.

Nachwort

PROGRESA

»Überleben Sie mal!« Dieser ernsteste aller Kalauer könnte über der Geschichte der Laubenpieper aus der Berliner Kolonie *Tausendschön* stehen, die treue Leser drei Romane lang verfolgt haben, beginnend mit *Mukkefuck,* dann, während der Blockade, in *Molle mit Korn* und schließlich in diesem, dem dritten Buch, *Weiße mit Schuß,* wo sie regenwurmzüchtend am Wirtschaftswunder teilnehmen. Auf ihre Art teilnehmen, wie sie auch vorhergehende Epochen ihres Vorstadt-Daseins auf ihre spezielle Art hinter sich gebracht haben, mit Wurschtigkeit, Anpassungsfähigkeit, dem Willen zu überleben. Gewaltige politische Demonstrationen wird der Leser vermissen, dazu war der Ausgangspunkt immer zu miserabel in den windigen Bauten am Stadtrand, den Lauben.

Das Vorbild zur Kolonie Tausendschön existiert nicht mehr. Eines Tages räumten gelbe Planierraupen Lauben, Obstbäume und Rosenstöcke beiseite, um Platz zu schaffen für den Drang der Baulöwen, sich ewig währende Denkmäler aus Beton und Schlackenstein zu setzen – für eine kleine Ewigkeit wenigstens.

Hochhäuser und Bungalows sind an die Stelle der Lauben getreten. Vor den Grundstücken waschen samstags

Familienväter ihre Mittelklassewagen. Die *Beknackte Maus* und Puvogels Laden sind verschwunden. Von den oberen Stockwerken der Häuser könnte man hinabschauen auf den Zaun und »Todesstreifen«, der die Westberliner von ihren Landsleuten wenige Meter weiter östlich, in der DDR, trennt. Unweit davon, am Krummen Fenn, wo Karl Kaiser und seine Freunde die Fuchsfamilie belauerten und einen Baum stahlen, um kalte Blockadenächte zu überstehen, wachsen Wohnblocks für die Familien der amerikanischen Besatzung in die Höhe. Berlin hat immer noch Besatzungssoldaten. Das ist die Realität. In Berlin ist der Krieg weniger vorbei als im Westen, in der Bundesrepublik. Weniger auch, als in den Gebieten der DDR, sobald man dem Niederdrückenden der Grenzregionen entronnen ist. »Land der vergessenen Straßen, der Pendler, Land, bald ohne Namen« nennt es ein Dichter. Das sieht von beiden Seiten gleich aus.

Sollen wir fragen: Wer ist schuld?

Gewiß ist: Die Menschen in dieser Laubenkolonie sind es nicht. Meine Freunde aus der Laubenkolonie werden auch den zweiten, den schwersten Eingriff in ihr Leben überstanden haben: die Beseitigung der Kolonie *Tausendschön,* ihrer Heimat. Mögen sie einen Unterschlupf gefunden haben, in dem sie die weiteren Jahre ihres Lebens ungestört verbringen dürfen.

Georg Lentz

Bitte beachten Sie
die folgenden Seiten:

Georg Lentz

Muckefuck

Ullstein Buch 22077

»Dieser Roman erzählt eine
Kindheit und Jugend in
Berlin zwischen 1930 und
1948, angesiedelt im
Vorstadtmilieu… Mühelos
steigen die von Lentz
beschworenen Bilder seiner
Kindheit herauf, leben und
blühen… Das alles stimmt
bis ins zeitgeschichtliche
Detail.«

Die Zeit

ein Ullstein Buch

Georg Lentz

Molle mit Korn

Ullstein Buch 22116

»Milljöh des Jahres 1948, als alle drei Minuten die Rosinenbomber der Westmächte in Tempelhof landeten, um die blockierten West-Berliner mit den notwendigsten Lebensmitteln zu versorgen... Alle Bilder, die Lentz abzieht, leuchten in einer warmen Buntheit. Ein Chronist mit Humor und naturalistischer Feder.«

Rheinische Post

ein Ullstein Buch